H. C. Moolenburgh

Engel
als Beschützer und Helfer
des Menschen

Verlag Hermann Bauer
Freiburg im Breisgau

Inhalt

Vorwort

In den zwei Monaten nach Erscheinen der ersten Auflage hat sich bei mir zu Hause eine ganz neue Art der Korrespondenz herausgebildet: die »Engelpost«. Viele freundliche Leser griffen zum Federhalter und schrieben mir ganz spontan über ihre tiefen Engelerfahrungen, über unglaubliche Rettungen aus der Not, oder auch einfach so, weil sie sich so sehr über die »Rehabilitation« der Engel freuten. Einige Personen schickten mir noch mehr und auch detailliertere Daten über das Eingreifen von Engeln in äußerst spannenden Situationen der Gegenwartsgeschichte, wie zum Beispiel dem Jom-Kippur-Krieg in Israel. Denjenigen, die mich auf Fehler im Text hinwiesen, danke ich.

Was ich bei meiner Befragung schon zu ahnen begann, scheint sich als richtig zu erweisen. Es geht um eine neue Tendenz. Die Engelbegegnungen scheinen nicht an die Art von Menschen gebunden zu sein, die zu mir in die Sprechstunde kommen. Man spricht davon, daß der Himmel wieder sichtbar wird, als ob langsam ein Schleier vom menschlichen Bewußtsein weggezogen würde. Allmählich sieht es so aus, als ob das Zeitalter des Materialismus mit seiner furchtbaren und zerstörerischen Wirkung auf das menschliche Leben immer schneller zu Ende geht. Die materialistische Weltanschauung hat noch ihre Stützpunkte in der großen Politik und den wissenschaftlichen Zentren, aber die Flut ist nicht mehr aufzuhalten. Wenn in der nahen Zukunft immer mehr Menschen Engeln begegnen, dann wird die materialistische Lebenseinstellung genauso hinweggespült werden wie die Sandburgen, die von Kindern am

Strand gebaut wurden, durch die Flut überspült werden. Da ich jetzt sehe, wie vielen Menschen durch mein Buch geholfen wurde, freue ich mich, daß ich diese Untersuchung der Öffentlichkeit zugänglich gemacht habe. Ich hoffe, daß auch noch sehr viele andere sich mit mir freuen können.

Wenn Sie eine Engelerfahrung gemacht haben und sie mit uns teilen wollen, schreiben Sie sie bitte auf und schicken Sie sie an Ankh-Hermes, Postbus 125, 7400 AC Deventer/Niederlande.

Einleitung

1981 wurde in Leiden eine Predigt gehalten, in der der Pfarrer die Engel eine »vergessene Gruppe« nannte. Dies ist eine sehr treffende Äußerung.

Das vorliegende Buch enthält einen Versuch, diese vergessene Gruppe wieder in die Erinnerung der Menschen zurückzurufen. Ich glaube, daß das ein gutes Anliegen ist. Man liest zur Zeit so viel über Dämonen, Exorzismen, apokalyptische Bedrohungen und andere Dinge, die mit der Unterwelt zu tun haben, daß wir fast schon vergessen, daß sich über uns eine ungeheure »Überwelt« ausdehnt. Eine sehr aktive Welt, die allmählich auch immer mehr auf uns zukommt.

Im ersten Kapitel stelle ich eine Untersuchung dar, die ich mit vierhundert befragten Personen durchführte, anhand deren ich herauszufinden versuchte, wie man gegenwärtig über Engel denkt. Die Ergebnisse waren für mich geradezu spektakulär.

Ich möchte dem Leser verdeutlichen, daß das Wort »Engel« eigentlich eine Sammelbezeichnung für sehr verschiedenartige Gruppen von geistigen Wesen ist. Dabei gehe ich von sehr vielen Daten aus, die im Laufe der letzten dreitausend Jahre über Engel gesammelt wurden.

Dabei geht es mir allerdings nicht um historisch interessante Tatsachen. Ich möchte mit Ihnen herausfinden, ob Engel in unserer modernen technokratischen Gesellschaft noch denkbar sind, ob sie auch nach heutigen Begriffen noch eine Funktion haben können. Ich versuche also, die heutigen Umstände mit den uralten Quellen in Einklang zu bringen. Dabei wird sich dann vielleicht herausstellen, daß diese von den Menschen vergessene Gruppe uns durchaus nicht vergessen hat, sondern sich anschickt, glanzvoll und großartig ins menschliche Bewußtsein zurückzukehren. Wenn die Zeichen nicht trügen, wird uns das alle berühren, noch bevor wir in unserer gegenwärtig so prekären menschlichen Geschichte weitergeschritten sind. Ja, die Rückkehr der Engel ins menschliche Bewußtsein könnte durchaus eine der größten Überraschungen des zwanzigsten Jahrhunderts werden.

Die Engelbegegnung

Was hat mich wohl im Jahre 1982 dazu gebracht, eine Untersuchung über Engelerfahrungen zu beginnen? Das war wieder einer von diesen Anstößen, die logisch nicht zu erklären sind. Den einen Tag steckte ich noch in meinem normalen Alltagsleben (sofern das Leben jemals normal sein kann), am nächsten Tag ging's schon richtig los.

Am Ende der ärztlichen Beratung fragte ich jeden einzelnen meiner Patienten: »Erlauben Sie, daß ich Ihnen in meinem eigenen Interesse noch einige Fragen stelle? Es ist für eine wissenschaftliche Untersuchung.«

Ich traf durchwegs auf wohlwollende Zustimmung. Die erste Frage: »Gehören Sie einer bestimmten religiösen Konfession an?« Diese Frage wurde natürlich schnell beantwortet.

Dann fuhr ich fort: »Und jetzt die Frage, um die es eigentlich geht. Haben Sie jemals in Ihrem Leben einen Engel gesehen?« Der Leser soll nicht denken, daß es mir leicht fiel, diese Frage zu stellen. Jedesmal, wenn ich sie aussprechen wollte, erfaßte mich so eine merkwürdige Verlegenheit. Manchmal bekam ich sogar Herzklopfen davon. Es war schwieriger, Männern diese Frage zu stellen. Warum es bei Frauen leichter war, weiß ich nicht genau. Vielleicht haben sich die Frauen in dieser Zeit noch einen Sinn für das Wunderbare erhalten. Jedenfalls faßte ich, wenn ich die Frage stellte, meine Patienten fest ins Auge, um ihre Reaktionen auf dieses Thema genau auszuloten. Aber diese krampfhafte Bemühung um genaue Beobachtung verwandelte sich sehr schnell in echtes Interesse, das mich meine eigene Person vergessen ließ, denn die Reaktionen waren so bunt und vielfältig, daß ich aus dem Staunen nicht herauskam. Ich meine hier nicht die verbalen Antworten, vielmehr geht es um emotionale Reaktionen wie Staunen, Erschrecken, in Lachen ausbrechen und ähnliches.

Ich erkannte recht bald, daß ich keine unverfängliche Frage gestellt hatte: Die Leute waren betroffen. Im zwanzigsten Jahrhundet nach Engelerfahrungen zu fragen, schien nicht weniger schockierend zu sein, als im neunzehnten Jahrhundert nach sexuellen Erfahrungen zu fragen. Zunächst möchte ich einen Überblick über die einzelnen Reaktionen vermitteln. Ich fragte genau vierhundert Personen nach ihren Engelerfahrungen. Nach dem religiösen Bekenntnis fragte ich aus meiner eigenen Scheu. Ich brauchte einen kleinen Anlauf, um dann erst das eigentliche Thema zu formulieren. Deshalb wählte ich die Frage nach dem religiösen Bekenntnis; dadurch war bereits das Umfeld angedeutet, in dem wir uns bewegen würden

Später erkannte ich, daß dies ein guter Einstieg war. Es traten Zusammenhänge auf zwischen dem religiösen Bekenntnis und den emotionellen Reaktionen auf die gestellte Frage. Die häufigste Reaktion war intensives Nachdenken, und zwar waren es 65 Personen, die so reagierten (also 16 Prozent der Befragten). Und das ist merkwürdig.

Stellen Sie sich vor, ich hätte diese vierhundet Personen gefragt: »Haben Sie im letzten Monat Ihre Mutter gesehen?«, so hätten sie ohne Zögern mit »Ja« oder »Nein« geantwortet. Oder hätte ich gefragt: »Haben Sie jemals in Ihrem Leben ein lebendiges Mammut gesehen?«, dann wäre ein ebenso spontanes »Nein« als Antwort gekommen. Sowohl das Mögliche als auch das Unmögliche kann sehr schnell beantwortet werden. Warum dann dieses Nachsinnen? Man weiß doch, ob man in seinem Leben einen Engel gesehen hat . . .?

Die Menschen vermittelten mir stets den Eindruck, als ob

sie versuchten, sich an etwas zu erinnern, an etwas, das sich ihrem Gedächtnis entwand. Genauso als ob ich sie gebeten hätte, mir all die Kinder aufzuzählen, mit denen sie in der ersten Klasse der Volksschule auf der Schulbank gesessen hatten. Hatten diese Menschen eine tiefe Erinnerung an Engel? Eine Erinnerung, die ihrem Tagesbewußtsein nicht zugänglich war, die aber eine tiefere Bewußtseinsschicht berührte?

Genauso, wie auch die Stimmung eines Traumes den Wachzustand beeinflussen kann, obwohl man den Inhalt vergessen hat? Dieses tiefe Nachsinnen erstaunte mich jedesmal wieder aufs neue, vor allem, wenn dann nach einiger Zeit die wohldurchdachte Antwort erfolgte: »Nein, ich habe noch nie einen Engel gesehen.« Von diesen 65 Personen verneinten schließlich 64 die Frage.

Nach der Gruppe der Grübler folgte die zweitgrößte Gruppe von 45 Personen, die eine völlig andere Reaktion zeigten. Sie brachen nämlich in spontanes Gelächter aus. Bei 11 Prozent der Befragten wurden die Lachmuskeln gehörig gekitzelt. Aber es war kein sarkastisches oder höhnisches Gelächter. Nein, ein richtig lustiges, frisches Lachen, etwa in dem Sinn: »Ja, was es doch nicht alles gibt!«

Es ist schon interssant zu sehen, wie die Lacher über die verschiedenen religiösen Bekenntnisse verteilt waren. Sechzehn hatten kein Bekenntnis, dreizehn waren römisch-katholisch, elf protestantisch und fünf gehörten einer Sekte an.

Dabei muß ich noch anmerken, daß 153 der Befragten, also 38 Prozent der Gesamtheit, keinem religiösen Bekenntnis zugehörten, während sie immerhin 38 Prozent der heiteren Lacher stellten. In der fröhlichen Gruppe sind sie also recht gut repräsentiert. Offenbar gibt es doch eine ganze Menge von Bekenntnislosen, die die Frage nach den Engeln gar nicht so absurd finden. Sie belohnen sie mit einem herzhaften Lachen.

Was kann das nun heißen? Ich bin geneigt, es so zu interpretieren: Wenn man jemanden nach seinem Bekenntnis fragt und er dann antwortet, daß er keines habe, dann heißt das nicht unbedingt, daß er auch einer anderen geheimnisvollen Welt abweisend gegenübersteht. Ohne Bekenntnis zu sein, heißt nicht immer, daß man sich der Welt des Mystischen verschließt, genausowenig wie das Bekenntnis aussagt, daß der Himmel für eine Realität gehalten wird. Die dritte größere Gruppe, nach den Denkern und den Lachern, war die der Nüchternen. Das waren 43 Personen. Sie fanden die Frage vollkommen alltäglich, so, als ob ich sie gefragt hätte, welche Kaffeesorte sie normalerweise trinken. Waren es einfache Menschen, die sich über nichts mehr im Leben wunderten? Oder waren Engel für sie kalter Kaffee? Ich weiß es nicht.

Maurice Nicoll, der geniale Schüler von Gurdjieff und Ouspensky, sagt, daß man die Menschen in zwei Klassen aufteilen kann: diejenigen, die einen Sinn für das Geheimnisvolle haben, und die, die ihn nicht haben. Diejenigen, die diesen Sinn haben, nehmen dieses Geheimnisvolle als Frage, Lehre oder Erzählung wahr, die sich auf eine andere Dimension bezieht. Diejenigen, die diesen Sinn nicht haben, übersetzen jedes Ereignis im Leben als ein Phänomen der Welt, die sie mit ihren fünf Sinnen wahrnehmen können. Das deutlichste Beispiel dafür war die Dame, die ich als erste befragte. »Haben Sie jemals einen Engel gesehen?«

»Aber sicher! Einen sehr schönen!« war ihre Antwort. Können Sie sich meine Verwirrung vorstellen? Da hat man sich durchgerungen, um die Frage nach den Engeln ein erstes Mal zu stellen und bekommt dann so eine Antwort!

Ich sagte ganz behutsam: »Und wie war das denn?«

Voller Erstaunen über meine Verständnislosigkeit sah die freundliche Dame mich an und sagte: »Gestern abend im Fernsehen!«

Gleich nach dieser Gruppe kommen zwei Gruppen von

jeweils siebenunddreißig Personen. Das entspricht also jeweils neun Prozent der Gesamtheit. Die eine Gruppe reagierte erstaunt bis verdattert. Von diesen Erstaunten hatten achtzehn ein religiöses Bekenntnis, neunzehn waren ohne Bekenntnis.

Die ersteren waren wie folgt verteilt: Zehn römisch-katholische, sieben Protestanten und ein Rosenkreuzer. Das Erstaunen bezog sich darauf, wie man eine solche Frage überhaupt ernsthaft stellen konnte: »Wie ist das denn möglich?« »Das gibt's doch wohl nicht!« oder so ähnlich. Offenbar wurde es für viele doch problematisch, wenn kirchliche Lehrmeinungen, in diesem Fall der Engelglaube, genauso real wurde wie der Bäcker an der Ecke.

Aus der Schulzeit weiß man es noch genau: Was geschah, wenn man die Antwort auf eine Frage nicht wußte? Um Zeit zu gewinnen, sagte man: »Ich glaube ...«, worauf der Lehrer sofort antwortete: »Glauben kannst du in der Kirche.«

Wie man sieht, ist dies ein recht treffender Ausspruch, denn er beinhaltet auch die Vorstellung, daß man außerhalb der Kirche nur das glaubt, was die Sinnesorgane übermitteln. Glaubenssätze mit der alltäglichen Lebenspraxis zu verbinden, fällt vielen Menschen offenbar recht schwer.

Die Personen der zweiten siebenunddreißiger Gruppe fingen so freundlich an zu strahlen, als ob ich ihnen gerade erzählt hätte, daß ihre Kinder wirklich ganz besondere Menschen seien. Ganz offensichtlich fühlten sie sich in etwas bestätigt, was sie bereits dachten. Bei dieser Reaktion mußte ich oft an einen Ausspruch meines Freundes Bert denken, der Geistlicher ist. Er sagte einmal zu mir: »Schau, wenn die Leute mich über den Glauben sprechen hören, kommt ihnen das alltäglich vor, denn ich werde dafür bezahlt. Aber wenn sie von dir darüber hören, dann macht das viel mehr Eindruck, weil man es von dir als Arzt nicht erwartet!«

Die darauffolgende Gruppe bestand aus neunzehn Personen. Das waren diejenigen, die negativ reagierten. Es kamen Reaktionen wie Erschrecken, Ärger, Argwohn, Mißbilligung.

Wenn man nun glaubt, daß das alles Bekenntnislose waren, dann hat man sich gründlich vertan. Neun von ihnen hatten ein Bekenntnis, zehn waren ohne Bekenntnis, fünf davon waren Reformierte (Ärger, Argwohn, Erschrecken). Ein Lutheraner begann aus Wut zu heulen, und ein Katholik verhielt sich sehr mißbilligend. Die übrigen zwei von den konfessionell Gebundenen waren Zeugen Jehovas, die herablassend bemerkten, daß ein Mensch so etwas doch nicht sehen kann. Ich habe sie zu den negativen Reaktionen gezählt, da sie es in einem deutlich korrigierenden Ton sagten. Wenn ich nun an dieser Stelle anmerke, daß von den vierhundert Befragten zweiundachtzig ($20^1/_2$ Prozent) römisch-katholisch und fünfzig ($12^1/_2$ Prozent) reformiert waren, und wenn wir dabei sehen, daß fünf von den negativ Reagierenden reformiert waren und besser mit Engeln zurechtkommen als Reformierte, dann würde es sich lohnen, dies Hypothese einmal bei einer wesentlich größeren Gruppe von Menschen zu prüfen. Die Zahlen in dieser Untersuchung sind zu klein, sie lassen bestenfalls eine bestimmte Richtung vermuten.

Neun von den Befragten zeigten eine herzerwärmende Reaktion: »Mein Mann (oder meine Frau) ist ein Engel.« Ein Mann wurde dadurch so gerührt, daß er zu weinen begann. Zwei von den Neunen zogen es ins Lächerliche, wie es ja viele Menschen tun, wenn sie ihr wirkliches Gefühl verbergen. »Da sitzt er doch, der Engel.«, sagten sie und zeigten über die Schulter auf den anwesenden Partner. Wobei einer der beiden dann hinzufügte: »Aber ab und zu kann sie einem schon ganz schön auf die Nerven gehen!«

Von dieser Gruppe von neun Menschen habe ich viel gelernt. Der eine Mensch kann für den anderen ein Engel auf diesem schweren Weg durchs Leben sein. »Nein«, sagte

16

eine nette alte Dame aus Amsterdam, »Nein, ich habe noch nie einen Engel gesehen, aber meine Nachbarin ist ein richtiger Schatz.« Und dann haben Sie plötzlich das Bild dieser Nachbarin vor Augen. Ein Schüsselchen Suppe bringt sie vorbei, wenn die andere krank ist, an Weihnachten lädt sie sie zum Familienessen ein, oder sie schaut kurz mal rein, um zu sehen, ob alles stimmt. Wenn wir besser wahrnehmen würden, daß Menschen in anderen Menschen Engel sehen, dann würden wir vielleicht mehr Gebrauch von unseren schlummernden Fähigkeiten machen. Ein römischer Dichter hat einmal gesagt, daß der Mensch dem Menschen ein Wolf sei. Daß im Dschungel des Lebens ein Mensch den anderen »auffrißt«, das ist mehr als deutlich. Aber zum Glück gibt es ein sehr positives Gegenstück zu dieser bissigen römischen Sentenz, nämlich: »Der Mensch ist dem Menschen ein Engel«.

Zeit unseres Lebens haben wir die Wahl, was wir für den anderen sein wollen, und das ist bereits etwas ganz Besonderes. Es verweist auf den ganz spezifischen Platz des Menschen in der Schöpfung.

Ein wirklicher Wolf bleibt ein Wolf, aber ein Mensch kann sowohl ein Wolf im Schafspelz als auch ein Schaf im Wolfspelz sein. Das letztere bezeichnen wir als »rauhe Schale, weicher Kern«. Sehr merkwürdig ist, daß unter all den freundlichen, interessierten, ernsthaften oder lachenden Menschen nur eine einzige Frau war, die sich so überschwänglich benahm, als ob sie im Besitz eines höheren Wissens sei, das den meisten gewöhnlichen Sterblichen nicht zugänglich sei. Sie hatte übrigens keinen Engel gesehen.

Daran kann man sehen, daß unser Volk nicht so sehr zum Enthusiasmus neigt. Der Niederländer steht mit beiden Beinen fest auf dem Boden und läßt sich nicht so leicht verrückt machen, es sei denn bei einem Fußballmatch zwischen Ajax und Feijenoord.

Ganz deutlich habe ich das einmal in Amerika feststellen können. Bei einem Heilgottesdienst, der durch einen bekannten Prediger abgehalten wurde, standen alle Gläubigen mit hoch zum Himmel erhobenen Händen, etwa fünftausend Personen. Ein eindrucksvoller Anblick. Plötzlich fiel mir ein Mann auf, der seine Arme hängen ließ, ein einziger Mensch in diesem Menschenmeer mit ihren wogenden, erhobenen Armen. Dieser Mann war ich selbst. Deshalb ist die Fortsetzung dieser statistischen Untersuchung so eindrucksvoll, denn wenn ein Niederländer sich auf Dinge einläßt, die vom Erdboden abheben, dann muß das schon sehr überzeugend sein, denn sonst glaubt er es nicht.

Um die Reaktionen nun noch zu Ende zu bringen: es gab noch einige andere, zum Beispiel Zweifel, Verlegenheit, Aufregung und ähnliches. So reagierten neunzehn Personen mit großem Interesse:

»He, da will ich mehr davon wissen!«

»Kommt das manchmal vor, daß Menschen Engel sehen?«

Zwanzig Personen reagierten mit konstruktiver Teilnahme: »Nein, einen Engel habe ich nie gesehen, aber . . .«, und dann folgte eine Geschichte, die in der Welt des Geheimnisvollen angesiedelt war. Darauf komme ich später noch zurück. Vierzehn Personen reagierten kurz und bündig. Sie antworteten mit einem prompten ›Nein!‹

Zehn reagierten sehr ernst. Eine Frage, die man nicht auf die leichte Schulter nehmen konnte, eine Frage von größerer Tragweite. Ich habe sie von den Nachdenkenden unterschieden, da sie prompt antworteten. Die übrigen Reaktionen waren sehr unterschiedlich und lassen sich in keiner bestimmten Gruppe unterbringen. Wenn ich noch einmal alles in einer Übersicht zusammenfasse, dann sieht es folgendermaßen aus:

Emotionale Reaktionen auf die Frage nach Engelerfahrungen:

Tiefes Nachsinnen	$15^1/_4$ Prozent
Spontanes Lachen	$11^1/_4$ Prozent
Nüchtern	$10^3/_4$ Prozent
Erstaunt	$9^1/_4$ Prozent
Strahlend	$9^1/_4$ Prozent
Interessiert	$4^3/_4$ Prozent
Konstruktive Teilnahme	5 Prozent
Negativ	$4^3/_4$ Prozent
Kurz und bündig	$3^1/_2$ Prozent
Ernst	$2^1/_2$ Prozent
»Mein Partner«	$2^1/_4$ Prozent
Sonstige Reaktionen	$20^1/_2$ Prozent

Zusammenfassend könnte man sagen, daß die Frage nach Engelerfahrungen oftmals emotionale Reaktionen hervorruft. Nicht weniger als drei Personen brachen in Tränen aus. Für die Mehrheit der Befragten (89 Prozent) war es keine neutrale Frage; weder für konfessionell gebundene, noch für konfessionslose. Auf all das bin ich besonders genau eingegangen. Der westliche Mensch ist nicht so versachlicht, wie man manchmal denkt. Er muß in einer Welt leben, wo alles logisch und rationell geplant und gesteuert wird. Aber wenn man ein wenig an diesem rationalistischen Lacküberzug kratzt, zeigt sich, daß auch der Mensch unseres Jahrhunderts noch immer tief mit der Welt des Geheimnisvollen verbunden ist.

Jetzt möchte ich zu den verbalen Antworten übergehen, die die Menschen gegeben haben. Zu meinem nicht geringen Erstaunen sind außer den emotionalen Reaktionen auch viele spontane Erzählungen aufgetaucht, die mit Engeln weiter nichts zu tun hatten, dafür aber durchaus mit einer geheimnisvollen Welt, die ständig hinter der unsrigen liegt.

Nicht weniger als achtundsechzig von diesen vierhundert Personen hatten merkwürdige Wahrnehmungen gehabt, die von einem starken Gefühl, in Gefahrensituationen geleitet zu werden, bis zu Kontakten mit verstorbenen Familienangehörigen, Visionen und Rettungen reichten. Ich beeile mich hinzuzufügen, daß es hier um spontane Erscheinungen ging und nicht um Geschehnisse, die durch spiritistische Seancen, Drogengebrauch oder Übungen zur Veränderung des Bewußtseins verursacht wurden. Ich fragte nicht nach diesen Geschichten; die Leute brachten sie selbst zur Sprache, da sie offensichtlich das Gefühl hatten, daß der Inhalt meiner Frage mit ihren außergewöhnlichen Erfahrungen verwandt war.

Es stellte sich heraus, daß diese stoffliche Welt für viele nicht die einzige Realität war und daß der mit soviel Nachdruck propagierte Materialismus im Grunde mehr ein Hirngespinst einer kleinen Gruppe von Menschen ist und gar nicht so sehr eine Macht, die diese Menschheit im Sturm erobert hat.

Dazu kommt noch, daß von den achtundsechzig Personen, die solche ungewöhnlichen Erlebnisse hatten, fünfunddreißig keiner konfessionellen Überzeugung anhingen. Auch wenn die Menschen also keiner Glaubensgemeinschaft angehörten, gab das keinen Aufschluß darüber, ob sie an eine andere Welt als die, in der wir wohnen, glaubten, eine andere Welt, die die ganze Angst vor dem Tod aufhebt, wenn man sie einmal erlebt hat. So erzählte einer von meinen Patienten die folgende Geschichte:

»Nach meiner Arbeit war ich noch auf ein Schnäpschen zu meiner Nachbarin gegangen. Das ist eine weise alte Dame, mit der ich mich gerne unterhielt. Plötzlich wurde mir übel, und ich hatte das Gefühl, als würde ich in einen ungeheuren Abgrund taumeln. Ich versuchte mich daraus emporzuarbeiten. Inzwischen hatte mich meine Nachbarin mit viel Mühe flach auf die Sitzbank gelegt. Da sie mehrere

Male in ihrem Leben jemand hatte sterben sehen, wußte sie, daß ich tot war. Sie rief sofort einen Arzt an. Inzwischen stand ich plötzlich auf der Höhe meines eigenen Kopfes neben mir. Ich sah, daß meine Augen gebrochen waren und dachte: ›Bin ich das? O je, das ist nichts Rechtes. Dieses gelbliche, schweißbedeckte Gesicht, diese gebrochenen Augen. Was da liegt, ist abscheulich. Ich hasse das, was da liegt‹.

Dann fühlte ich an meinen Füßen, daß mein eigenes Ich wieder in diese sterbliche Hülle eintrat. Sie begann sich zu bewegen. Dann schlug ich meine Augen auf und wurde auf eine Tragbahre gelegt.

Später hat mir meine Nachbarin dann bestätigt, daß sich alles genauso abspielte, wie ich es gesehen hatte. Der Herzspezialist war der Meinung, daß ich für kurze Zeit klinisch tot gewesen sein mußte.

Seitdem habe ich keine Angst mehr vor dem Tod.«

Dabei hatte ich diesen Mann ja nur gefragt, ob er schon einmal einen Engel gesehen hätte, und er antwortete: »Nein, hab ich nicht.« Hätte ich in diesem Augenblick nicht ein Weilchen geschwiegen, wäre diese Geschichte nicht zum Vorschein gekommen.

Ein anderer Mann hatte einen Halswirbel gebrochen und war in einen Straßengraben geraten. Blitzartig sah er sein ganzes Leben vorbeiziehen, und dann war es, als ob er über eine Hecke blickte, hinter der sich eine sehr friedliche Atmosphäre ausbreitete. Hier möchte ich an das wunderbare Gemälde von Hieronymos Bosch erinnern, das den Titel ›Der verlorene Sohn‹ trägt. Ein Mann mit einem großen Ranzen auf dem Rücken hat ein verfallenes Haus verlassen und läuft auf eine Hecke zu, hinter der eine schöne grüngraue hügelige Landschaft zu sehen ist. Wertheim Aymes erklärt, daß das der Mensch ist, der gerade die Schwelle zum Tod überschreitet. Mehrere Leute haben mir von dieser Landschaft erzählt, die da unmittelbar hinter der

Schwelle zum Tode liegt. Ich möchte übrigens nicht weiter auf diese Erzählungen eingehen, da sie meine eigentliche Untersuchung über Engelerfahrungen nur am Rande berühren. Sie berichten zwar über diese jenseitige Welt, aber nicht über diese wundersamen Botschafter, die hin und wieder aus dieser jenseitigen Welt in die unsrige eintreten. Deshalb also nun die Frage, um die es ging: »Haben Sie schon einmal einen Engel gesehen?«

Einer von meinen Patienten sagte: „Einen Angler (niederländisch: »hengel«), Herr Doktor? Natürlich, bei uns am Kanal sitzen sie den ganzen Tag und fischen.« So ungewohnt ist die Frage nach den Engeln, daß sie manchmal in etwas Altbekanntes übersetzt wurde oder eine scheinbare Schwerhörigkeit verursachte.

„Einen was . . .?«

„Einen Engel!«

Wie ich bereits sagte, ich mußte jedesmal einen Widerstand überwinden, um diese Frage zu stellen. Hatte ich Angst, nicht mehr für voll genommen zu werden? Gab es etwas, das mich hinderte? Aber die Untersuchung packte mich mehr und mehr, vor allem, als sich, vollkommen unerwartet, herausstellte, daß es immer wieder Menschen gab, die die Frage mit »Ja« beantworteten. Das hatte ich nun tatsächlich nicht erwartet. Ich hatte die vorgefaßte Meinung gehabt, daß der westliche Mensch im Durchschnitt so materialistisch ist, daß Begegnungen mit Engeln unmöglich sind.

Aber vorgefaßte Meinungen sind gefährlich, und die meinige wurde gründlich umgeworfen.

Bei einer ersten groben Bestandsaufnahme komme ich dann auf die verblüffende Zahl von einunddreißig Personen, die die Engelfrage mit »Ja« beantworteten. Das sind also $7^3/4$ Prozent der Gesamtzahl der Befragten.

Wenn ich die Erfahrungen noch unterteile, kommen erhebliche Unterschiede zum Vorschein. Eine Frau erzählte mir, daß sie nach einer Fehlgeburt ernsthaft krank war. Plötzlich hatte sie damals das Gefühl, hochgehoben zu werden, und während sie betete, hörte sie eine wundervolle Musik, und ein himmlischer Chor begann zu singen. Wer so etwas einmal gehört hat, vergißt es nie wieder. Diese Engelchöre sind aus der Geschichte gut bekannt, und ich bin der Meinung, daß Bach ihnen in seiner Passionsmusik sehr nahe kommt.

Oder: Eine Krankenschwester befindet sich in großer seelischer Not. Sie arbeitet im Nachtdienst und hält ihren Kummer und ihre Einsamkeit kaum mehr aus. In diesem Augenblick fühlt sie in der Stille der Nacht ganz deutlich eine Hand auf ihrer Schulter, und sie fühlt sich wunderbar getröstet. Diese tröstende, wärmende Hand kommt in meinen Geschichten öfters vor. Ein Rationalist wird mit den Achseln zucken. Naja, das kann immer noch psychologisch erklärt werden. Wenn das eine Engelerfahrung sein soll, brauchen wir uns damit nicht weiter zu beschäftigen.

Für den Rationalisten habe ich also eine etwas kräftigere Kost: Die Deutschen dringen nach Holland ein. Ihre Lastwagen rollen in langen Reihen ins Land. In Limburg fährt ein hübsches junges Mädchen auf einem Fahrrad. Ein Lastwagen fährt dicht hinter ihr, und die Soldaten beginnen zu winken und zu pfeifen. Sie dreht sich wütend von ihnen weg. Da weicht der nächstfolgende Lastwagen von seinem Weg ab, und der Chauffeur versucht, das hochmütige Mädchen in voller Fahrt zu überfahren. Aber kurz, bevor der Wagen sie berührt, wird sie mitsamt ihrem Fahrrad hochgehoben und einige Meter zur Seite wieder abgesetzt. Der Wagen braust an ihr vorbei. Ein Fahrradfahrer, der zwanzig Meter hinter dem Mädchen fuhr, hat das alles mitverfolgt; er holt sie ein und fragt voller Erstaunen, wie er denn etwas sehen konnte, was er eigentlich gar nicht sehen konnte. Mit allen Einzelheiten, bis zu dem Kleid, das sie trug, ist diese Geschichte deutlich in ihrem Gedächtnis eingraviert.

Eine ähnliche Geschichte erfuhr ich von einem Mann, der einem heranrasenden Auto gerade nicht mehr ausweichen konnte: er wurde fein säuberlich von seinem Fahrrad hochgehoben und in den Straßengraben gesetzt. Eine Sekunde später wurde das Fahrrad zu Schrott gefahren; ihm selbst war nichts passiert.

Engelchöre, tröstende Hände, wunderbare Rettungen. Ein junger Mann und eine junge Frau kennen einander vom Geheimdienst. »Oh je«, höre ich den Leser jetzt schon denken, »jetzt kommt gleich so eine Art James-Bond-Geschichte.« Aber im Leben geht es anders zu als im Film. Geheimdienste sind oft harte, zynische Betriebe, in denen der Geist vertrocknet und die Herzen kalt werden. Trotz ihres recht jugendlichen Alters waren der Held und die Heldin dieser Geschichte bereits zu illusionslosen Menschen geworden. Sie kannten einander gut, nährten aber einen tiefen Haß gegeneinander.

Ich darf Ihnen nicht erzählen, wie und für wen sie arbeiteten, nur daß das ganze im Ostblock stattfand und daß sie aus Holland und er aus einem Ostblockland kam.

Eines Tages erlebten sie beide gleichzeitig einen Tiefpunkt in ihrem Gefühlsleben. Eine überwältigende Verzweiflung über ihr Leben nahm von ihnen Besitz. Nach einer offiziellen Versammlung, bei der sie beide zugegen sein mußten, geschieht dann etwas. Sie stehen auf der Straße und werden beide durch ein überaus starkes Gefühl zu einer Kathedrale in einer osteuropäischen Stadt getrieben. In der Kathedrale fühlt jeder von ihnen eine starke Hand, die sie am Nacken faßt und zur Aufgabe bringt. Die Geschichte hat ein Happy-end: Sie sind verheiratet und wohnen nun in Holland. Beide haben etwas Helles, Strahlendes an sich, wie Menschen, die die Hölle erlebt haben und erkannt haben, daß das Licht immer stärker ist.

Das war nur eine Blütenlese. Die Erzählungen waren rührend, und die Art, wie sie erzählt wurden, zeigten, daß sie für den Erzähler sehr wichtig gewesen waren. Am Ton einer Erzählung kann man hören, wie tief das Erlebnis gewesen ist. Hier werden sehr tiefe Schichten in den Menschen berührt. Es waren keine Erlebnisse, die an der Oberfläche des Bewußtseins nur eben so vorbeiflitzen, wie das bei vielen unserer alltäglichen Ereignisse der Fall ist. Sie berührten die Leute durch und durch. Die Tonhöhe des Erzählenden sank, die Augen blickten nach innen.

Es war sehr verführerisch, alle diese Menschen in der Untersuchung positiv zu katalogisieren. Das habe ich aber nicht getan, denn meine Frage lautete wörtlich: »Haben Sie schon jemals einen Engel *gesehen*?«

Dann stellt sich heraus, daß auch diese Frage von einigen Personen positiv beantwortet wird, aber auch, daß unter denjenigen, die gesehen haben, große Unterschiede bestehen. Jedesmal erzählen mir die Menschen wieder von einem großen Licht, das ihnen in Augenblicken tiefster Not zu Hilfe kommt. Kennzeichnend dafür ist die Geschichte einer Frau, die sich in einer schweren Ehekrise befand. Die ganze Nacht verbrachte sie mit Wachen und Beten; sie flehte: »Herr, rette mich doch!« Am nächsten Tag fällt sie plötzlich auf den Rücken und sieht ein ungeheuer helles Licht. Großer Friede und Glückseligkeit durchströmen sie. Die Schwierigkeiten wurden nicht auf einmal gelöst, aber von diesem Augenblick an waren sie relativiert; sie konnte nun mit ihnen umgehen. Manchmal wird dieses Licht auch von mehreren Menschen gesehen. So erzählte mir eine Frau, daß sie als Kind todkrank gewesen war. Man fürchtete um ihr Leben. Ihre Mutter saß neben ihr am Bett. Nun träumte das Mädchen, daß sie tot war und ein intensiv weißes Licht sah. Auch ihre Mutter sah es und geriet dadurch völlig außer Fassung.

War das nun ein Engel? In biblischen Erzählungen kommt die »Schechinah« vor, jene große, leuchtende Wolke, die auch die »Wohnung Gottes« genannt wird. Engel oder Gott?

Auf jeden Fall ein Erlebnis, das die Menschen tief aufwühlte, das sie nicht mehr vergessen konnten und das ihnen Glück, Trost und oft auch Heilung brachte.

Andere Menschen wiederum sahen zwar Engel, aber nicht in ihrem Tagesbewußtsein, sondern mehr als Vision.

Bei einer jungen Frau entwickelt sich nach der Geburt ihres Kindes ein sehr schweres Krankheitsbild. Nachts sieht sie dann eine silberne Leiter, die zum Himmel führt. Oben auf der Leiter steht ein Engel, und einen Augenblick lang steht sie vor der Wahl, ob sie in das Land ohne Schmerzen gehen oder zu Mann und Kind zurückkehren soll. Sie wählt den Weg zurück und beginnt von diesem Augenblick an zu gesunden.

Oder: ein Mann liegt mit schwersten Verletzungen im Krankenhaus. Infolge eines Autounfalls ist er von Kopf bis Fuß verletzt. Dann aber sieht er ein Tor voller Licht und darin eine Gestalt, die ihm zuwinkt. Er möchte so gerne dorthin, daß er seine Infusionsschläuche herauszieht, aber dann »überlegt« er es sich noch einmal und kehrt wieder ins Diesseits zurück.

Die Himmelsleiter, die himmlische Pforte, wie Jakob sie in Bethel sah, existiert noch immer. Aber unsere materialistische Zeit hat sie verdunkelt. Und jetzt, wo ich dies schreibe, bemerke ich plötzlich, daß ich Goethe zitiere: »Die Geisterwelt ist nicht verschlossen, dein Sinn ist zu, dein Herz ist tot!«

Aber Engel werden nicht nur in veränderten Bewußtseinszuständen gesehen. Auch im normalen Wachbewußtsein treffen Menschen hin und wieder Engel, und auch hier gibt es wieder Unterschiede in der Art der Erlebnisse. Manchmal wird ein großes Licht empfunden: Ein Mann sitzt mit seiner Verlobten in der Kirche. Plötzlich erscheint an dem Platz, wo der Geistliche steht, ein ungeheures weißes Licht. Aber es ist nicht grell und schmerzt nicht in den Augen, vielmehr ist es von ungeheurer überirdischer Schönheit. Der Geistliche ist selbst dadurch unsichtbar geworden. Mein Informant war dadurch so gerührt, daß ihm die Tränen aus den Augen strömten, als er mir diese Geschichte erzählte. Das Besondere ist dabei, daß seine Verlobte genau dasselbe gesehen hatte.

Später fragten die beiden den Geistlichen, ob er etwas davon gemerkt hätte; aber dieser wußte von nichts.

Der Mann erzählte mir, daß dieses Erlebnis ein kostbares Geheimnis in seiner Ehe ist. Er erinnert sich noch daran, welch überirdischer Friede von diesem Licht ausging. Dieser Mann wurde später zu einem großen Segen für unterdrückte Christen in mehreren osteuropäischen Ländern.

Einer von meinen besten Freunden erzählte mir, daß durch das geschlossene Fenster plötzlich ein Engel hereinstieg, als er gerade am Telefon stand. Es war eine umwölkte, leuchtende Erscheinung. Dieser Freund sagte zu mir: »Jetzt verstehe ich, daß Engel mit Flügeln dargestellt werden; das ist ihr Strahlenfeld.«

Der Engel sprach einige tröstende Worte und verschwand dann wieder. Für ihn war das sehr wichtig, denn er fürchtete in diesem Augenblick für sein Leben.

Manchmal, und diese Fälle finde ich am geheimnisvollsten, werden Engel als normale Menschen wahrgenommen.

Eine von meinen Patientinnen erzählte mir, daß sie als Kind auf einem großen Grundstück auf dem Land wohnte. Auf diesem Grundstück stand auch ein Bauernhof. Eines Tages erfuhr ihre Mutter vom Arzt, daß die Tochter der Bäuerin im Sterben liege. Ihre Mutter ging sofort zu der Bäuerin, um mit ihr zu beten. Aber während des Gebetes wurde an die rückwärtige Tür geklopft. Die Mutter meiner Patientin ging, um nachzusehen, und vor ihr stand ein noch recht junger Mann, der sie fragte: »Frau, was ist los?«

Sie antwortete: »Ein Kind liegt im Sterben.«

Der Mann ging zielstrebig zum Schlafzimmer des Kindes,

legte ihm die Hände auf und trieb in Jesu Namen die Krankheit aus. Dann verließ er das Haus durch die rückwärtige Tür, und niemand hat ihn je wieder gesehen. Auf dem Lande, wo jeder jeden kennt und alle alles von einander wissen, ist das sehr merkwürdig.

Unmittelbar darauf erwachte das Kind aus seinem Koma und war am nächsten Morgen sogar böse, daß es nicht zur Schule durfte. Das geschah vor etwa dreißig Jahren. Das Mädchen ist jetzt eine erwachsene Frau und lebt noch immer.

Von diesen Geschichten habe ich mehrere gehört. Der Engel erschien einfach in der Kleidung unserer Zeit. Er brachte Hilfe in der Not und verschwand dann wieder in einer Richtung, in der er eigentlich gar nicht hatte verschwinden können. Er war »einfach weg«.

»Wie sahen diese Engel denn aus?« werde ich oft gefragt.

In den Geschichten, die ich erfuhr, sahen sie wie junge Männer mit gütigem, freundlichen und manchmal auffallend schönem Antlitz aus. Aber ihr Äußeres wurde gegenüber der Botschaft oder der Rettung, die sie brachten, so unwichtig, daß meine Informanten nicht darüber sprachen. Wenn ich wissen wollte, wie sie aussahen, mußte ich eigens danach fragen.

Merkwürdigerweise fragten mich einige Frauen, die von meiner Engeluntersuchung gehört hatten, recht bissig, ob diese Engel denn »immer Männer seien«. Ich kann den Damen versichern, daß der Feminismus sich im Himmel noch nicht durchgesetzt hat. Männlich heißt dort: Vom Geist durchdrungen. Weiblich: vom Gefühl erfüllt. Mit Penisneid hält man sich im Himmel nicht auf.

An dieser Stelle muß ich eine Korrektur in meiner Bestandsaufnahme anbringen. Einige Personen sagten, sie hätten eine Engelerfahrung gehabt, während sie meiner Einschätzung nach eher mit den vorher bereits erwähnten Phänomenen der außersinnlichen Wahrnehmung in Berührung gekommen waren.

So zum Beispiel die Erzählung eines Mannes, den einmal – noch vor dem Krieg – ein Javaner auf einen Berg mitgenommen hatte, wo er dann eine Zeitlang Beschwörungen vor sich hin murmelte. Daraufhin zog eine blaue Lichterscheinung um den Berg, und der Javaner sagte, daß dies der Engel von Mittel-Java sei, den er beschworen hatte. Diese Erscheinung fand am hellichten Tag statt und dauerte eine halbe Stunde. Während dieser Lichterscheinung hatte der Javaner eine Opfergabe dargebracht.

Solche Fälle möchte ich lieber unter Parapsychologie einreihen, da wir von Engeln wissen, daß sie sich nicht beschwören lassen. Engel und Magie sind unvereinbar, da Magie mit Macht zu tun hat und die Engel aus den Gefilden der Liebe kommen. Und im Land der Liebe kennt man keine Machtausübung über andere. Dort gibt es nur freudiges Dienen.

Wenn ich diesen Zweifeln nachgehe, dann komme ich auf eine Gruppe von sieben Fällen. Die Personen sagten: »Das war ein Engel«; und ich erwiderte: »Das war Parapsychologie«.

Daraus kann man entnehmen, daß die Einschätzung nicht immer so leicht war. Es gibt eine Art Grenzgebiet, wo man nicht so genau weiß, was nun eigentlich erlebt worden ist. Somit kann ich dann alle besonderen Erlebnisse wie folgt zusammenstellen:

l. Parapsychologische Erlebnisse	61 Personen
2. Grenzfälle	7 Personen
3. Engelerlebnisse	31 Personen

Somit kann ich die sieben Personen aus der zweiten Gruppe bei der ersten oder dritten Gruppe mitzählen. Entweder einunddreißig oder achtunddreißig Personen haben ein Engelerlebnis gehabt. Das sind $7^3/_4$ Prozent oder $9^1/_2$

Prozent der Befragten. Irgendwo dazwischen liegt die wirkliche Zahl. Als meine Untersuchung bereits beendet war, sprach es sich herum, welch eine merkwürdige Frage ich in der Sprechstunde gestellt hatte, und viele Leute begannen ihrerseits Fragen zu stellen:

1. Fand die Begegnung mit dem Engel unter besonderen Umständen statt?
2. Kam es nur bei gläubigen Menschen vor?

Nun, wenn ich von achtunddreißig Personen, also der etwas größer gefaßten Gruppe ausgehe, dann befanden sich sechzehn von diesen Personen während des Erlebnisses in ernster Lebensgefahr, und zwölf gingen durch eine tiefe seelische Krise. Wenn wir diese Gruppen zusammenzählen, so ergibt sich, daß achtundzwanzig von achtunddreißig Personen, also ungefähr drei Viertel, eine Krisensituation durchmachten, als sie die Begegnung hatten.

Was die zweite Frage betrifft, so gehörten von den achtunddreißig Personen siebzehn keiner Glaubensgemeinschaft an. Von den übrigen einundzwanzig waren neun römisch-katholisch, der Rest gehörte zu verschiedenen protestantischen Gruppierungen. Konfessionelle Zugehörigkeit scheint also nicht automatisch ein Vorrecht auf Engelbesuch zu gewähren. Ich hoffe, daß ich die Kirchenmänner mit dieser Mitteilung nicht schockiere. Auch außerhalb der Kirche gibt es anscheinend einen heißen Draht zum Himmel.

Ich möchte an dieser Stelle auch anmerken, daß jemand, der eine so einschneidende Erfahrung gemacht hat, danach und für den Rest seines Lebens nicht mehr ungläubig sein kann.

Es ist auch nicht unwichtig, die Verteilung der Engelerlebnisse unter den Geschlechtern unter die Lupe zu nehmen. Von achtunddreißig Personen waren es vierzehn Männer und vierundzwanzig Frauen. Dies scheint anzuzeigen, daß die himmlischen Gesandten eine deutliche Vorliebe für das weibliche Geschlecht haben. Aber so ist es nicht. Von den vierhundert Befragten waren zweihundertsiebenundachtzig Frauen gegenüber einhundertunddreizehn Männern. Wenn man bedenkt, daß ich eines Tages einfach mit der Untersuchung begann und dann konsequent jedem diese Frage gestellt habe, bis ich bei dem vierhundertsten Patienten ankam, dann sieht man, daß viel mehr Frauen in die Sprechstunde kamen.

Es ist eine bekannte Tatsache, daß Frauen insgsamt mehr ärztliche Sprechzeit in Anspruch nehmen als Männer. Die geringere Zahl der Männer wird also, arithmetisch betrachtet, durch die viel geringere Anzahl der Männer in der Untersuchung vollauf kompensiert. Man kann sogar von einem leichten Übergewicht der Männer sprechen. In diesem Zusammenhang halten sich die Engel nicht an die modernen Gesetze der Emanzipation, sonder mehr an das biblische Muster, wo bei den Kontakten mit dem Himmel auch ein gewisses Übergewicht der Männer zu finden ist. Man muß abwarten, ob dies auch für eine größere Population zutrifft. Ich bezweifle es, weil ich aus vielen Gesprächen den Eindruck gewonnen habe, daß in unserem zwanzigsten Jahrhundert gerade die Frauen die Fackel des Glaubens weitergeben.

Nun werde ich meinen eigenen »Advocatus diaboli« spielen. Ich werde den achtunddreißig Fällen drastische Einschränkungen auferlegen. Die sieben zweifelhaften Fälle streiche ich gleich zuallererst. Bleiben noch einunddreißig. Jetzt werde ich bei diesen einunddreißig Personen nur *die* Fälle als positiv vermerken, in denen ein Mensch in vollem Tagesbewußtsein (also nicht im Koma oder halb ertrinkend oder in einer Vision) mit seinen Augen (also nicht nur mit seinem Gehör oder Gefühl) einen vollständigen Engel (also nicht nur ein paar helfende Hände) wahrgenommen hat. Dieser Engel muß dann auch noch der Bedingung gehorchen, daß er eine deutliche menschliche Gestalt hat und deshalb nicht »nur« als großes glückbringendes, hilfreiches weißes Licht gesehen wird.

Wenn ich so rigoros in meinem Engelgarten jäte (und mich bei denen entschuldige, die einen Engel in anderer Form getroffen haben), dann erfüllen noch sechs Berichte diese strengen Bedingungen. Das sind also $1^1/_2$ Prozent der ganzen Population.

Lassen Sie mich einen dieser Fälle darstellen: Ein zwölfjähriges tief gläubiges Mädchen lebt in einer Umgebung, wo viel Spiritismus betrieben wird. Oft hat sie viel Angst und betet flehentlich um Hilfe. Eines Tages geht sie einen langen geraden Waldweg entlang, und plötzlich steht ein Mann vor ihr. Eigentlich konnte er von nirgendwoher gekommen sein, und doch stand er da vor ihr. Er sah wie ein ganz normaler Mensch aus. Er sagte ihr, daß sie keine Angst mehr haben müßte, und mit einem Schlag verschwand die Angst für immer. Er teilte ihr auch mit, daß ihr Weg nicht leicht sein würde, daß aber der Herr immer mit ihr sein würde.

Dieses Erlebnis hinterließ ein wochenlang andauerndes Glücksgefühl, und darüber hinaus konnte sie von diesem Augenblick an unterscheiden, ob sie es mit echter oder unechter Spiritualität zu tun hatte. Im Neuen Testament wird das die »Scheidung der Geister« genannt.

Wer sind diese sechs Menschen? Es sind offenbar ganz nüchterne Zeitgenossen. Da ist ein Abteilungsleiter eines großen Betriebes, ein Werksarzt, eine hart arbeitende Hausfrau mit mehreren Kindern, ein Schreibwarenhändler, ein Beamter und noch eine Hausfrau.

Muß ich aus den Resultaten dieser Untersuchung also schlußfolgern, daß es Engel gibt? Van Praag sagt irgendwo, daß das Phänomen der Levitation auch dann als erwiesen gelten muß, wenn es nur einmal in der Weltgeschichte durch einen Menschen gezeigt wurde und später nie wieder bei irgend jemand vorgekommen ist.

Meine erste Schlußfolgerung aus dieser Untersuchung ist deshalb, daß es Engel gibt. Es ist ganz deutlich, daß sie einen Teil der menschlichen Erfahrungswelt darstellen.

Wenn ich nun noch einmal die ganzen achtunddreißig Fälle von Engelerlebnissen durchgehe, so fallen zwei Dinge auf: ein großes Gefühl von Glückseligkeit, ein Gefühl, im Glauben gestärkt oder bestätigt worden zu sein, und ein innerer Friede, der von der Begegnung ausging. Diese Gefühle hielten oftmals wochenlang an und bleiben auch noch nach langen Jahren in der Erinnerung lebendig.

Ob eine Engelerfahrung echt ist, kann schon anhand dieser Gefühle beurteilt werden. Die Begegnung mit einem Engel ist keine kühle Begrüßung auf der Straße. Sie berührt den Menschen in seinem tiefsten Wesen. Das dabei auftretende Gefühl wurde in unnachahmlicher Weise von Selma Lagerlöf in *Niels Holgersson«* dargestellt, und zwar in der Szene des großen Kranichtanzes auf dem Kullaberg:

»...alle, die noch nie auf dem Kullaberg gewesen waren, begriffen nun, warum die ganze Versammlung ihren Namen von dem Kranichtanz hat. Er hatte eine gewisse Wildheit und weckte doch das Gefühl einer süßen Sehnsucht. Niemand dachte jetzt mehr daran zu kämpfen. Dagegen fühlten jetzt alle, die Beflügelten und die Flügellosen, einen Drang in sich, ungeheuer hoch hinaufzusteigen, ja, bis über die Wolken hinauf, um zu sehen, was sich darüber befinde, einen Drang, den schweren Körper zu verlassen, der sie auf die Erde hinabzog, und nach dem Überirdischen hinzuschweben.«

Mit diesem ersten Punkt hängt wahrscheinlich der zweite Punkt, der hier vermerkt werden muß, zusammen. Alle Personen, die ein solches Erlebnis gehabt hatten, hatten es stillschweigend für sich behalten. Oft war es das erste Mal, daß sie es jemandem erzählten. Ich habe ein Ehepaar erlebt, wo der Mann auf meine Frage lachend sagte: »Also Herr Doktor, gibt's denn sowas?« Aber seine Frau blickte verlegen zu Boden und sagte dann zögernd: »Ich habe es dir nie erzählt, Jan, aber...«. Als Grund für dieses Schweigen wird oft die Angst angegeben, für verrückt gehalten zu werden. Engel passen so wenig zum Geist unserer stahlharten materialistischen Ära, daß eine Engelerscheinung beim Publikum als Geistesverwirrung ankommt.

Aber ich glaube, daß auch die Intensität der dadurch aufgerührten Gefühle dazu führte, daß die Erfahrung verborgen blieb. Manche Erfahrungen sind einfach zu überwältigend, als daß sie verbal vermittelt werden könnten. Diese Zurückhaltung, über Engelerfahrungen zu sprechen, läßt sich bei paranormalen Wahrnehmungen gar nicht feststellen. Vielleicht sollte ich sagen »bei anderen paranormalen Wahrnehmungen«, denn eine Engelerscheinung gehört natürlich nicht zu den normalen Wahrnehmungen. Aber mit »paranormal« meine ich Hellsehen, Hellhören und ähnliches, die ganze Sammlung von Professor Tenhaeff. Diese Erscheinungen sind geradezu in Mode gekommen, und die Menschen erzählen darüber schnell und gerne. Eine Frau antwortete auf meine Frage, ob sie schon einmal einen Engel gesehen hätte, mit strahlendem Gesicht: »Nein, Herr Doktor, aber an Kobolde glaube ich schon!« Seit dem vielgelesenen Buch von Rien Poortvliet ist das erlaubt.

Trotzdem werden Engelerzählungen manchmal im kleinen Kreis weitergegeben, wie zum Beispiel die folgende Geschichte, die auf meine Frage hin ganz spontan preisgegeben wurde. Die Großmutter einer meiner Patientinnen hatte sie ihr erzählt. Ihr Vater, also der Urgroßvater meiner Patientin, war in Afrika als Pfarrer tätig.

Eines schönen Tages mußte er einen einsamen Weg entlanggehen, um eines seiner Gemeindemitglieder zu besuchen. Bei einer bestimmten Felspartie lagen zwei Raubmörder auf der Lauer. Aber der Angriff auf den Prediger fand nicht statt, weil zwei in Weiß gekleidete Männer ihn begleiteten. Die beiden Räuber erzählten später in einer Kneipe

34

über diesen »Begleitschutz«. Der Kneipenwirt hinterbrachte es sofort dem Pfarrer, um ihn zu warnen und zur Vorsicht zu ermahnen. Der aber hatte seine Lebensretter nicht gesehen.

Auch dies ist nun wieder eine typische Engelgeschichte. In meinem Sendebereich kursieren mehrere solcher Erzählungen, aber ich wählte diese, da ich sie persönlich gehört habe. Sie steht natürlich nicht in meiner Statistik.

Aber wir brauchen gar nicht soweit zu gehen. Um die Jahrhundertwende lebte in einem Arbeiterviertel von Den Helder ein Bäcker, der unter dem Namen ›der seelige Breet‹ bekannt war. Am Samstagabend räumte er seine Bäckerei auf, stellte Stühle im Kreis auf und hielt dann am Sonntagmorgen eine Versammlung für die Leute ab, die nicht in der Kirche waren. Der Raum war immer brechend voll. Auch Sonntagsschule hielt er in der Bäckerei ab, und seine Weihnachtsfeiern waren berühmt.

In dieser Zeit hatte Den Helder ein Dirnenviertel, das noch aus der Zeit stammte, als man noch von Den Helder über den Kanal direkt nach Amsterdam fahren konnte. Den Zuhältern war Breets Missionierungsaarbeit ein Dorn im Auge, denn dadurch waren ihnen bereits einige Prostituierte abgesprungen, und das wurde den Herren allmählich zu teuer.

Auf Breet konnte man auch Tag und Nacht rechnen, wenn es darum ging, einen Kranken zu besuchen. So wurde er eines Nachts aus seinem Bett geklingelt. Er steckte seinen Kopf zum Fenster heraus und sah unten einen Mann stehen.

»Herr Breet«, sagte dieser, »in der Jansenstraße 24 liegt ein Schwerkranker, er bittet um Ihren Besuch.«

»Ich komme«, sagte Breet, zog sich an und ging nach unten. Der Bote war inzwischen verschwunden.

Um zu der angegebenen Adresse zu gelangen, mußte er eine kleine Brücke, die sich über eine Gracht spannte, überqueren. Bei der Hausnummer 24 klingelte er dann. Zuerst blieb alles still. Nachdem er ein zweites Mal geklingelt hatte, fragte jemand mit zorniger Stimme hinter der Tür, was denn los sei. Breet erklärte, warum er hier sei.

»Es gibt hier keinen Kranken, und ich brauche auch niemanden«, tönte die zornige Stimme. Breet ging enttäuscht wieder nach Hause.

Zwanzig Jahre später kam ein Mann in seinen Laden. Breet stand hinter dem Verkaufstisch.

»Herr Breet, ich würde Sie gerne mal sprechen«, sagte der Besucher. »Kommen Sie rein«, sagte Breet.

Darauf der Mann: »Erinnern Sie sich noch, daß Sie vor ungefähr zwanzig Jahren nachts zu einem Kranken in der Jansenstraße gebeten wurden?«

»Ja«, sagte Breet, »das weiß ich, das ist ein Erlebnis, das ich so schnell nicht vergesse.«

»Ich war der Mann, der nachts zu Ihnen kam«, sagte der Besucher. »Ich haßte Sie so sehr, daß ich mit einem Freund verabredet hatte, Sie zu ertränken. Wir lockten Sie zu einer Adresse am Ende der Brücke und warteten dort auf Sie, um Sie ins Wasser zu werfen. Aber da Sie mit zwei Begleitern kamen, wagten wir es nicht. Sie hatten je einen Begleiter zur Rechten und zur Linken.«

»Aber nein«, sagte Breet, »ich war den ganzen Weg über allein.«

»Mein Freund und ich sahen aber deutlich, daß auf beiden Seiten jemand mit Ihnen mitging.«

Die Breetsche Bäckerei diente zu der Zeit als Predigt- und Sonntagsschul-Zentrum, und der Erzähler, Herr Bijlsma, hat dort selbst Sonntagsschulunterricht gegeben.

Ich habe mit ihm gesprochen. Selbst hatte er Breet nicht mehr gekannt, wohl aber Familienmitglieder von ihm, die ihm auch diese Geschichte erzählten. Außerdem hatte er es auch in einem autobiographischen Büchlein von Herrn Breet gelesen.

Zurück zu meiner Untersuchung.

Als ich mit der Untersuchung begann, dachte ich, daß die Schlußfolgerung lauten würde: »Früher hat man noch Engel gesehen, heute aber nicht mehr.«

Jetzt, wo die Untersuchung abgeschlossen ist, ergibt sich dagegen die Schlußfolgerung: »Engel werden mindestens ebensooft wie früher gesehen, aber es spricht niemand mehr darüber.«

Wenn meine vierhundertköpfige Untersuchungspopulation in etwa einen Durchschnitt durch die ganze Bevölkerung darstellen würde, dann könnten wir annehmen, daß mindestens ein Prozent der niederländischen Bevölkerung einmal im Leben einem Engel gegenübergestanden hat. Ausgehend von fünfzehn Millionen Menschen würde sich das auf etwa 150 000 Engelbegegnungen in der heutigen Bevölkerung belaufen. Das ist eine erstaunliche große Zahl. Dann wäre es darüber hinaus das am besten gehütete Geheimnis unseres Jahrhunderts. Es ist kaum zu glauben, daß so etwas in unserer redefreudigen Bevölkerung möglich ist. Selbst im Krieg, wo es doch um Leben und Tod ging, war es fast unmöglich, die Untergrundarbeit ganz geheim zu halten, weil wir so redselig sind.

Aber ich glaube auch nicht, daß diese Zahl richtig ist, denn wir vergessen bei der Berechnung einen äußerst wichtigen Faktor, und zwar den Mann, der die Untersuchung durchführt. Ich vermute, daß ich durch meine Einstellung viel mehr Menschen mit Engelerfahrungen anziehe als jemand, der eine solche Untersuchung für ausgemachten Blödsinn hält. So ist es nun mal im Leben: auf geheimnisvolle Weise begegnet einem immer das, was zu einem gehört. Und gerade Phänomene aus der Welt des Geheimnisvollen haben eine besondere Neigung, sich in der Umgebung der Person, die daran glaubt, zu häufen.

Lassen Sie mich nun einmal den Extremfall, daß 99 Prozent der Häufung dieser Geschichten an mir liegt und die tatsächliche Zahl der Engelbegegnungen nur ein Prozent von dem beträgt, was ich gefunden habe. Dieses eine Prozent ist vollkommen willkürlich gewählt, aber ich möchte einen möglichst niedrigen Wert annehmen.

Wenn ich also annehme, daß das tatsächliche Verhältnis der Engelerfahrungen in der niederländischen Bevölkerung nur ein Prozent von dem beträgt, was ich gefunden habe, dann müssen jetzt in Holland noch immer eintausendfünfhundert Personen leben, die einmal in ihrem Leben einem Engel begegnet sind... bei vollem Bewußtsein. Wohlgemerkt: diese fünfzehnhundert sind diejenigen, auf die die strengsten Einschränkungen der Untersuchung angewendet werden: Die Engel müssen vollständig sichtbar sein und menschliche Gestalt haben; der Bewußtseinszustand der betreffenden Person muß intakt sein.

Dann ist das doch ganz schön viel! Die verborgene Gilde der Engelseher hat das Geheimnis gut gehütet.

Vielleicht sind einige fromme Menschen doch recht schockiert über die Art und Weise, wie ich hier über diese Untersuchung gesprochen habe. Ich bin mir der strengen Sachlichkeit wohl bewußt.

Als die Untersuchung bereits angelaufen war, fragte ich einen Geschäftsmann, ob er schon einmal einen Engel gesehen habe. »Nein«, antwortete er, »gibt es denn solche Leute?« Damals hatte ich gerade meinen ersten Engel »gefangen« und hatte dabei noch keine hundert Personen befragt. Das erzählte ich ihm. »Weitermachen«, riet er mir. »Bei der Marktanalyse spricht man bei zwei Prozent bereits von einer positiven Reaktion.«

Und doch berührte dieser Mann einen wichtigen Punkt. Der kühle Blick, mit dem man einen möglichen Markt analysiert, ist eines von den wenigen Dingen, die in diesem Jahrhundert noch zu überzeugen vermögen. Selbst wenn man seinem Publikum etwas vorlügen will, muß man das in der zweiten Hälfte des zwanzigsten Jahrhunderts wissenschaftlich tun: mit Statistiken, Grafiken, Laboratoriumsdaten. Dann hat man eine gute Chance, Glauben zu finden.

Zum Glück winken bei dieser Engeluntersuchung keine leicht zu verdienenden Milliarden. Die Leser dieses Buches haben also eine recht ansehnliche Garantie, daß ich in diesem Kapital die Wahrheit gesagt habe. Würden Milliarden auf dem Spiel stehen, dann hätte sicher schon jemand anders diese Untersuchung durchgeführt, aber dann mit amtlicher Bestallung, Subsidien und dergleichen. Engel scheinen also auch in den Begriffen des zwanzigsten Jahrhunderts als Tatsachen zu gelten. Das ist ein wichtiger Tatbestand, der auf die Engelerzählungen, wie sie über die Jahrhunderte hin erschienen, ein helles Licht wirft.

Engel kommen bei allen Völkern und zu allen Zeiten vor. Es sind keine mythologischen Verzierungen östlicher Verfasser, wie man uns gerne suggerieren möchte. Sie gehören nicht zur selben Klasse wie Einhörner und Trolle aus den Märchen. Vielmehr sind es Tatsachen, die zum Leben gehören, und deshalb werden sie in den Evangelien ebenso nüchtern beschrieben wie Steuereinnehmer, Soldaten und Schriftgelehrte.

Es gibt eine Kunstrichtung, die als »magischer Realismus« bezeichnet wird. Dort sieht man Bizarres und Unmögliches mit großer Detailfreude in gegenständlichen Formen gemalt. Der rechte Arm einer Frau besteht aus einer wunderschönen Efeuranke. Sowohl die Frau wie auch die Ranke sind mit großer Liebe naturgetreu wiedergegeben, aber die Zusammenstellung ist natürlich irreal. Hieronymus Bosch mit seinen kleinen Monstern, die sich aus Kombinationen gegenständlicher Formen zusammensetzen, war vielleicht der erste magische Realist.

So plädiere ich für die Lebenshaltung eines »religiösen Realismus«, für eine Haltung, bei der immer mit der Möglichkeit gerechnet wird, daß das scheinbar Unmögliche und die Alltagswirklichkeit sich tatsächlich gleichzeitig einstellen können; für eine Haltung, wo mit einer Engelbegegnung nicht weniger gerechnet wird als mit dem Anruf eines Freundes. Vielleicht könnte das unsere menschlichen Beziehungen etwas erwärmen.

Natürlich fragten mich viele Menschen: »Und Sie, haben Sie schon einmal einen Engel gesehen?« Na, jetzt muß ich mich auch selbst gleich noch einordnen, am besten wohl bei den »tief Nachsinnenden«. Die Antwort lautet: »Nein, ich habe noch nie einen Engel gesehen, aber ich habe einmal ein Erlebnis gehabt, das meine Vorstellung von Engeln vertieft hat, und dieses Erlebnis hatte ich einer ganz normalen Federwolke zu verdanken.«

Mein ganzes Leben habe ich in Kennemerland gewohnt. Eine der schönsten Eigenschaften dieser Gegend ist meinem Gefühl nach die fortwährende Verwandlung des Himmels. Ein Mensch könnte ein ganzes Leben damit verbringen, in den Himmel zu blicken, ohne davon jemals genug zu kriegen. Erst türmen sich goldumrandete Donnerwolken am Horizont, dann sieht man wieder eine ganz hoch oben grasende Herde von rosa Schäfchenwolken. Im Winter jagen die Schneeböen über den Himmel. Wie weiße Besenstriche heben sie sich gegen die schwarze Luft im Westen ab, während die Sonne sie von Osten her mit ihren schrägen Strahlen erleuchtet. Im Sommer ziehen würdevoll die weißen Wolken mit ihrem faszinierenden Formenspiel vorbei: Ein alter Mann mit weißem Spitzbart starrt sinnend zum Horizont; ein dicker Riese mit runzliger Stirn und spitzer Nase öffnet drohend seinen Mund, wo nur noch ein einziger Zahn am Oberkiefer sitzt; eine ungeheure Schnecke mit turmhohem Haus auf dem Rücken kriecht auf den Flügeln des Windes voran. Manchmal erscheint ein seltsames Licht, aus rußschwarzer Luft prasselt der Regen nieder, und gleichzeitig scheint eine fröhliche Sonne.

Die Sonne scheint und es regnet, es ist Kirchweih in der Hölle, sagte meine Mutter dann immer. Wenn du dieses Licht siehst, dann laufe schnell nach draußen, denn der schwarze Wolkenvorhang dient dann als Hintergrund für den Regenbogen, eine Erscheinung, die einen immer wieder in Verzücken versetzt. Und wie teuer wurde dieser Regenbogen erkauft! Eine ganze Zivilisation ging unter, und eine neue Welt wurde aus dem Wasser geboren, damals, vor langer Zeit, bei der Sintflut. Und als bleibende Erinnerung, daß so etwas nie wieder geschehen solle, setzte Gott seinen Regenbogen in die Wolken.

Die Prophezeiungen sagen, daß für unsere Welt nicht das Wasser, sondern das Feuer vorgesehen sei. Es sieht so aus, als ob wir unser Bestes tun, um diese Prophezeiung so schnell wie möglich in Erfüllung gehen zu lassen. Was für ein Zeichen soll Gott an den Himmel setzen, wenn unsere Welt durch das Feuer gegangen ist? Wird in der neuen Welt, die aus der Atomasche aufersteht, von Zeit zu Zeit ein grüner Ring um die Sonne erscheinen, als Zeichen, daß auch so etwas nicht mehr zugelassen wird?

Aber der Himmel mit den Wolken und dem Regenbogen ist nicht der Himmel der Engel. Es ist unsere Luft, sie gehört zur Erde. Allerdings hat man manchmal das Gefühl, daß sie den Himmel der Engel berührt.

Als Junge lag ich einmal vor unserem Haus und blickte in den Himmel. Die Dahlien blühten, die ersten Kreuzspinnen hatten ihre Netze gesponnen, und es lag dieser unbestimmte Geruch in der Luft, der uns sagt: »Der Herbst ist im Kommen!« Ein Geruch von Holzfeuer, mit Pilzen versetzt und mit etwas noch Subtilerem, das keinen Namen hat. Der Himmel war fast durchwegs blau, aber mitten hindurch lief eine hohe Federwolke.

Als ich so nach der Wolke sah, erblickte ich einen riesenhaften Engel, der über unserem Dünenstrand schwebte. Der Kopf schien in ein leichtes, herabhängendes Tuch gehüllt (so wie die Araber es tragen). Die Flügel waren leicht ausgestreckt und flaumig. Die Gestalt trug einen langen Mantel, der bis zu den Füßen hing. Die Füße selbst waren unsichtbar. Der Engel hing totenstill dort oben und blickte ruhig über das Land. Der Himmel um ihn schien weiter und tiefer als sonst. Manchmal ist die blaue Luft wie eine feste Glasglocke, die unmittelbar über den Augen des Betrachters beginnt. Aber dieses Blau war weit wie ein Ozean und glänzte, als ob die Sonne auf kleine Wellen schien. Dann verwischte sich das Bild langsam und wurde wieder zur Wolke, und die Stille des Herbstmorgens lag über dem Land.

Was sieht man eigentlich in so einem Augenblick? Projiziert die Vorstellungskraft einen Engel auf eine Wolke? Modelliert ein zufälliger Wind, der auf eine weit oben schwebende Wolke trifft, den Schein einer himmlischen Gestalt? Oder ist da noch etwas anderes?

In der Naturwissenschaft kennen wir gegenwärtig eine ganze Reihe von elektrisch geladenen Teilchen. Diese schießen mit enormer Geschwindigkeit durch den Raum. Um sie sichtbar zu machen, wurde eine sogenannte Nebelkammer konstruiert. In ihr kann man so ein vorbeischießendes Teilchen auf einer fotografischen Platte festhalten. Es erscheint ein Dampfstreifen wie die Kondensspur eines hoch fliegenden Flugzeuges. Ist es möglich, daß ein Engel noch eben eine Kondensspur hinter sich zurückläßt? Daß das Unsichtbare gerade noch sichtbar wird, wenn die Umstände dafür günstig sind? Der Abdruck von etwas Unglaublichem in den Nebelfeldern unserer Erde?

In Afrika bin ich einmal auf einen Berghang gestiegen, und da sah ich auf einem Felsblock die deutlichen Spuren irgendeines riesenhaften Urreptils eingedrückt. Das war ein Stempel, der einen erschauern ließ, denn er war viel realer als die surrealistisch wirkenden Abbildungen in Büchern über die Frühgeschichte unserer Erde. Es schien, als sei das

Untier eben erst weggekrochen; aber unwillkürlich spürte ich noch weiter den Berghang nach oben und erwartete jeden Augenblick, daß mich ein riesenhafter Reptilienkopf, aus einem Felsloch hervortretend, gierig ansehen würde.

Hier war tatsächlich das Inexistente zum Leben zurückgekehrt, als Abdruck in dem damals noch weichen Wachs der sichtbaren Schöpfung. Aber das war ein Urtier, genauso materiell wie wir, bezogen auf unseren Körper.

Aber sollte es möglich sein, daß auch das wirklich Unsichtbare eine Spur in unserer Welt hinterlassen könnte? Nun ja, die Frage stellen heißt sie beantworten: Zwar ist das Wirkliche unsichtbar, aber es erscheint hier doch in der sognannten materiellen Form, um dann nach einiger Zeit wieder in die Unsichtbarkeit zu verschwinden. Jeden Frühling wird man mit der Nase darauf gestoßen, wenn an den noch kahlen Zweigen der Pflaumenbäume Tausende von zarten Blüten erscheinen. Dies ist eine unmittelbare Botschaft aus einer höheren oder tieferen Welt. Deshalb sind auch im Hebräischen die Wörter für »Fleisch« und »Botschaft« eng verwandt. Alles, was im »Fleisch«, also in der Stofflichkeit erscheint, ist eine Botschaft der anderen, verborgenen Welt.

So weiß ich also nicht, ob ich einen Engel gesehen habe. Aber noch immer, wenn ich an diesen Herbsttag zurückdenke, fühle ich eine große weite Stille um mich.

Eigentlich ist es arrogant, über Engel zu schreiben. Noch ungehöriger als das, was Karl May tat. Sie wissen, daß dieser Mann Generationen von Vätern und Söhnen mit seinen Geschichten über Old Shatterhand und Winnetou zu begeistern wußte, obwohl er selbst noch nie in seinem Leben in Amerika gewesen war oder auch nur einen Indianer gesehen hatte. Aber Karl May hätte einen Dampfer nach Amerika nehmen können und so vielleicht die Existenz der Indianer nachprüfen können. Er wäre ihnen lebendigen Leibes begegnet.

Aber jemand, der über Engel schreibt, befindet sich in einer viel schwierigeren Position, da er nirgendwohin reisen kann, um seine Geschichten auf ihren Wahrheitsgehalt zu prüfen. Und wenn er schließlich die einzige Reise unternimmt, die ins Land der Engel führt, dann kommt er nicht mehr zurück, um darüber zu erzählen. Und trotzdem war die ganze antike Welt voll von Engelgeschichten. Engel treten bei Menschen ein, gehen mit ihnen fast schon familiär um, überbringen ihnen Botschaften, kurzum: sie sind Bestandteil der antiken Lebensweise. Ja, es gibt sogar eine Art ›Engelflora‹, wenn ich das einmal so unehrerbietig ausdrücken darf.

Ich weiß nicht, wann eigentlich das Interesse für Engel ausgeklungen ist. Denn anfänglich hielt man Begegnungen zwischen Menschen und Engel offenbar für möglich. Später standen dann mehr die Geschichten und Darstellungen von Engeln im Vordergrund. Und schließlich verwies man die Engel in dieselbe Kategorie wie die fremdartigen Geistwesen aus den Märchen der Brüder Grimm. Trotzdem glaube ich, daß in der letzten Zeit ein leichter Umschwung zu spüren ist.

Aber zu meiner Jugendzeit gehörte der Engel keinesfalls zu den Möglichkeiten des Lebens. Jedenfalls bei uns zu Hause und bei den meisten Leuten, die ich kannte. Wenn man im Wald oder in den Dünen spazierenging, konnte man vielleicht einem Kaninchen oder einem Reh begegnen, aber keinem Engel. Sie existierten nicht in unserem Bewußtsein. Behalten Sie das gut im Auge, denn ich möchte jetzt eine Geschichte erzählen, die mich tief beeindruckte, und zwar gerade deswegen, weil Engel in meiner Jugend nicht als Realität existierten.

Auf der Realschule hatten wir einen jüdischen Erdkundelehrer, den Herrn Cohen. Oft erzählte er nur die in meinen Augen etwas trockenen Fakten seines Faches, aber hin und wieder war er wie verwandelt. Dann verschwand der Schulmeister, und statt dessen kam ein alter Prophet zum Vorschein.

So zum Beispiel am 9. April 1940. Das nationalsozialistische Deutschland hatte ohne Vorwarnung das neutrale Norwegen überfallen. Zu Beginn der Unterrichtsstunde ging Herr Cohen zu der Mauernische, wo die Karten an einer Schiene hingen. Mit der Karte von Europa, die er hinter sich herzog, schritt er wieder der Mitte zu. Es war totenstill in der Klasse. Er nahm seinen langen Zeigestock und wies auf Deutschland und Norwegen. Dann hob er seine Arme hoch, hielt dabei den Zeigestock wie einen Prophetenstab in der Rechten und sagte langsam: »Von heute an gibt es keine Neutralität mehr in Europa.« Das war eine schockierende Feststellung, jedenfalls in Holland, wo man mehr oder weniger glaubte, man könne wieder wie im Ersten Weltkrieg neutral bleiben.

Dann sagte Herr Cohen, wie um eine weitere Diskussion von vorneherein auszuschließen: »Wir fahren im Unterricht fort!«

Einen Monat später fielen die Hitlerhorden in Holland ein. Herrn Cohens Worte waren offensichtlich prophetisch gewesen. Zum Glück überlebte er den Krieg.

Aber nun zum Engel: Der Angriff auf Norwegen war nicht die erste Gelegenheit, bei der durch die Äußerung eines jüdischen Lehrers mittleren Alters eine Art Prophezeiung durchbrach.

Am 30. November 1939 überfiel das mächtige Rußland das kleine Finnland. Holland sammelte eifrig Skier für die finnnischen Soldaten, aber niemand glaubte im Grunde, daß das kleine finnische Heer den roten Divisionen würde widerstehen können. Churchill schreibt darüber in seinen Mémoiren:

»Der Empörung, die in England, Frankreich und sogar noch heftiger in den Vereinigten Staaten über den unbegründeten Angriff der ungeheuren Sovjetmacht auf eine kleine, vitale und sehr zivilisierte Nation, aufflammte, folgten sehr bald Erstaunen und Erleichterung.«

Finnland wurde nicht überrannt, und jeder fragte sich, wie das möglich sei. Eines Tages holte der Cohen die Karte von Skandinavien hervor und zeigte, wie die Russen mit einer Zangenbewegung angriffen und wie das finnische Heer wie durch ein Wunder aus dieser Zange entkommen war. Es war, als seien sie für die russischen Angreifer unsichtbar gewesen. »Man scheint da etwas gesehen zu haben«, sagte der Herr Cohen zum Abschluß seiner Geschichte und ging dann gleich zur Tagesordnung über. Niemand fragte ihn, was er mit dieser letzten seltsamen Bemerkung gemeint hatte. Nach der Stunde ging ich zusammen mit einem anderen Jungen zu ihm.

»Was meinten Sie vorher damit, als Sie sagten, daß man da etwas gesehen hat?« fragte ich. »Was hat man gesehen?«

Herr Cohen sah uns einen Augenblick lang forschend an. Dann wurde er für einen ganz kurzen Moment 3000 Jahre alt anstatt 50 und sagte: »Einen Engel, Jungchen.« »Jungchen« hießen alle Jungen bei ihm.

Wir wagten nichts mehr zu fragen und liefen verwirrt aus dem Klassenzimmer. Engel gehörten zu Weihnachtsgeschichten und Christbaumdekor. Aber ein Engel mitten in einem modernen Krieg, und ein Lehrer, der einem das mitteilt, als sei es eine ebenso harte Tatsache wie die Anzahl der feindlichen Divisionen, das war ein erschütterndes und ehrfurchterweckendes Ereignis, das eine Dimension mehr erfaßte, als wir sie kannten.

Damals habe ich die Tatsache, daß Engel in diesem Jahrhundert ein emotionales Problem darstellen, hautnah empfunden. Auch, daß man diesem Problem gegenüber nicht neutral bleiben kann. Was könnte der Grund dafür sein?

Ich möchte an dieser Stelle vorsichtig versuchen, eine Erklärung dafür zu geben: Der Mensch kann mit Hilfe der modernen Fernrohre wie auch der Raumfahrt einen Stern untersuchen, oder er kann auch mit seinen starken Elektronenmikroskopen bis in die Tiefe der subatomaren Welt vordringen, aber alles das läßt ihn innerlich nicht erschaudern, denn es ist ihm verwandt. Es ist Materie. Es bedroht ihn nicht. Auch wenn der Stern weit weg ist, hat er ihn gewissermaßen in seiner Macht. Auch wenn die Radioaktivität etwas Bestürzendes hat, so kann er sie doch hinter Beton mit Robotern kontrollieren.

Aber hier trifft er auf eine Kraft, die höher steht als er selbst, auf eine Kraft, die auf Dauer nicht von ihm begriffen und unterworfen werden kann. Nein, diese Kraft steht so hoch über dem Menschen, wie er über seinen unglücklichen Versuchstieren steht.

Es ist der Hauch des Ungeheuren, das den Schrecken verursacht. Aus reiner Angst will der Mensch lieber nicht davon hören, oder er wird auf jeden Fall versuchen, sie zu verbergen, indem er die Vorstellung von höhergestellten Wesen mit einem überlegenen Lächeln von sich weist.

In diesem Jahrhundert haben wir etwas ganz Wichtiges verloren: die Ehrfurcht vor Höherem. Wenn sich eine solche Einstellung in der Menschheit durchsetzt, bricht dieses Höhere manchmal mit Gewalt hervor, um uns wieder Bescheidenheit zu lehren. Aber zurück nach Finnland. Später hörte ich die Geschichte von dem finnischen Engel ein zweites Mal: Russische Divisionen hatten eine finnische Heereseinheit umzingelt. Die Finnen hatten um Hilfe gebetet und mitten in der Nacht einen riesenhaften Engel gesehen, der mit ausgestreckten Flügeln über dem finnischen Lager schwebte. Und die Russen hatten die umzingelten Finnen nicht finden können.

Vielleicht ist es nur eine schöne Geschichte, die aus der Not der Zeit geboren ist. Ich habe noch mit keinem Finnen gesprochen, der den Engel gesehen hat. Doch wenn es nur eine schöne Geschichte wäre, ist sie mitten im zwanzigsten Jahrhundert bemerkswert.

Daraus folgt, daß wir die Engel zwar vergessen können, aber sie uns nicht. Sie bleiben springlebendig in der menschlichen Geschichte und erscheinen genauso wie früher in Zeiten der Not.

Nun kann man sich eine leichte und für unsere Zeit befriedigende Erklärung für Engelserscheinungen ausdenken. Engel, so könnte man sagen, seien offensichtlich psychologische Tatsachen, die in der menschlichen Struktur verankert sind. So etwas wie eine Projektion unserer eigenen Seeleninhalte, wie man es bei Kindern sehen kann. Ein Kind geht an einem dunklen Winterabend einen Dorfweg entlang, und die Silhouette einer Kiefer vor dem nächtlichen Himmel verwandelt sich in einen bösen Mann, der da auf der Lauer steht. Erinnern Sie sich noch an diese tiefe Erleichterung, wenn man merkte, daß es doch ein Baum war?

So hat die Psychoanalyse sogar Gott zu einer Projektion unserer eigenen Vaterfigur gemacht. Im übrigen klingt das ja sehr erwachsen und wissenschaftlich, wenn man über einen »Engel als psychologische Tatsache« spricht. Dann ist man integriert und akzeptiert. Stellen Sie sich eine Versammlung von gelehrten Theologen vor, wo jemand einen Vortrag über Engel hält. Er schließt seine Darstellung mit dem Satz: »Was immer man davon auch hält, als psychologische Tatsache könnte man schon von der Existenz der Engel sprechen.«

Die ganze Gesellschaft würde zustimmend nicken. Das ist diese neutrale, wissenschaftlich relativierende Sprache, mit der man sich überall sehenlassen kann. Die Sprache, die einem zwar den Glauben hat verlieren lassen; aber dafür ist der Lehrstuhl sicher!

Und dann steht so ein junger Geistlicher auf, der grade erst mit seinem Studium fertig ist. Ich denke an einen bestimmten Typ, wie man ihm hier und da noch begegnet. Zum Beispiel einen bekannten Jugendseelsorger, der darauf bestand, zum Examen im Pyjama zu erscheinen und seinen Professoren zu sagen: »Ich stehe hier im Pyjama, weil man uns hier an der Universität keinen Glauben gelehrt hat, sondern uns eingeschläfert hat.«

So eine Art Mensch. Und der sagt dann in meiner vorgestellten Situation auf dem Theologentreffen: »Ich habe gestern einen Engel getroffen.« Sehen Sie das Bild vor sich? Die Gereiztheit? Das überlegene Lachen? Das Achselzucken? Und dann der unvermeidliche Witzbold, der aufsteht und fettig grinsend fragt: »War sie schön?« Dann das befreiende Lachen all dieser gelehrten Herren. Und dann geht man schnell zu seriösen Themen über, die archetypische Erklärung von Jung zum Beispiel, und vielleicht noch der Engel in der mittelalterlichen Malerei. Nein, Engel sind in den Hallen der Wissenschaft nicht willkommen. Aber wir müssen verstehen, daß die Wissenschaft sehr einseitig und deshalb nicht in der Lage ist, über Dinge Aussagen zu machen, die zwar wirklich, aber nicht wissenschaftlich analysierbar sind. Dazu die folgende Geschichte:

Der Futurologe Willis Harmann hat vor kurzem eine Fabel dem Vergessen entrissen. Es dreht sich um einen Mann, der den ganzen Ozean mit einem Schleppnetz leerfischte. Die Löcher im Netz waren $2^{1}/_{2}$ cm groß. Als er seinen Fang ansah, der, wie man sich vorstellen kann, aus Walfischen, Delphinen, Haien, Seeschildkröten usw. bestand, schrieb er eine Dissertation, aufgrund deren er zum Doktor der Zoologie ernannt wurde. Eine der Thesen in dieser Doktorarbeit lautete: Tiere, die kleiner sind als $2^{1}/_{2}$ cm, werden im Ozean nicht gefunden.

Aus demselben Grund wird auch die Angelologie, die Lehre von den Engeln, nicht mehr an der Universität gelehrt. Man findet keine Engel mehr, weil unser Schleppnetz zu grob ist. Sie gleiten durch die Löcher unserer Gedankenmuster. Und das ist entsetzlich schade, denn dadurch sind wir wie Menschen geworden, die ihren Schatten verloren haben. Und Sie wissen vielleicht, daß dies hin und wieder mit Menschen geschah, die ihre Seele an den Teufel verkauft hatten.

Deshalb habe ich beschlossen, nicht nur das Ergebnis meiner Untersuchung für Sie niederzuschreiben, sondern aus Dankbarkeit dafür, was die stillen Begleiter unserer Wege für uns tun, ein Lehrbuch über Engel anzuschließen.

Schutzengel

Achten Sie einmal darauf, wie oft Menschen, die sich aus einer gefährlichen Verkehrssituation retten konnten, von ihrem »Schutzengel« sprechen.

In einer Welt, wo das Christentum immer mehr an Einfluß verliert, bleibt der Schutzengel wacker bestehen, so, als hätte man ihm noch nicht bedeutet, daß er jetzt nicht mehr dazugehört. Ja, man könnte sogar sagen, daß die Geschichten über Schutzengel wieder richtig im Kommen sind.

Es gibt eine recht gute amerikanische Zeitschrift, die ich jedem empfehlen kann. Sie heißt *Guideposts* und bringt regelmäßig Berichte über Engelerfahrungen. In der Märznummer 1982 erzählt eine junge Frau names Euphie Eallonardo:

»Es war schon recht unvorsichtig von mir, noch vor Sonnenaufgang einen Spaziergang durch das unübersichtliche Straßengewirr hinter der Endstation dieser Buslinie in Los Angeles zu machen. Aber ich war noch jung und zum ersten Mal in der Großstadt. Mein Bewerbungsgespräch war erst nach fünf Uhr. Ich konnte es einfach nicht erwarten, das Viertel kennenzulernen. Ich verirrte mich in einer abgelegenen Gegend. Als ich ein Auto vorbeifahren hörte, drehte ich mich um ... da sah ich im Scheinwerferlicht drei Männer schleichen, die sich bemühten, im Schatten verborgen zu bleiben. Zitternd vor Angst tat ich, was ich immer tue, wenn ich Hilfe brauche: Ich senkte den Kopf und bat Gott, mich zu retten. Aber als ich aufsah, erblickte ich einen vierten Mann, der im Dunkeln auf mich zulief. Oh Gott, jetzt war ich eingeschlossen.

Ich war so voller Angst, daß ich mehrere Augenblicke brauchte, um festzustellen, daß ich diesen Mann selbst im Dunkeln sehen konnte. Er trug einen tadellos gewaschenen Arbeitskittel und Bluejeans und hatte einen Henkelmann bei sich. Er war etwa dreißig Jahre alt und mindestens einen Meter achtzig groß. Sein Antlitz war streng, aber schön (nur so kann ich es nennen). Ich rannte auf ihn zu: ›Ich habe mich verirrt und werde von mehreren Männern verfolgt‹, sagte ich verzweifelt. ›Ich habe einen kleinen Spaziergang in der Nähe der Bushaltestelle gemacht. Ich habe so eine Angst!‹

›Komm,‹ sagte er, ›ich bring dich in Sicherheit.‹ Er war stark und vermittelte mir ein Gefühl der Sicherheit.

›Ich weiß nicht, was passiert wäre, wenn Sie nicht zufällig hier vorbeigekommen wären ... ‹.

›Ich schon.‹ Seine Stimme war tief und melodisch.

›Ich bat um Hilfe, gerade bevor Sie kamen.‹

Ein kaum sichtbares Lächeln spielte um seinen Mund, seine Augen. ›Jetzt bist du in Sicherheit.‹

Wir näherten uns der Bushaltestelle. ›Vielen, vielen Dank,‹ rief ich leidenschaftlich aus. Er nickte. ›Tschüs, Euphie.‹

Wie vom Blitz getroffen blieb ich auf dem Weg in den Warteraum stehen. Euphie! Hatte er mich wirklich bei meinem Vornamen genannt? Ich drehte mich blitzschnell um und rannte das Trottoir entlang, aber er war verschwunden.«

So sieht also der moderne Engelbericht aus. Dies ist ein typisches Beispiel. Es enthält mehrere oft wiederkehrende und deutlich erkennbare Elemente.

Erstens eine lebensgefährliche Situation. Ich war selbst in Los Angeles, und selbst als Mann kann man dort in bestimmten Gegenden nicht allein im Dunkeln auf der Straße gehen. Die Frau befand sich wirklich in Lebensgefahr.

Zweitens die plötzliche Rettung durch einen normal

gekleideten jungen Mann. Oft wird dieser als auffallend schön beschrieben, ohne daß sein Äußeres weiblich wäre. Auch der Ernst wird vermerkt.

Und schließlich das plötzliche, spurlose Verschwinden des Retters, nachdem deutlich geworden ist, daß er mehr über einen wußte, als er eigentlich wissen konnte.

Ein Engel in Bluejeans mit Henkelmann. Ist das keine Profanisierung des Heiligen? Wo sind die weißen Kleider? Wo die Flügel?

Nun fällt es sicherlich den meisten von uns nicht schwer, uns von dem Bild des Engels als kleinem rundlichem Nakkedei zu trennen, einem Kindchen, dessen Blöße von einem leichten, im Wind flatternden Tuch bedeckt wird und das zwei nicht besonders gut zum Fliegen geeignete Flügelchen auf dem Rücken trägt. So erscheinen sie auf italienischen Fresken, in Zeiten großer Kindersterblichkeit vielleicht als Trost für die Eltern gemalt.

Was die dicken Kleinkinder mit ihren Flügelchen anbelangt: Die kleine Tochter einer Dame, die zu den von mir befragten Personen gehörte, sagte eines Abends nachdenklich zu ihrer Mutter: »Mammi, Engel können nicht fliegen, die Flügel halten das nicht aus!«

Ist ein gestorbenes Kind ein Engel geworden, wie Vondel einstmals sang? Die Antwort kenne ich nicht, aber manchmal kann ein Engel tatsächlich als Kind in Erscheinung treten. Dazu einer von meinen Befragten, ein netter älterer Mann mit diesem typischen Glanz in den Augen, den ich so allmählich immer besser als Merkmal jener Menschen wiedererkenne, die einen Blick hinter die Leinwand geworfen haben.

Als er neun Jahre alt war, sah er vor dem Schlafengehen immer jemand, der einem gleichaltrigen Kind glich. Diese Erscheinung war von einem ungeheuren Glücksgefühl begleitet. Das Kind hatte blondes Haar und war von einer Art Strahlenkranz umflossen. Nachdem dies einige Wochen so gegangen war, sagte das Kind: »Jetzt kann es nicht mehr so weitergehen, denn deine Füße berühren jetzt den Boden.« Dann verschwand es und erschien nie mehr wieder.

Deshalb glaube ich, daß ein Engel, wenn es notwendig ist, einem Kind auch in Gestalt eines Kindes erscheinen kann, um den kleinen Menschen, den er besucht, nicht zu erschrecken. Genauso, wie auch Gott, der Schöpfer des Himmels und der Erde, die Menschheit als Mensch besucht hat. Dies geschieht aus Liebe für die, die besucht werden. Wir sollten uns also davor in acht nehmen, das Kind mit dem Bade auszuschütten, denn ehe man sich's versieht, ist der Himmel leer geworden . . . und nur noch ein paar Astronauten wirbeln dort herum.

Da ich gerade bei den Kindern bin, möchte ich noch einen Bericht aus *Guideposts* (April 1983) anschließen. William T. Porter aus Englewoods, Colorado, schreibt:

»Wir standen im Vorgarten meiner Eltern, als wir plötzlich einen Schrei hörten. Es war unsere kleine zweieinhalbjährige Tochter. Wir rannten zum rückwärtigen Teil des Gartens und fanden Helen weinend und tropfnaß auf dem gepflasterten Weg stehend. Es war offensichtlich, daß sie in den kleinen, aber tiefen Fischteich meiner Eltern gefallen war. Gott sei Dank war sie nun in Sicherheit.

Als dann meine Frau herbeieilte, um Helen aufzuheben, fühlte ich mich plötzlich wie vor den Kopf geschlagen: Rings um den Teich waren keine nassen Fußspuren zu sehen; und dabei stand unser Kind doch gute sechs Meter vom Wasser entfernt. Es war vollkommen unmöglich, daß ein Kleinkind aus eigener Kraft aus dem Teich hätte herausklettern können. Er hatte einen Durchmesser von etwa zwei Meter und war einen Meter zwanzig tief. Während Helen größer wurde, zerbrachen wir uns oft den Kopf über diese merkwürdigen Umstände. Sie selbst hatte keine Erinnerung an den Vorfall behalten, aber eine tiefsitzende Angst vor Wasser konnte sie nicht loswerden.

Als Helen und ihr Mann, der bei der Armee ist, viele Jahre später in San Antonio wohnten, begann sie diese Angst mit Hilfe eines Militärgeistlichen, Pfarrer Claude Ingram, aufzuschlüsseln. Als er ihr geistlichen Rat gegeben und einige Male mit ihr gebetet hatte, forderte er sie auf, den Vorfall mit dem Fischteich, der ihr soviel Angst eingejagt hatte, in ihrer Erinnerung noch einmal zu durchleben.

Sie versetzte sich in die Situation zurück und begann den Teich und die Fische in allen Details zu beschreiben. Sie stieß einen Schrei aus, als sie den Augenblick, wo sie ins Wasser fiel, von neuem erlebte. Plötzlich schnappte Helen um Luft: ›Jetzt erinnere ich mich!‹ sagte sie. ›Er packte mich an den Schultern und zog mich heraus.‹

›Wer hat das getan?‹ fragte Pfarrer Ingram.

›Jemand in Weiß,‹ antwortete sie. ›Jemand zog mich heraus und verschwand dann.‹«

Hier sehen wir also einen Engel in Weiß auftreten. So gehört sich das ja auch, denkt der fromme Mensch. Trotzdem ist immer bekannt gewesen, daß Bewohner aus der anderen Welt sich hier als normale Menschen zeigen können.

So schließt der Engel in den Bluejeans mit seinem Henkelmann bei der alten jüdischen Legende an, die da besagt, daß Elias zu jeder Zeit erscheint, und zwar normal gekleidet, so, wie man sich zu dieser Zeit eben kleidet, als Bauer, Arbeiter, alter Mann. Erst später sagt man dann: »Das kann niemand anders als Elias gewesen sein.« In unserer Zeit also würde er oder auch ein Engel vom Himmel am besten in Bluejeans erscheinen können.

Einen der ersten Engelberichte aus meiner Praxis hörte ich von einer liebenswürdigen alten Dame. Eines Tages sagte sie plötzlich zu mir: »Herr Doktor, glauben Sie eigentlich an Engel?«

»Na ja, schon irgendwie,« sagte ich.

Daraufhin erzählte sie mir folgende Geschichte. Es war

während des Krieges. Sie wohnte in Heemstede, und ihr Sohn studierte Medizin in Amsterdam. An einem Sonntagabend brachte sie ihren Sohn zu der sogenannten »blauen Tram«, die damals noch nach Amsterdam fuhr.

Man ist immer wieder erstaunt, worüber Mütter sich Sorgen machen. Der Junge war väterlicherseits Halbjude, und außerdem machte die vielgehaßte Besatzungsmacht doch auf junge Burschen Jagd, um sie in der deutschen Kriegsindustrie einzusetzen. Aber das beunruhigte diese Frau gar nicht. Sie wußte, daß er mit einem Mikroskop in der Tasche auf dem Fahrrad fahren würde und hatte Angst, daß er in Amsterdam fallen würde. Oft stellt sich das Bewußtsein eine kleine Katastrophe vor, um die große Katastrophe damit abzuwenden.

Der Junge wußte sie zu beruhigen, indem er ihr versprach, vorsichtig zu fahren, und stieg dann in die Trambahn ein. Die Mutter war recht erleichtert und hüpfte mehr, als daß sie lief, während sie hinter der abfahrenden Tram die Schienen der entgegengesetzten Trambahnrichtung überquerte.

In diesem Augenblick wurde sie von zwei kräftigen Händen von hinten am Ellenbogen gepackt und scharf vor den Rädern der aus der Gegenrichtung anstürmenden Tram weggerissen. Ihr Lebensretter ließ sie los, und sie drehte sich um, um sich zu bedanken. Aber es war niemand da. Sie war mutterseelenallein.

Sie ist immer noch am Leben, und obwohl sie bereits über neunzig ist, ist ihr Verstand noch immer ganz klar. Sie war sehr interessiert, als sie von mir hörte, daß ihre Geschichte noch einmal im Druck erscheinen würde.

»Schade, daß es keine Augenzeugen gab,« werden manche Menschen vielleicht sagen. Aber dann muß ich daran erinnern, daß unter meinen achtunddreißig Leuten zwei waren, die vor den Augen von Dritten vor heranrasenden Autos weggezogen wurden.

»Warum geschehen dann doch so viele Unglücksfälle?«
wird der unverbesserliche Kritiker fragen. »Passen die Engel
dann grade mal nicht auf?«

Ich möchte auf diese Frage später eingehen. Zuerst müssen
wir uns fragen, ob wirklich jeder Mensch einen persönlichen
Schutzengel hat. Über diese Vorstellung sprechen die
meisten Katholiken übrigens viel freimütiger als die meisten
Protestanten.

In diesem Fall müßte es eine ganze Menge Engel geben.
Der Prophet Daniel spricht von »zehntausend mal zehntausenden«,
die vor Gottes Thron stehen (Daniel 7, 10). Die
Offenbarung des Johannes, die in vieler Hinsicht eine Fortsetzung
des Buches Daniel ist, erwähnt ebenfalls die vielen
Engel rund um den Thron: Ihre Zahl ist zehntausend mal
zehntausend (Offenbarung 5, 11). Das sind also hundert
Millionen. Und als Jesus über Kinder spricht, sagt er, daß
ihre Engel ohne Unterlaß das Antlitz seines Vaters sehen
(Matthäus, 18, 10). Auf unserem Planeten läuft das doch
schon bald auf ein paar hundert Millionen hinaus.

Die Tatsache, daß nur wenige Menschen Engel sehen,
liegt kaum an deren seltenen Vorkommen.

Es gibt eine alte jüdische Lehre, daß jeder Mensch auf
seinem Lebensweg von zwei Engeln geleitet wird. Der zur
Rechten inspiriert ihn zum Guten und zeichnet die guten
Taten auf, der zur Linken stachelt zum Bösen an und zeichnet
die schlechten Taten auf. In der katholischen Kirche ist
diese Lehre übernommen worden, aber man spricht dort
nicht von dem ›schlechten Impuls‹, sondern von dem »Engel,
der in Versuchung führt«. Wenn diese Geschichte wahr
ist, dann laufen hier auf der Erde doppelt soviel Engel wie
Menschen herum, ein Gedanke, der einen schon aus der
Fassung bringen kann. Dann gibt es ja noch einen Kindervers,
der so geht: »Wenn ich abends schlafen geh, folgen
vierzehn Engel mir.« Das war mir allerdings selbst als Kind
etwas zuviel des Guten.

Nachdem wir nun diese Heerscharen von Engeln ins Spiel gebracht haben, wollen wir einmal die Frage stellen: »Was ist eigentlich ein Engel?« Diese Frage ist so leicht nicht zu beantworten. Sind es eigene Schöpfungen? Eine ganz besondere Rasse? Sind sie jemals Menschen gewesen?

Die Schwierigkeit ist, daß sie sich hier nur in ihrer beschützenden und rettenden Funktion bemerkbar machen, zumindest was die Schutzengel betrifft. Aber wenn Menschen Engel treffen, sind sie von Gefühlen so überwältigt, daß noch keiner gefragt hat: »Wer oder was sind Sie nun eigentlich, erzählen Sie doch bitte!«

Ich will es an einem Beispiel zeigen: In *Verabredung in Jerusalem* beschreibt Lydia Prince, wie sie im Jahre 1929 zwischen kämpfende Juden und Araber geraten war. Das war damals auch schon im Gange. Sie befand sich in einem arabischen Haus, dessen Wasserleitung nicht mehr funktionierte, und sorgte für ein jüdisches Kind von etwa einem Jahr, das sie vom Hungertod gerettet hatte. Auf die Straße hinauszugehen bedeutete den sicheren Tod, denn die Araber schossen auf alles, was sich bewegte. Sehr bald stand sie also vor der fürchterlichen Wahl zwischen Zuhausebleiben und Verdursten und auf der Straße erschossen zu werden.

In großem Vertrauen auf Gottes Hilfe nimmt sie dann das Kind auf den Arm und geht die Straße entlang. Es ist still, man hört keine Schüsse. Überall sind Barrikaden. Nach einiger Zeit erreicht sie eine, die sie mit dem Kind nicht überwinden kann und bleibt verzweifelt sitzen. Da steht plötzlich ein europäisch gekleideter junger Mann vor ihr, der aus dem Nichts aufgetaucht zu sein scheint. Er ist ungefähr einen Meter achtzig groß. Schweigend nimmt er ihr das Kind ab, geht ihr voraus über die Barrikade hinweg und durch die Straßen von Jerusalem. Keine Kugel wird abgefeuert. Der Mann bleibt vor einem Haus stehen und reicht ihr das Kind wieder zurück. Als sie genau hinsieht, erkennt sie das Haus einer englischen Freundin, die wie vom Donner gerührt ist, daß sie lebend durchgekommen ist. Der junge Mann, der da gar nicht hätte sein können, der sie durch ungangbares Gebiet geführt hatte, zu einem Haus, von dem er gar nicht wissen konnte, war verschwunden. Jetzt bitte ich Sie, diesen Weg mit Lydia mitzugehen. Durstig, voller Angst, jeden Augenblick in Erwartung einer Gewehrkugel. Und dann die unerwartete Hilfe. Die Stille nach all dem Schießen. Der Mann, der mit dem Kind vorangeht. Hätten Sie unter diesen Umständen zu dem Mann gesagt: »Mein Herr, ich habe Sie stark im Verdacht, ein Engel zu sein. Und jetzt, wo ich sie sehe, habe ich eigentlich ein paar interessante Fragen über das Wesen der Engel. Was halten Sie davon, wenn wir uns grade mal darüber unterhalten?« Wenn Sie mit mir einer Meinung sind, daß das absurd wäre, dann hoffe ich, hiermit klargemacht zu haben, daß wir uns nicht auf die Augenzeugen verlassen können, wenn wir das Wesen der Engel näher kennenlernen wollen, sondern wir müssen uns in alte Quellen vertiefen.

Unser zwanzigstes Jahrhundert mag technisch brillant sein, aber frühere Zivilisationen wußten viel mehr über die verborgene Seite der Schöpfung und haben darüber Berichte hinterlassen. Unsere ausschließlich technische Überlegenheit über frühere Jahrhunderte hat uns arrogant werden lassen und uns dazu verleitet, falsche Folgerungen über unsere Vorfahren zu ziehen. Da man im Mittelalter keine Autos hatte, glauben wir, daß man damals auch falschen Lebensauffassungen anhing. Deshalb beginnen viele Artikel mit: »Früher dachte man . . ., aber jetzt wissen wir«. Davon sind wir heutzutage durchdrungen: Früher dachte man verkehrt, heute weiß man es richtig.

Aber was das Wissen über die »jenseitige« Welt betrifft, sind wir größere Barbaren als unsere Vorfahren. Deshalb ist es nützlich, ihre Auffassungen in unsere Gedanken über Engel miteinzubeziehen. Und diese alten Quellen erzählen uns eine Reihe interessanter Dinge.

Zuallererst wurde uns die Bezeichnung »Engel« überliefert. Sie kommt von dem griechischen Wort ›angelos‹, zu deutsch ›Bote‹. Das hebräische Wort für ›Engel‹, nämlich »malach« heißt genau dasselbe: Botschafter oder Abgesandter. Zwar ist es ein Botschafter aus einer anderen Welt, aber im Prinzip kann man jeden, der eine Botschaft übermittelt, einen »angelos« nennen. Postboten stehen somit dem Himmel sehr nahe.

Die Engel – wir sahen es bereits – erscheinen plötzlich in unserer Welt. Mein Lehrer in Bibelhebräisch erzählte mir, daß dies der tiefere Sinn der Engelflügel ist, denn das Wort, das in Hebräisch für Flügel steht, nämlich »kanaaf«, heißt auch »Ecke«, »Kante«. Im Deutschen finden wir diese Bedeutung in den Seiten-»flügeln« eines großen Gebäudes wieder (niederländisch: »Zij-vleugels«).

Der Engel besitzt eine Fähigkeit, die uns fehlt, nämlich plötzlich um die Ecke in unsere Welt einzutreten, dort seine Aufgaben zu verrichten, um dann wieder um die Ecke in die andere Welt hinüberzuwechseln. Diese Vorstellung kommt noch in der niederländischen Redensart »Er geht um die Ecke herum« (für einen Sterbenden) zum Ausdruck. Er siedelt in eine andere Welt über, in die wir, die wir in der Welt des dreidimensionalen Raumes gefangen sind, ihm nicht folgen können. Eine Frau, die das Manuskript dieses Buches las, gab mir eine frappierende Bestätigung bezüglich dieser »Ecke«. Ich möchte sie selbst zu Wort kommen lassen:

»Ich möchte Ihnen von einer Erfahrung erzählen, die ich während meiner Gallenblasenoperation, also unter Narkose, hatte. Damals war ich auf einmal in einer goldenen, hellen Umgebung, wo alles gut war. Und nicht nur gut, es war einfach wundervoll, bis zur Ekstase. Ich sah nichts und niemand, nur Licht, aber ich wußte, daß alle da waren, alle, die ich liebhabe und gerne um mich sehe.

Nachdem ich einige Zeit (ja, wie lange dauert so etwas?)

in diesem Licht gewesen war, hörte ich auf einmal eine Stimme, die mir sagte, daß ich zurück müsse. ›Oh no‹, rief ich aus. (Warum auf Englisch; weil ich eigentlich recht viel auf Englisch denke und lese). Ich wehrte mich ziemlich dagegen, da ich nicht mehr zur Erde zurückkehren wollte. Ich sah mein Leben und eigentlich das ganze irdische Leben als einen beschwerlichen, dunkelgrauen Brei – in dem wir als Treibsand festsitzen – in einem winzigen Moment vorbeiziehen und wollte da bleiben, wo ich war.

Aber ich mußte gehen. Ich bekam zu hören, daß ich noch eine Aufgabe zu erfüllen hätte. Witzig, nicht? Witzig insofern, als ich eigentlich gar nicht jemand war, der so über das Leben dachte. Ich und eine Aufgabe erfüllen?

Jedenfalls ging ich dann. Und wie ging ich? Um die Ecke. Wirklich, obwohl um mich nur strahlend goldenes Licht war, sah ich auf einmal eine dunkle Ecke, um die ich herumging, und dann ging es tiefer und tiefer, es wurde immer dunkler; und schließlich hörte ich die Stimme des Chirurgen, der mich beim Namen rief.

Das ist alles, aber ich konnte es nicht so einfach vergessen. Ich habe eigentlich ein gutes Jahr Schwierigkeiten damit gehabt, mich hier wieder richtig zu Hause zu fühlen und bei allem mitzumachen. Ich wollte wieder dort sein, wo ich zuvor gewesen war.«

Mein Lehrer erzählte mir noch etwas aus der jüdischen Tradition: Engel stehen immer mit geschlossenen Beinen da. Das soll bedeuten, daß sie die Zweiheit nicht kennen, die unser Leben kennzeichnet, die Zweiheit von Mann und Frau, Böse und Gut, Hell und Dunkel. Als Ausstrahlungen Gottes sind sie vollkommen eins. Die alten Maler haben das bestimmt so empfunden. Wenn man die Gesichter der Engel sieht, ist es oft nicht unterscheidbar, ob man es mit einem Mann oder einer Frau zu tun hat. Aber das heißt natürlich nicht, daß das nun verweiblichte Männer oder vierschrötige

Mannweiber sind. Sie tragen den Charakter einer anderen Welt, wo der Unterschied in dieser Art nicht mehr vorhanden ist.

Die Gesetze, die uns den ganzen Tag lang daran erinnern, daß wir an die Materie gebunden sind, gelten offensichtlich nicht für die Engel.

Jemand, der ohne Schwierigkeiten aus dieser schweren Welt hinausgeht, wird wenig Mühe damit haben, das Gesetz der Schwerkraft aufzuheben, wenn es nötig ist. Dazu wieder eine bezeichnende Geschichte, ebenfalls aus der Zeitschrift *Guideposts,* die man gar nicht genug loben kann. Es schreibt Lloyd B. Wilhide aus Keymar, Maryland:

»»Bitte, und es soll dir gegeben werden«, sagte Jesus. Ich habe das immer geglaubt, aber niemals so voll und ganz wie am Tag des Unfalls im Jahre 1978. Ich war fünfundsiebzig Jahre alt. Das Gras unseres landwirtschaftlichen Anwesens (einer Milchwirtschaft) in der Größe von neunundvierzig Hektar mußte gemäht werden. Also koppelte ich eine Mähmaschine an meinen Traktor und machte mich an die Arbeit. Es war ein riesiger Traktor, und damit er noch mehr Schwerkraft bekam (was bei unserem hügeligen Gelände in Maryland nötig ist), waren die rückwärtigen Räder mit 186 kg Flüssigkeit gefüllt, und von den beiden hervorstehenden Außenkanten hingen Gewichte von je 75 kg herab. Als ich mit der Arbeit fertig war, stand ich auf einem sanft geneigten Hügel nahe bei unserem Hühnerstall. Ich stellte den Motor ab und kletterte von meinem hohen Führersitz nach unten. Ich war gerade dabei, die Mähmaschine abzukoppeln, als sich der Traktor plötzlich nach rückwärts in Bewegung setzte. Ich versuchte, mich umzudrehen und auf den Führersitz zu springen, schaffte es aber nicht. Die Stoßstange des Traktors schlug gegen meine Knie, ich fiel flach auf den Boden, das zweihundersechzig Kilo schwere Rad rollte über meine Brust und kam dort zum Stillstand. Ich kämpfte um Luft. Es war ein entsetzlicher Schmerz. Ich wußte, daß ich dem Tod in die Augen blickte. Und da schickte ich ein Stoßgebet zum Himmel: ›Gott, ich bitte dich‹, flehte ich, ›befreie mich.‹

In diesem Augenblick setzte sich der Traktor in Bewegung. Er rollte weit genug nach vorne, so daß meine Brust wieder frei wurde und bewegte sich zu meinem Erstaunen den Hügel hinauf. Dann kam erst mein Hund und darauf ein Knecht des Anwesens. So fanden sie mich. Ich hatte sechs gebrochene Rippen, einige weitere Brüche und mußte für zwölf Tage ins Krankenhaus. Als ich dann nach Hause kam, hatte ich ein Gespräch mit einem Polizeibeamten des Staates Maryland, den man hatte kommen lassen, um den Unfall zu untersuchen. ›Ich möchte gar nicht damit anfangen, den Unfall amtlich aufzuklären‹, sagte er. ›Zwölf Männer hätten, wohlgemerkt, den Traktor nicht von Ihnen runtergekriegt.‹ ›Zwölf Männer oder zwölfhundert Männer, das macht keinen Unterschied, aber Gott um Hilfe zu bitten, das hat die Sache entschieden.‹«

Aber wo, werden Sie fragen, war nun dieser Engel? Ist das ein Beispiel für einen Schutzengel?

Dazu möchte ich die Gegenfrage stellen: Wenn eine Kraft einen schweren Traktor, dessen Motor abgestellt ist, einen Hügel hinaufschiebt, wird diese Kraft dann durch »jemand« angewandt?

Da haben wir schon die ganze Schwierigkeit. In der ersten Klasse der Volksschule haben wir doch alle gelernt, daß eins und eins zwei ist. Die Lehrerin sagte uns dabei nicht, worauf sich das bezog. Es waren einfach Zahlen, die man zusammenzählte, und es bezog sich nicht auf Hühner, Äpfel oder Murmeln. So lernten wir das abstrakte Denken kennen, und dadurch ist in uns etwas abgestorben.

Als wir etwas älter wurden, lernten wir, daß ein Liter Wasser ein Kilogramm wiegt. Aber der Lehrer erklärte dabei nicht, was »Wiegen« bedeutet. Wurde dieser Liter

Wasser zur Erde hin gezogen oder wurde er vielleicht geschoben? Die Schwerkraft jedenfalls war in dem Wort »wiegen« verborgen; und weiter dachten wir darüber auch nicht nach.

Dann wurden wir noch ein bißchen älter und lernten, daß durch einen Draht Elektrizität fließt. Aber niemand konnte einem genau erklären, was das für eine ungeheure Kraft war, die elektrische Züge in Bewegung setzt und Häuser mit Licht versorgt. Das Umgehen mit Kräften, die wir nicht begreifen, wurde uns so selbstverständlich, daß wir vergessen haben, uns die Frage zu stellen: Was ist das eigentlich, eine Zahl, ein Gewicht, eine Kraft?

Deshalb sind wir hilflos, wenn, wie in der obenstehenden Erzählung, eine Kraft plötzlich intelligent zu arbeiten beginnt. Aber sollten denn Elektrizität und Schwerkraft nicht überhaupt und immer Kräfte sein, die in Zusammenhang mit einem hinter ihnen stehenden intelligenten Wesen stehen? Sollte es deshalb nicht gerade normal sein, wenn wir dieses Wesen plötzlich aus seiner Rolle fallen und schnell mal ein wenig helfen sehen? Wenn wir uns vorstellen, daß Elektrizität und Schwerkraft in Wirklichkeit nur die verlängerten Arme des Schöpfers sind, nur eben so unkenntlich gemacht, daß jeder hier denkt, es seien blind wirkende Kräfte. Wenn wir uns das einmal so vorstellen, wären dann nicht Fälle wie der obengenannte gerade das kurzzeitige Abwerfen dieser Maske? Daß also eine Kraft, die wir für blindwirkend halten, einen Augenblick lang so richtig liebevoll wird? Ist das dann nicht ein Engel? Es wird auch gesagt, daß ein Engel eine Handlung Gottes sei. Wenn Gott handelt, sehen wir auf einmal einen Engel auftreten. Gott ist keine blinde Kraft. Er ist so durch und durch individuell, daß bei seinem Handeln keine blinde Energie entsteht, sondern ein Wesen, das seinen Willen realisiert.

Es gibt einen Satz von Hume, daß man im Falle eines Wunders immer die am wenigsten unwahrscheinliche Erklärungsmöglichkeit wählen muß. Nun, das am wenigsten Unwahrscheinliche ist hier doch, daß ein Schutzengel dem Traktor einen kleinen Stoß versetzte, mit der er die Schwerkraft kurz mal aufgehoben hat. Alle anderen Erklärungen sind schwieriger und mehr aus der Luft gegriffen.

Aus der Bezeichnung »Bote« können wir ablesen, daß selbst solche wundersamen Ereignisse, bei denen kein Wort geäußert wird, noch einen anderen Sinn in sich tragen, als nur die Rettung vor dem Tod. Dieser alte fünfundsiebzigjährige Bauer wird sicherlich in absehbarer Zeit an etwas anderem sterben. Und es gibt ja immer so naseweise Leutchen, deren Kritik folgendermaßen lautet: Es sei statistisch gesehen doch recht seltsam, daß in dem Augenblick, als der alte Bauer gerettet wurde, etliche Kinder, die ihr ganzes Leben noch vor sich hatten, bei einem Unglücksfall ums Leben kamen. Wäre es nicht besser gewesen, wenn diese dann gerettet worden wären?

Nein, so kann man damit nicht umgehen. Die Rettung ist zuerst eine Botschaft, die lautet: Es gibt einen Himmel. Der ist nicht weit weg, sondern ganz nah. Kontakt mit dem Himmel ist möglich, und dadurch ist auch Rettung möglich. Es gibt einen Schöpfer, der sich höchstpersönlich um seine Geschöpfe bemüht. Vielleicht war der alte Bauer nun gerade diese Art von Mensch, der diese Botschaft vermitteln konnte.

Wenn Kräfte wie Elektrizität, Schwerkraft, Magnetismus, Wind, Gezeiten, Sonnenlicht nur materielle Erscheinungsformen eines dahinter stehenden intelligenten und bewußten Denkens sind, warum merken wir dann nichts davon? Ich glaube, und ich werde in diesem Buch noch einmal darauf zurückkommen, daß dieses Wissen bewußt vor uns geheimgehalten wird.

Wenn wir im Südwind den Atem des Erzengels Michael spüren würden oder in der Schwerkraft die Macht einer anderen Engelhierarchie, dann wären wir kleine abhängige

Kinder geblieben, überwältigt durch die Größe unserer Eltern. Aber dank unserer Verstandesentwicklung haben wir den bewußten Kräften abstrakte Namen gegeben. Wir unterwerfen diese Kräfte unseren Bedürfnissen, und sie lassen es mit großer Langmut zu. Wir sind wie die Wilden, die einer Radiosendung lauschen. Wir hören die Stimme, die aus dem Kasten kommt, verstehen aber nicht, daß da irgendwo eine wirkliche Person spricht.

Nun drängt sich allerdings die folgende Frage auf: Ist der Mensch tatsächlich so wichtig, daß alle möglichen Engel sich mit ihm abgeben? Man braucht nur auf das Milchstraßensystem zu sehen, in dem wir leben. Ein scheibenförmiges Konglomerat von Millionen von Sternen, von denen viele größer als unsere Sonne sind. Und dieses Milchstraßensystem ist selbst auch nur eines aus vielen Millionen, und nicht einmal ein besonders großes Exemplar.

Um diese unsere kleine Sonne – in astronomischer Ausdrucksweise ein sogenannter weißer Zwerg – bewegen sich etliche Planeten als verschwindend kleine Materieansammlungen im weiten Universum. Und auf einem dieser Planeten, unserer Erde, lebt ein noch winzigeres Wesen, eine etwas bösartige Heuschrecke ... der Mensch. Sollte nun dieser weite Himmel sich darum kümmern? Wenn man schon etwas Abwegiges glauben will, wäre es dann nicht viel wahrscheinlicher, daß hoch entwickelte Astronauten in einer fernen Vergangenheit auf der Erde gelandet sind und daß sie durch bestimmte Manipulationen das heutige Menschengeschlecht ins Leben gerufen haben? Und daß sie ab und zu noch vorbeikommen, um zu sehen, wie es denn um ihre Kolonie steht? Ich ziehe lediglich eine Theorie heran, die im Augenblick recht populär ist. Sinnigerweise ist diese Theorie im Grunde eine materialistische Karikatur der uralten Idee, daß der Mensch vom Himmel auf die Erde herabgekommen sei, daß er in diese Erde gesät wurde. Ferner ist mit Himmel nicht irgendein ferner Planet in irgendeinem anderen Milchstraßensystem gemeint, denn das ist noch immer dieselbe materielle Welt, in der auch wir leben.

Nein, damit ist ein tieferer, feinerer, qualitativ anderer Bereich gemeint, ein Land, von dem unsere materielle Welt nur einen flüchtigen Schatten darstellt. Dann allerdings wird der Mensch trotz seiner Winzigkeit schon ziemlich wichtig. Dann darf man sich schon vorstellen, daß die Himmelsbewohner ihn mit gespannten Blicken verfolgen, wie er so auf der Erde umherwandert, genauso wie auch wir die Astronauten auf dem Mond mit großem Interesse im Fernsehen beobachtet haben.

Nun ist diese andere Welt, der Himmel, in unserer irdischen Sprache schwer zu beschreiben. Normale Worte können nicht ausdrücken, wie der Himmel ist. Deshalb hat man von alters her über diesen Himmel und seine Verbindung zur Erde in Vergleichen gesprochen. Meistens trifft man als normaler Sterblicher nicht so richtig dahin, aber zumindest kann man die Leute damit auffordern, über diese Dinge nachzudenken.

Ich werde deshalb durch einen Vergleich zu erklären versuchen, womit Schutzengel eigentlich beschäftigt sind. Vergessen Sie dabei nicht, daß ich es falsch tue, denn ich versuche, eine mehrdimensionale Welt aus der Sicht einer weniger dimensionalen Welt zu beschreiben. Aber etwas ist besser als nichts, also fangen wir an.

Jeder Holländer weiß, daß vor der Küste von Terschelling ein legendärer Goldschatz liegt und daß immer wieder Bergungsmannschaften aufgestellt werden, die dann einige Monate lang mit allerlei Instrumenten am Werk sind und schließlich mit Jauchzen und Johlen ein Goldstück heraufholen – das vermutlich vom Kapitän als Kalkei hineingeworfen wurde – und daß darauf dann Froschmänner hinuntertauchen, um den ganzen Schatz nach oben zu holen. Aber dann hört man nie mehr etwas davon.

Es wird Ihnen auffallen, daß eine ganze Menge nötig ist,

um einen Taucher da unten arbeiten zu lassen. An der Oberfläche ist das Schiff, von dem aus die ganze Operation kontrolliert wird. Die Taucher sind mit Tauchanzügen, Sauerstoffflaschen, Sauerstoffschläuchen, die bis zum Schiff reichen oder mit Telefonkabeln ausgerüstet. Meistens haben sie auch ein Seil, an dem sie ziehen können, wenn sie wieder heraufgeholt werden wollen.

Nun, das ist mehr oder weniger unsere Position als sterbliche Menschen auf dieser Erde. Man hat uns in die Zeit heruntersinken lassen, und wir sind hier alle damit beschäftigt, nach Schätzen zu graben. Wir haben sogar ausführliche Instruktionen mitbekommen, daß wir nur solche Schätze sammeln sollen, die wir wieder mit nach oben nehmen können. Und wahrscheinlich werden wir jede Nacht kurz raufgeholt, um ein bißchen zu Atem zu kommen; und bei unserem Tod werden wir endgültig nach oben geholt.

Aber Sie dachten doch nicht, daß wir das alles ohne Hilfe hinkriegen, hier auf dem Boden der Zeit? Sollte nicht andauernd ein Flugzeug bereitstehen, um uns zu versorgen und uns Feedback zu geben?

Vielleicht hätten Sie gerne einen anderen Vergleich für unsere Reise hier in der sublunaren Welt. Denken Sie an die Mondexpeditionen. Ein ungeheurer Stab war in Houston versammelt, um diese beiden Männer auf den Mond zu bringen. Wenn man das wiederum mit unserer Position hier auf Erden vergleicht, war der Kinderreim mit den vierzehn Engeln vielleicht gar nicht so abwegig. Vielleicht muß das himmlische Houston einen beträchtlichen Stab unterhalten, um unser Verweilen hier möglich zu machen.

Nun habe ich in diesem Kapitel vor allem über plötzliche Situationen gesprochen, die für uns hier unten so gefährlich werden, daß jemand vom »Bodenpersonal« zu uns eilte, um uns zu helfen. Aber ist das eigentlich der normale Zustand? Der Zustand, in dem wir uns die meiste Zeit befinden? Glücklicherweise sind wir nicht ständig in Lebensgefahr.

Entsprechend dem Vergleich gibt es dann einen Stab, der unseren Aufenthalt möglich macht. Offenbar sind wir hier als Menschen auf diesem Planeten mit wichtigen Dingen beschäftigt, wenn soviel Hilfe nötig ist. Diese wichtigen Dinge haben in den alten Sprachen verschiedene Namen. »Metanoia« ist eine dieser Bezeichnungen: Bewußtseinsveränderung. Für diese unsere Arbeit ist unaufhörliche Hilfe nötig, und sie strömt uns auch unablässig zu. Wie ist es dann möglich, daß die meisten von uns sich dieses Hintergrundes nicht bewußt sind?

Wollen wir den Tauchervergleich noch etwas mehr ausarbeiten. Der Tiefseetaucher (oder der Astronaut auf dem Mond, der ihm in vielem gleicht) braucht zwei Dinge ganz dringend: Sauerstoff und Information.

Und nun unsere Situation auf der Erde. Auch wir brauchen unausgesetzt zwei Dinge: Erstens müssen wir mit Leben versorgt werden, sonst wird der Körper unmittelbar zur Leiche. Niemand soll denken, daß er selbst sein Herz klopfen läßt oder die komplizierten Stoffwechselprozesse in den Zellen beherrscht. Diese Prozesse sind ihm nicht bewußt, sie werden vom »Schiff« aus oder vom »himmlischen Houston« für ihn geregelt. Im Schlaf werden viele Teile unseres Körpers repariert, aber nicht »automatisch«! Nein, bewußte, intelligente Wesen sind damit zu Gange, ebenso wie es bewußte und intelligente Wesen sind, die einen Mann »auf den Mond schicken«. Hier haben wir es mit dem umgekehrten Fall zu tun. Der Himmel schickt einen Mann (oder eine Frau) auf die Erde. Und da die Erde ein Ort ist, wo das Leben recht kompliziert ist, muß die körperliche Versorgung perfekt sein, sonst halten wir es hier nicht aus und sterben.

Es ist schade, daß wir dieses tägliche Geschenk so umstandslos annehmen, ja, daß wir uns dem eigentlichen Geschehen so entfremdet haben, daß wir, wann immer irgendein Teil unseres Körpers streikt, vom Arzt höchst dringlich fordern, unsere Gesundheit so schnell wie möglich wiederherzustellen. Fast wie in der Autowerkstätte: »Nächste Woche brauche ich den Wagen wieder. Ist er dann fertig?«

Ebenso interessant wie die körperliche Seite der Versorgung ist auch die Seite des Informationsflusses. Wenn wir Schutzengel haben – jetzt mal abgesehen von der genauen Beschaffenheit dieser Wesen –, was merken wir davon im normalen alltäglichen Leben? Es wäre doch sehr merkwürdig, wenn intelligente Wesen sich sehr intensiv mit uns beschäftigen, uns sogar unmittelbar hilfreich zur Seite stehen und wir nichts davon bemerken würden?

Bleiben wir einmal bei unserem normalen Haus-, Garten- und Küchenleben. Sind Sie Autofahrer? Wenn ja, dann kennen Sie vielleicht dieses komische Gefühl: »Paß bei diesem Weg mal auf!« und da schießt ein Radfahrer vor Ihre Räder. Oder: »Fahr lieber ein bißchen mehr nach rechts in dieser unübersichtlichen Kurve«, und schon donnert Ihnen ein schwerer Lastwagen mit Anhänger halb auf Ihrem Fahrstreifen entgegen. Ist das Radar? Aber wir sind doch keine Fledermäuse?! Oder vielleicht doch? Aber wessen Radar ist es dann? Liegt es nicht vielmehr auf der Hand, daß wir ein Zeichen von der himmlischen Kontrollstation kriegen? Ist es nicht ganz schön arrogant zu glauben, daß es unser eigenes »gutes Gefühl« sei?

Ein weiteres Beispiel. In meiner Praxis hatte ich einmal ein nettes, freundliches Mädchen, die unter entsetzlichen Angstzuständen litt. Seit Tagen lage sie zitternd vor Angst im Bett und wagte sich kaum zu bewegen. Chemotherapie zur Behandlung von Angstgefühlen war damals noch wenig entwickelt. Und obwohl sie sich mit aller Kraft dagegen sträubte, war ich schon drauf und dran, sie in eine psychiatrische Institution zu überweisen.

Dieses Problem ging mir im Kopf herum, als ich eines Abends einschlief. Am nächsten Morgen wachte ich auf, und genau auf der Grenze zwischen Schlafen und Wachen sah ich ein kleines hellbraunes Kaninchen mit weißer Schnauze über mein Bett hinweghüpfen.

Als um acht Uhr meine Sprechstundenhilfe kam, sagte ich: »Irgendwo hier in der Nähe gibt es ein kleines hellbraunes Kaninchen mit weißer Schnauze. Können Sie es für mich ausfindig machen und hierherbringen?«

Meine Sprechstundenhilfe stellte keine Fragen, setzte sich ins Auto und kam eine Stunde später mit eben jenem Kaninchen, das ich über mein Bett hatte laufen sehen, wieder zurück. Sie hat mir nie erzählt, wo sie es gefunden hat. Ich steckte das Tier in meinen Arztkoffer und besuchte die Patientin mit den Angstgefühlen. Mit angstverzerrtem Gesicht lag sie im Bett und sah mich an. »Ich habe etwas für Sie«, sagte ich und öffnete den Koffer. Ich setzte das Kaninchen auf ihr Bett, es begann gleich auf der Decke hin- und herzuhüpfen. Ein Strahl intensiver Zärtlichkeit glitt über ihr Gesicht, und in diesem Augenblick fiel die Angst von ihr ab.

»Das hat er ja schlau gemacht«, könnte jetzt jemand denken. Nein, nein, das ist nicht aus mir selbst gekommen. Darauf wäre ich niemals von selbst gekommen. Viel eher kann man sich vorstellen, daß mein Engel mit dem Engel des Mädchens in Kontakt trat und fragte: »Wie ist das Problem denn genau beschaffen?« Und daß ihr Engel antwortete: »Gib ihr etwas, wofür sie sorgen kann, etwas, das noch verletzlicher und ängstlicher ist als sie selbst.« Und daß mein Engel dann die Umgebung absuchte., das Kaninchen sah, die Vorstellung davon an mich durchgab und den Engel meiner Sprechstundenhilfe informierte, wo sie das Tierchen am besten würde finden können. Diese Konstruktion erfordert nur drei Engel. Obwohl ich nicht weiß, ob sich das Gespräch zwischen den Engeln so abgespielt hat, so weiß ich doch, daß sie in Sprachen sprechen. So jedenfalls sagt es Paulus, und der wird es vielleicht wohl wissen.

Alle anderen Konstruktionen zur Erklärung dieses Falles sind komplizierter. Ich bin der Meinung, daß die Lösung mit den drei Engeln die einfachste, eleganteste und deshalb wahrscheinlich die richtige ist. Was wir gerne als »Zufall« bezeichnen, was uns sozusagen aus heiterem Himmel ›zufällt‹, das wird viel verständlicher, wenn wir davon ausgehen, daß wir es in Wirklichkeit mit einer unablässigen Bewachung durch intelligente Wesen zu tun haben.

Diese Wesen zeichnen sich dann auch durch große Bescheidenheit aus, denn sie lassen es zu, daß wir der Meinung sind, wir hätten all diese Zufälle und Intuitionen unserer eigenen Vortrefflichkeit zuzuschreiben.

Einige Beispiele: Frühmorgens lief ich einmal in Tijuana, Mexiko, den Pier entlang. Der Ozean wälzte sich in großen Wogen in die Bucht und bespülte den Strand. Es war ein großartiger Anblick, und ich wollte schon an den Rand des Strandboulevards vortreten, um aufs Meer zu blicken. Aber irgend etwas hinderte mich daran, auch nur einen Schritt weiterzugehen. So ging ich ein bißchen zur Seite, und von meinem neuen Standpunkt aus sah ich, daß das Meer den Boulevard an dieser Stelle einige Meter tief ausgehöhlt hatte. Die einige Quadratmeter große Betonplatte, die wie ein stabiles Stück der Straßendecke aussah, war in Wirklichkeit eine Art Falltür, die noch nicht mal an einer Seite fest mit der übrigen Straßendecke verbunden war. Sie hing fast schon frei in der Luft, und der Strand lag dreieinhalb Meter tiefer. Weiter vorne lagen mehrere große Betonplatten, die offensichtlich schon nach unten gefallen waren. Der Schritt, den ich nicht machte, hatte mich gerettet, denn hätte ich ihn gemacht, so wäre das der Tropfen gewesen, der vielleicht den Eimer hätte überlaufen lassen. Und wenn man unter eine solche scharfkantige Platte gerät, ist die Chance, daß man hinterher noch aus einem Stück ist, nicht gerade groß. Instinkt? Sehr unwahrscheinlich. Dafür bin ich der Natur schon viel zu sehr entfremdet. Ein schnelles Zeichen

72

von der himmlischen Radarstation? Was mich betrifft, so bin ich davon ziemlich überzeugt.

Ein weiteres Beispiel: Mir gegenüber sitzt ein Ehepaar. Es ist ein schwieriges Gespräch. Er sieht mich an, als wolle er sich entschuldigen, sie ist spürbar agressiv. Ganz offensichtlich ist sie mir gegenüber sehr feindselig eingestellt, was mich recht bald ärgert. »Der Mann hat's nicht leicht mit so einer Frau«, denke ich. Und plötzlich verändert sich etwas in mir. Ich sehe die Frau erst kurz als Kind, ein liebes, erwartungsvolles Kind, dann als junge Frau, schön, strahlend, in Erwartung einer glücklichen Ehe. Aber dann läuft alles mögliche schief; Enttäuschung folgt auf Enttäuschung. Sie versauert gewissermaßen. Und ich sage: »Wissen Sie, Sie machen es sich so schwer, aber im Grunde sind Sie von innen her eine ganz reizende Frau.« Da fängt sie plötzlich zu weinen an und schluchzt: »Das hat in den letzten Jahren niemand mehr zu mir gesagt.«

Jetzt passen Sie gut auf! Ich war selbst verärgert und neigte dazu, mit dem Mann zu sympathisieren. Wer hat mir dann dieses Bild gezeigt? Das war ich doch nicht selbst. So nett bin ich nicht in meinem Inneren. Also wurde es mir zugeschickt, denn wenn zwei Menschen miteinander in Kontakt treten, sehen zwei Engel von der »Sendestation« aus zu. Manchmal greifen sie ein, wenn man ihnen die Chance gibt. Ich sage nun absichtlich »Sendestation«, denn genau da sitzt nämlich das Problem: unsere *Empfangsstörungen.* Wir alle schalten große Teile des Tages unsere Verbindung mit dem himmlischen Monitorcenter aus. Vielleicht schalten wir es noch nicht einmal selbst aus, vielleicht gibt es einfach zuviele Störeinflüsse, so daß wir die Sendungen nicht empfangen.

Dreimal in meinem Leben habe ich ohne eigene Schuld einen Totalschaden durch einen Lastwagen erlitten, und wenn ich genau nachdenke, befand ich mich bei jedem der drei Fälle in so heftigen emotionalen Spannungszuständen, daß ich dadurch keine einzige Warnung hatte auffangen können.

Warum sind diese äußerst wichtigen Stimmen so leise? Warum kam Gottes Stimme zu Elias weder im Sturm, noch im Erdbeben, noch im Feuer (gemeint ist ein Vulkanausbruch), sondern kam – in den Worten des hebräischen Textes – als eine »sanfte, säuselnde Stimme«? (1 Kön. 19:12).

Weil eine der wichtigsten Aufgaben auf diesem Planeten darin besteht, daß wir uns in Freiheit entwickeln, und zwar deshalb, weil ein Mensch nur lieben kann, wenn er innerlich frei ist. Erzwungene Liebe verwandelt sich in Haß. Gottes- und Nächstenliebe, um die es hier geht, sind nur in einem freien geistigen Klima möglich. Und wir wären dem Himmel gegenüber nicht frei, wenn wir jeden Augenblick durch himmlische Botschaften überwältigt würden. Deshalb ist es ein so ungeheuer leidvolles Geschehnis, wenn jemand zum Propheten berufen wird. Deshalb beginnen Prophezeiungen auch oft mit dem Ausdruck: »Die Last des...«. Ein Prophet hat eine Last zu tragen. Er nimmt die Prophezeiung mit Mühen auf sich und trägt sie mit Schmerzen. Glücklich der Mensch, dem diese schwere Last nicht aufgebürdet wird. Zu ihm kommen die Botschaften als sanfte, leise Stimme. Und wenn wir unbedingt denken wollen, daß dies unsere eigene Leistung ist, dann können wir das natürlich. Das erinnert dann an einen Vater, der einen Baumstamm hochhebt, wobei ihm sein kleiner dreijähriger Sohn »hilft«. Der Vater spielt das Spiel mit, und wenn sie dann den Baum von der Stelle gebracht haben, sagt das Kind: »Ganz alleine gemacht, Papa.«

Wenn Sie gut aufpassen, sehen Sie den »Zufall« in Ihrem Leben bis in die kleinsten und zum großen Teil scheinbar unwichtigen Details unablässig wirken. So buchen Sie beispielsweise ein Ferienhäuschen, sind aber zu spät dran. Sie möchten gerne in eine ganz bestimmte Gegend, aber alles ist schon voll. Genau in dem Augenblick, wo Sie es aufgeben, sagt jemand: »Hör mal, wir sind im August nicht in unserem Häuschen, wollt Ihr vielleicht rein?« Genau da möchten Sie es sich dann gerne gemütlich machen.

Engel? Die werden sich doch wohl nicht damit abgeben, wo jemand seine Ferien verbringt? Warum eigentlich nicht? Wir machen eine ganz falsche Unterscheidung in »wichtig« und »unwichtig«, in »heilig« und »unheilig«. Einmal habe ich im Konsistorialzimmer einer großen alten Kirche Unterricht von einem weisen Mann bekommen. Er sagte voller Ernst: »Es ist ein gutes Gefühl, hier, an diesem heiligen Ort, sprechen zu dürfen.« Dann machte er eine kleine Pause und sagte: »Gerade vorher war ich auch noch an einem anderen heiligen Ort. Ich mußte mal pissen.«

Das ist halt einfach Zen, was Sie darin sehen können, denn plötzlich bemerken Sie, daß kein Ort an sich heilig ist. Das ist Götzendienst. Und keine Handlung ist unheilig. Sie können Sie höchstens profanieren.

An dieser Stelle erinnere ich an die schöne Geschichte von dem Zen-Meister, der seine Schüler lehrte, daß sie niemals Götzendienst betreiben sollten. Die Anbetung von Heiligenbildern sei nur für die Unwissenden.

Einer der Schüler ging eines Abends am geöffneten Fenster seines Lehrers vorbei und sah, wie dieser vor einer hölzernen Buddhastatue am Boden kniete. Er konnte nicht an sich halten und rief voll Entsetzen: »Meister, was tut Ihr da?« Der Lehrer blickte gereizt auf und antwortete: »Ich erweise dieser Statue Ehre, genau wie es meine Ahnen vor mir getan haben. Dieses Bild ist bereits seit Jahren in unserer Familie.«

Der Schüler geriet dadurch arg in Verwirrung und lief tagelang in düsterer Stimmung umher. Dann begann es bei ihm zu dämmern, daß es in Ausnahmesituationen doch richtig sei, Heiligenbilder anzubeten. Als er mit seinen Überlegungen so weit gekommen war, setzte klirrender Frost ein. Am Abend ging dieser Schüler wieder am Fenster seines Meisters vorbei und hörte Geräusche, als ob jemand Holz hackte. Er blickte hinein und sah zu seinem Entsetzen, daß sein Meister eben dabei war, das Buddhabild in Stücke zu hauen.

Wieder konnte er nicht an sich halten und rief entsetzt: »Meister, was tut Ihr denn jetzt? Die Buddhastatue aus Eurer Familie!« – Der Meister blickte verärgert hoch und sagte: »Was quengelst du denn schon wieder. Jetzt mach ich Brennholz draus, weil es mich friert.«

Deshalb: heilige Orte, Heiligkeit – das hängt von Ihrer Einstellung ab und ist nicht an Ort oder Ereignis gebunden. Keine Handlung ist heiliger oder wichtiger als eine andere. So kommt es uns also teuer zu stehen, daß wir diese Verwechslung ständig begehen. So denken manche Handwerker oder Geschäftsleute manchmal auch, daß ein Arzt eine »heiligere« Arbeit verrichtet, als sie selbst, weil er Menschen »heilt«. (Deshalb müssen natürlich möglichst viele Menschen Medizin studieren). Vollkommen verkehrt. Ein Handwerker, der mit Freude im Herzen eine Straße pflastert, handelt heiliger als ein Arzt, der denkt: »Noch ein Patient, und dann haben wir's für heute wieder mal geschafft.«

Deshalb bin ich davon überzeugt, daß es für unsere himmlischen Begleiter keine wichtigen und unwichtigen Geschehnisse gibt und daß ein Ferienhaus oder eine Fahrradtour genauso wichtig für sie sein können wie eine lebenswichtige Entscheidung oder eine Heilung.

Ich hoffe, daß Sie dieses Erlebnis alle kennen, wenn die Lösung eines Problems plötzlich wie vom Himmel fällt. Auf diese Weise sind viele große Entdeckungen zustande gekommen. Man denkt und denkt und kommt nicht auf die Lösung des Problems. Man schlägt es sich aus dem Kopf – und schon ist sie da. Wissen Sie, wie wir das heutzutage nennen? Wir haben dafür einen großartigen neuen Ausdruck: »Das kreative Vermögen der rechten Gehirnhälfte.«

In unserer linken Gehirnhälfte sitzt vor allem unser analytisches Vermögen, auch die praktische Lebensbewältigung, während aus der rechten Gehirnhälfte künstlerische Ausdrucksformen und Einfälle kommen. Ich glaube, daß ein solcher Ausdruck dummes Geschwätz ist. Das ist wieder mal typisch für unser Jahrhundert: Wir wollen einem anderen die Ehre nicht gönnen und sie ganz für uns selbst beanspruchen. Dieses bißchen grauer Gelee soll ein »kratives Organ« sein? Wie kriegen wir es in unseren Kopf? Es ist eines der größten Wunder in der ganzen Schöpfung, ein Sternenhimmel voller Zellen, die nach allen Richtungen ausstrahlen – aber kreativ? Nein, was wir da sehen, ist keine spontane Kreativität. Es ist unsere Empfangsstation für den Engelkurzwellensender. Wenn wir uns gut darauf einstimmen, empfangen wir Botschaften und nennen das dann Intuition oder Inspiration. Und wenn jemand den Sender eingestellt hat, ohne sich dessen bewußt zu sein, nennen wir es Zufall. Aber nicht wir sind es, die den Zufall regeln oder die Intuition und die Inspiration liefern. Auch sind es keine blinden Kräfte, die so durchs Universum schweifen, mit denen man machen kann, was man will, genauso, wie man den Wind zum Segeln gebrauchen kann. Nein, es sind sehr intelligente Wesen, die für unser Wohlbefinden sorgen, genau wie auch Houston für die Astronauten sorgt. Daß so oft etwas schiefläuft, liegt nicht an ihnen, sondern an der Tatsache, daß wir nicht gut genug lauschen können.

Vielleicht kann ich jetzt nach diesen Beispielen und Vergleichen etwas besser auf die Frage eingehen, was eigentlich ein Schutzengel ist. Ein Schutzengel ist, ebenso wie wir, ein mit Intelligenz und Bewußtsein begabtes Geschöpf Gottes. Er befindet sich meistens in einer Dimension, die unsere Welt mit ihren drei Dimensionen übersteigt. Die drei Raumdimensionen, in denen wir leben, sind wahrscheinlich auch in seiner Welt vorhanden, aber sie sind darin so inbegriffen, wie auch ein Punkt in der Fläche inbegriffen ist.

Ein Schutzengel, der zu einer besonderen Kategorie unter den Engeln gehört, hat dabei die Aufgabe, für uns, die wir in die Zeit abgesunken sind, Bote zu sein. Auch hat er die Funktion, uns zu beschützen und behutsam zu leiten. Oft übermittelt er Warnungen. Seine Signale werden wahrscheinlich in unserer rechten Gehirnhälfte aufgefangen. Aber wir hören sie nur, wenn wir innerlich ruhig sind.

Manchmal erscheint dieser Engel unerwartet in unserer Welt. Manchmal sieht er wie ein Mensch aus, der sich in seiner Kleidung nicht von der Umgebung unterscheidet. Hat er auch im Himmel menschliche Gestalt? Ich glaube nicht, daß das eine sehr sinnvolle Frage ist, da wir uns eine Welt mit mehr Dimensionen, als die unsrige hat, schlecht vorstellen können. Wir können allerdings mit Sicherheit annehmen, daß er im Himmel wundervoll strahlend und ehrfurchterweckend aussehen wird. Hier muß er sich unter einem Alltagsgewand verstecken, sonst würde jeder in Anbetung zu seinen Füßen niederfallen. Aber das wäre so, als ob ein Hund vor seinem angebeteten Herrn zu Füßen liegt. Es würde unsere Freiheit einschränken. Deshalb wählt er eine einfache Erscheinungsform.

Engel unterscheiden sich von uns dadurch, daß sie für den Willen Gottes so vollständig durchlässig sind, daß ihre Handlungen diesen Willen vollkommen ausdrücken. Das scheint mir nicht leicht zu sein.

Es scheint mir, menschlich gesprochen, eine schwierige Aufgabe für einen Schutzengel zu sein, einen Menschen so zu begleiten, daß dieser Mensch davon fast nichts merkt. Er darf nur leise warnen und ansonsten nichts tun. Dabei sieht er seinen Schützling von einer Dummheit in die andere fallen, seine Empfangsantennen abstellen, böse Streiche aushecken, bei deren Anblick jeder gute Engel die Zähne aufeinanderbeißen muß; kurzum, er sieht das Leben, wie es die meisten Menschen auf der Erde eben leben. Dies erscheint mir viel frustrierender, als ein Kind aufzuziehen, wo man wenigstens ab und zu die Stimme erheben kann. Aber vielleicht sind Wörter wie »frustrierend« und »die Zähne aufeinanderbeißen« typisch menschlich. Vielleicht gibt es dort oben nur Erbarmen für den tölpelhaft strauchelnden Menschen.

Bei den Schutzengelgeschichten, die zur Zeit die Runde machen, müssen wir eine Art Gefühl dafür entwickeln, daß wir zwischen echten und falschen unterscheiden können. Prüfen Sie mal Ihr eigenes Gefühl zu der folgenden Geschichte, die am 14. November 1981 in der Zeitung *De Telegraaf* stand. Ich gebe sie verkürzt wieder. Der Titel lautete: »Ein Engel am Steuer«.

Es wird darin erzählt, daß einem Bus mit dreiundfünfzig Pilgern darin, die auf dem Weg von dem Wallfahrtsort Fatima in Portugal nach Bilbao in Spanien waren, am achten September um elf Uhr abends etwas Merkwürdiges zustieß. Die Geschichte stammt von Pater Cesar Trapiello Vélez aus Leon, der bereit ist, auf die Bibel zu schwören, daß sie sich tatsächlich so abgespielt hat. Sie wurde zum erstenmal in der spanischen Zeitung *ABC* abgedruckt.

Als der Bus durch ein sehr zerklüftetes Gebirgsgelände fuhr, verlor der Fahrer Juan Garcia die Kontrolle über das Steuer. Der Artikel gibt an, daß dies geschah, weil er in religiöse Ekstase geriet. Zumindest sah der ehrwürdige Pater Trapiello das mit eigenen Augen. Möglich scheint mir auch, daß das, was Trapiello für Ekstase hielt, in Wirklichkeit panisches Entsetzen war, da der Fahrer durch irgendeinen technischen Fehler im Bus die Kontrolle über das Steuer verloren hatte.

Wie dem auch sei, während die Pilger zu weinen und zu beten begannen, hob sich der Bus ein wenig in die Luft und verfolgte, ohne zu rütteln und mit zunehmender Geschwindigkeit, seinen Weg. Pater Trapiello sagte, daß der Bus wie auf einem Luftkissen zu schweben schien.

Eine Viertelstunde später machte der Bus vor einem steilen Abhang halt, ohne gebremst worden zu sein, und innen hörte man eine Stimme, die von sich sagte, sie sei der Erzengel Michael, und daß das Geschehene ein Zeichen des Glaubens sein.

Der Verfasser des Artikels stellt die Frage – übrigens ohne zu spotten –, ob der hohe Status des Heiligen Michael wohl mit einer offensichtlichen Mißachtung der spanischen Verkehrsordnung zu vereinbaren sei. Er erinnert daran, daß David Hume zu Beginn seiner Abhandlung über »Wunder« gesagt hat: »Wenn du wählen kannst, dann wähle das am wenigsten Unwahrscheinliche.«

Der Verfasser des Artikels zieht daraus folgenden Schluß: Wenn er wählen müßte zwischen einem ehrwürdigen Pater, der eine Lügengeschichte auftischt, und einem Erzengel, der sich gesetzwidriger Vergnügungsfahrten schuldig macht, fiele ihm die Wahl nicht schwer.

Wenn man so einer Geschichte nachgeht, merkt man, daß sie irgendwie schief ist. Ich weiß nicht genau warum. Vielleicht weil das Ereignis in sich sinnlos ist. Wenn ein Chauffeur in religiöse Ekstase gerät und dadurch die Kontrolle über das Steuer verliert, dann soll derselbe Engel, der diese gefährliche Verkehrssituation verursacht hat, sich darum bemühen, die Sache wieder ins Gleis zu bringen? Das ist wenig wahrscheinlich. Wenn aber die Bremsen versagten und der Engel deshalb eingriff, dann braucht er nicht zu sagen, daß dies ein Zeichen des Glaubens sei. Kurzum, die Geschichte ist irgendwie schief. Aber viel seltsamer ist die Frage des Berichterstatters, ob der hohe Status von Sankt Michael wohl mit der wissentlichen Mißachtung der spanischen Straßenverkehrsordnung vereinbar sei. An einer solchen Bemerkung können Sie sehen, daß wir in einer nachchristlichen Zeit leben. Das Christentum vertrat nämlich immer den Standpunkt, daß der Schöpfer selbst in Gestalt seines Sohnes auf die Erde kam, um Menschen zu retten.

Für ein solches Christentum ist die Vorstellung, daß einer von Gottes Untergebenen, der Erzengel Michael, einen Bus voller Menschen aus der Bedrängnis befreit, nicht schwierig. Aber unsere aufgeklärte Zeit macht sich darüber lustig. Sankt Michael steht zu hoch, um sich mit solchen Nichtigkeiten abzugeben. Er hat es mit wichtigeren Dingen zu tun. Im Grunde haben wir uns an große Katastrophen gewöhnt, so daß es uns kaum berührt, wenn da ein Bus mehr oder weniger in den Abgrund stürzt. Und vielleicht denken wir deshalb, daß das auch den Erzengel Michael nicht so sehr berührt.

Dieses zwanzigste Jahrhundert ist im Grunde keine atheistische Ära, wie oft behauptet wird. Atheismus ist ein Vakuum, und in der Natur bleibt ein Vakuum nicht lange erhalten, es wird schnell gefüllt. Nein, unsere Zeit ist zu einem vorbiblischen Gottesbild zurückgekehrt, dem des unnahbaren Gottes, des kühlen Machthabers, der sich nicht persönlich um seine Geschöpfe bemüht.

Das jüdisch-christliche Bild eines Gottes, der sich mit unendlicher Liebe auch des kleinsten Wesens seiner Schöpfung erbarmt, wird durch den alten Moloch ersetzt, der aus der Höhe seiner Machtvollkommenheit Schicksalsschläge und Belohnungen verteilt, da er sich sonst langweilen würde. Zwar gebe ich zu, daß die spanische Geschichte gemäß dem Axiom von David Hume wahrscheinlich von einem flunkernden Pater stammt, aber die Vorstellung, daß Sankt Michael zu hoch thronen würde, ist für unsere Zeit so typisch, daß ich sie deshalb so ausführlich untersucht habe.

Wie konnte so eine Einstellung eigentlich entstehen? Wie kommt es, daß so viele Menschen seufzen: Der Mensch ist ein Staubkorn auf der Erde, und die Erde ist ein Sandkorn im Weltall. Kann Gott sich dann noch persönlich um uns kümmern? Ich glaube, daß wir einfach nicht schnell genug mit der ungeheuren Erweiterung unseres Wissens mitgewachsen sind. Eine Kultur, in der man glaubt, daß der Himmel direkt über unserem Kopf beginnt, wie man im Mittelalter dachte, steht dem Leben natürlich anders gegenüber als die unsrige, die um Millionen von Lichtjahren weiß. Vielleicht haben wir deshalb so dichtgemacht, weil wir glauben, daß Gott zu weit weg sei.

Deshalb ist es ein großes Wunder, daß gerade jetzt die Engelberichte wieder in Gang kommen. Der Himmel wird wieder durchbrechen. Eigentlich müßte jeder die Geschichte des Janustempels kennen. Das war der altrömische Gott mit den zwei Gesichtern. In Katastrophen- und Kriegszeiten standen sowohl die vorderen wie auch die rückwärtigen Tore offen.: man wollte zeigen, daß, wenn die Hölle ihr Maul aufreißt, auch der Himmel weit geöffnet ist. Wir leben wieder in einer Zeit, wo die Hölle vor unseren Füßen aufklafft. Man braucht nur die Drohung zu lesen, die die Sowjetunion am 27. Juli 1982 an die Niederlande richtete: Darin heißt es, daß die Sowjetunion die Macht hat, die Niederlande durch einen atomaren Schlag von der Landkarte zu fegen. Diese Drohung beruht nicht auf leerem Geschwätz, sondern auf Tatsachen. Das ist dann lediglich die atomare Hölle, in der die Menschen ihren Körper verlieren können. Schlimmer sind die geistigen Zustände, in denen der Mensch seine Seele zerreißt, denn jemand, der die Hölle auf jemand anderen loslassen will, zerstört schon durch die bloße Absicht etwas Wesentliches in sich selbst. Die milliardenverschlingende Waffenindustrie ist nicht nur ein Krebs im Staatshaushalt, sondern auch eine ernste Krankheit des menschlichen Geistes.

Der Janustempel steht also wieder offen. Durch die Hintertür wälzt sich die Umweltverschmutzung hinein, durch die vordere Tür sehen wir Engelgestalten. Aber diese Engel helfen und retten nicht immer. Manchmal ist es ihre Aufgabe, den Menschen zu stärken, bevor er durch den Tod gehen muß.

Jesus wurde im Garten von Gethsemane von einem Engel gestärkt, bevor er gefoltert und gekreuzigt wurde (Lucas 22 : 43). Ivan Moisejev, ein junger Protestant aus der Sowjetunion, sah über sich einen wundervollen Engel, der ihm zurief, er solle keine Angst haben. Danach wurde er wegen seines Glaubens gnadenlos verfolgt und starb im Juli 1972 unter den Händen der KGB-Henker den Märtyrertod.

Nun müssen wir uns die folgende Frage stellen: Ist die allmähliche Renaissance der Engelberichte etwas Wesentliches oder ist sie eine Art psychologische Randerscheinung, etwas, worüber wir lächeln können, weil es nur die einfacheren Gemüter anspricht? Sind es Tagträume des Menschen, der sich in dieser Zeit durch den entsetzlichen Druck dieses unheilschwangeren zwanzigsten Jahrhunderts erdrückt fühlt?

Was für Wesen sind eigentlich Schutzengel? Es gibt Kommentare zum Alten Testament, in denen es heißt, daß die Vögel, die am fünften Tag geschaffen wurden, nicht die wirklichen Vögel seien, sondern daß damit die Engel gemeint seien. Nach dieser Interpretation wären sie also eine eigene Schöpfung.

Aber es gibt auch eine andere Vorstellung über die Engel. Mit am besten erklärt Swedenborg diese Auffassung. Dieser schwedische Seher, Philosoph und Wissenschaftler sagt, daß ursprünglich sowohl der Himmel als auch die Hölle leer waren und daß es der Mensch selbst sei, der diese geistigen Gebiete langsam aber sicher mit ihren Bewohnern besiedelt hat. Nach Swedenborg geht der Mensch nach seinem Tod erst in ein Zwischengebiet, eine Geisterwelt. Dort ist er in einem Zustand, der seinem irdischen Leben ähnlich ist. Er erlebt seinen geistigen Körper genauso wie seinen irdischen Körper; die Landschaft ähnelt der irdischen Landschaft.

Diese Beschreibung entspricht der tibetischen Vorstellung des Zwischenreiches, dem Bardozustand, sowie auch Beschreibungen von schwerkranken Menschen, die nach eigener Aussage »kurz mal um die Ecke blicken durften«.

Von diesem geistigen Zustand aus werden die Menschen dann nach ihrem endgültigen Wohnplatz geschickt. Für die, die sich während ihres irdischen Lebens mit dem Himmel verbunden haben, ist das der Himmel, und für die, die während ihres irdischen Lebens die Hölle in sich aufgenommen haben, ist es die Hölle. Daß sie dorthin gehen, ist keine »Belohnung« oder »Bestrafung«. Nein, sie gehen freiwillig dorthin, wo sie sich am meisten zu Hause fühlen, wo sie sich hingezogen fühlen. Einen Menschen, der am Ende im Himmel weilt, nennt Swedenborg einen Engel, und jemand, der in der Hölle landet, nennt er einen Teufel.

In Himmel und Hölle schließen sich die Menschen zu bestimmten Gesellschaften zusammen. Es sind Menschen, die ihrer Einstellung gemäß zueinander gehören. Von diesen Gruppen geht ein ganz bestimmter Einfluß auf die noch auf Erden lebenden Menschen aus. Gute Inspiration und Hilfe vom Himmel, böser Einfluß und gefährliche Anziehung aus der Hölle. Bereits hier auf Erden können Sie wählen, welche Sendungen Sie am liebsten in ihrer Seele hören: die der himmlischen oder die der höllischen Gruppen. So wächst der Mensch bereits in diesem Leben nach der Gemeinschaft hin, zu der er nach diesem Leben gehören wird.

Seltsamerweise konnte die bereits erwähnte Krankenschwester, Frau Joy Snell, die viele Menschen sterben sah, deutlich erkennen, daß diese von Engeln geholt wurden und daß diese bereits früher gestorbene Geliebte waren.

Diese Vorstellung von Swedenborg und Snell über unsere Schutzengel sind meiner Meinung nach sehr erfrischend. Auf diese Weise werden die Engel zu unseren nächsten Familienmitgliedern. Sie stehen uns viel näher als Astronauten aus anderen Galaxien, die uns zur Zeit als Helfer und Retter angeboten werden. So ein schuppiges Wesen mit ET-Köpfchen kann zwar recht rührend sein, aber ich kann nicht so viel mehr dafür empfinden als für eine überdimensionierte Eidechse. Aber ein Engel, der durch diese Erde gegangen ist und Zustände in dieser sublunaren Welt kennt, das ist schon etwas anderes. Den könnte man lieben und verehren.

Stellen Sie sich vor, daß Sie tatsächlich Teil einer bestimmten himmlischen Gruppe sind. Ein Teil hält sich in der anderen Welt auf, der andere Teil ist noch hier auf Erden. Es würde erklären, warum Sie zu bestimmten Menschen gehören, auch zu Menschen, die Sie noch nie gesehen haben, mit denen Sie aber sofort eine innere Verwandtschaft fühlen.

So eine himmlische Gruppe hat dann wahrscheinlich unter anderem die Aufgabe, über die zu ihr gehörigen Menschen auf der Erde zu wachen. Auf diese Weise können Sie Ihre Mitmenschen ganz anders betrachten. Sie werden denken: Zu welcher Engelgruppe gehörst du denn? Oder wenn Sie eine Hitler- oder Stalin-Büste sehen, denken Sie: Was für ein Teufel ist wohl inzwischen aus dir geboren worden?

Hier muß ich auf eine Anmerkung verweisen, die Rudolf Meijer in seinem Buch *Der Mensch und sein Engel* macht. Er sagt, daß die falsche Lehre des Materialismus einen so verderblichen Einfluß auf den Geist ausübt, daß sogar die mit den Menschen verbundenen Engel da hineingezogen werden und auf diese Weise sozusagen zum zweiten Mal fallen können. Ich weiß nicht, ob Meijer recht hat, aber vielleicht wollen wir doch einmal die Möglichkeit betrachten.

Das hieße dann, daß der Mensch nicht nur für die Erde, sondern auch für das Königreich Gottes eine ungeheure Verantwortung auf seinen Schultern trägt. Das hieße, daß wir nicht nur beschützt werden, sondern auch selbst beschützen müssen. Ebeno wie erwachsene Kinder ihre Eltern beschützen, die nun alt geworden sind. Wenn Engel auch nicht alt werden, so macht sie ihre Liebe für uns doch ebenso verletzlich, wie es die Eltern in bezug auf ihre Kinder sind. Passen wir deshalb gut auf sie auf.

Zusammenfassend möchte ich deshalb über unsere Schutzengel sagen, daß sie uns vielleicht viel näher stehen, als wir auf den ersten Blick meinen könnten, daß sie hier ab und zu als normale Menschen erscheinen können, weil sie von Haus aus Menschen sind, und daß sie uns gut verstehen können, weil sie aus derselben Familie stammen.

Früher teilten sie unsere Ängste und Unsicherheiten, unsere weniger guten Eigenschaften. Es sind keine abstrakten, geschlechtslosen, blutleeren Wesen. Sie sind durch Leiden vollkommen geworden.

Zumindest, wenn es wahr ist, was Swedenborg sagt. Aber selbst wenn Swedenborg daneben liegt und die Engel eine eigene Schöpfung sind, gibt es zur Hoffnung Anlaß, daß sie in menschlicher Gestalt erscheinen, denn in der Welt der Wahrheit fallen Form und Wesen zusammen. Da kann niemand als Mensch erscheinen, dem das Menschliche fremd ist. So sind wir also durch Legionen von hilfreichen und uns recht verwandten Wesen umgeben. Es sind (im Himmel) mehr für uns, als (auf Erden) gegen uns. Das ist ein wundervolles Gegengift gegen alle Katastrophenängste.

Denken Sie dran: Weil sie ein Mensch sind, ist es ebenso sicher, daß Sie einen Schutzengel haben, wie es sicher ist, daß Sie aus einer Mutter geboren sind. Wenn Gott auf Sie schaut, dann sieht Er zwei, nicht einen.

Erzengel und Engelfürsten

Schutzengel werden im System des Dionysios (siehe unten) nahe der Erde lokalisiert. Sie stehen dem Menschen am nächsten und überschreiten regelmäßig die Grenze zwischen Jenseits und Diesseits. Auch sind sie fortwährend mit nur einem individuellen Menschen beschäftigt. Sie können mit Recht von »meinem Schutzengel« sprechen, solange dieses »mein« keinen Besitzanspruch ausdrückt.

In den folgenden Kapiteln möchte ich nun den Leser in ein wenig bekanntes Gebiet führen. Um die Mitte des ersten Jahrhunderts nach Christus lebte in Athen ein Mann namens Dionysios Areopagita. Diesen Namen hatte er, weil er zum Gerichtshof von Athen gehörte, der auf dem Areopag tagte.

Durch Paulus wurde er zum Christentum bekehrt und starb den Märtyrertod. Ihm werden mehrere Schriften zugeschrieben, die erst im sechsten Jahrhundert bekannt wurden. Inzwischen ist man der Meinung, daß sie von einem neuplatonischen Philosophen des fünften Jahrhunderts stammen, aber man muß schon in Betracht ziehen, daß philosophische Wahrheiten oft jahrhundertelang mündlich weitergegeben wurden, bevor sie schließlich schriftlich festgehalten wurden. Es ist sehr gut möglich, daß diese Schriften schließlich doch von Dionysios stammen. Er ist es jedenfalls gewesen, der die Engelhierarchien, die schon lange davor existierten, geordnet hat.

Jahrhundertelang ist sein System in der Kirche bestimmend gewesen, und auf dieses sein System will ich mich im folgenden beziehen. Wenn Sie also fragen: »Woher hat er das denn?«, so berufe ich mich auf die Einsichten eines frühchristlichen Märtyrers. Natürlich werde ich viele Gedanken, die ich selbst dazu habe, hinzufügen. Denn man muß versuchen, das, was von früher her schon bekannt ist, mit der heutigen Realität zu verbinden. Im folgenden also sein System mit meinen Kommentaren dazu.

Ich habe sein System auch mit der Lehre von den vier Welten verbunden, wie sie uns im alten hebräischen Denken begegnet. Dies schien eine besonders fruchtbare Kombination zu ergeben. Hier beginnen wir also weiter nach oben zu steigen. Betrachten Sie mich als Führer auf einem Kirchturm. Vorsicht Stufe, und stoßen Sie Ihren Kopf nicht an. Los geht's!

Die Erzengel standen eine Stufe höher. Im System wurden sie als diejenigen bezeichnet, die über eine Stadt herrschten.

Die Engelfürsten haben ein ganzes Land unter sich, das sie leiten müssen. Nun müssen wir uns zunächst mit der Welt befassen, in der diese Wesen sich befinden. Schutzengel, Erzengel, Engelfürsten, diejenigen also, die über Menschen, Gebiete und Völker wachen, wohnen in einer Welt, die anders ist als die unsrige.

Unsere Welt wurde in den alten Wissenstraditionen die Welt des Handelns genannt. Unsere Handlungen haben inzwischen die Möglichkeit einer Katastrophe nähergerückt, und dies ist eine tragische Entwicklung, denn »Handlung« bedeutet in diesem Zusammenhang etwas ganz Bestimmtes. Es ist damit gemeint: schöner machen, zum Blühen bringen. Die Vervollkommnung einer Schöpfung, die zwar bereits in sich vollendet war, aber noch etwas festlichen Glanz gebrauchen konnte. Genauso wie eine Frau eine Festtafel mit Blumen und hübsch geputztem Silber verschönert und gemütlicher macht.

Die Welt, die hinter unserer sichtbaren Schöpfung liegt, wurde die Welt der »Gestaltung« genannt, sozusagen die

Matrix, aus der unsere sichtbare Umgebung entstanden ist. Wenn alles, was wir mit unseren Sinnesorganen wahrnehmen können, ein Kuchen ist, dann ist die unsichtbare Gußform, die dem zugrunde liegt, die Kuchenform. So kann man auch leicht verstehen, daß man mit einer beschränkten Zahl von Kuchenformen eine so gut wie unbeschränkte Anzahl von Kuchen backen kann. Vielleicht erklärt das die ungeheure Vielfalt und das Wachstum, das wir überall wahrnehmen können.

Die Welt, in der die Engel sich aufhalten, hat dementsprechend auch ganz andere Eigenschaften als die unsrige. Vor allem ist sie wandelbarer. Es ist nicht so schwer, uns diese Welt vorzustellen, denn jeder Mensch, der nachts träumt, verweilt ein wenig in diesen Gefilden. Und jeder weiß, wie veränderlich die Traumformen sein können. Das Gesicht eines unbekannten Mannes verwandelt sich in das meines Sohnes, ein mir bekanntes Haus hat plötzlich andere Zimmer, ein Auto verwandelt sich während des Fahrens in ein altes Fahrrad. Das heißt im Kern nichts anderes, als daß dieser Bereich Gefühlen und Gedanken gehorcht. Was Sie dort auch nur denken, das erscheint vor Ihnen als gestaltete Form. Dies ist auch das Gebiet, in das wir nach unserem Tod gehen. Deshalb bleibt dort auch kein Gedanke verborgen. Alles wird unmittelbar um Sie herum offenbar.

Dies würde dann erklären, warum sich die Berichte von Menschen, die »um die Ecke geblickt« haben, voneinander unterscheiden. Ein Mensch, der voller Haß und Wut ist, wird dort eine ganz andere Welt vorfinden als jemand, der voller Wärme und Liebe ist. Im tibetanischen Totenbuch heißt es, daß Ihnen dort schreckenerregende Ungeheuer entgegenkommen können, daß dies aber nur Ihre eigenen sichtbar gewordenen Seelenhaltungen sind. Wenn Sie Ihre Augen schließen, sehen Sie den Urbeginn dieser Welt. Endlose Variationen von grau und schwarz, die sich fortwährend kaleidoskopartig verändern.

Ein zweites Merkmal dieser »Welt der Gestaltung« (im Hebräischen ›Jezirah‹ genannt, wovon sich das Wort für »Töpfer« ableitet) ist das veränderte Zeitempfinden. Hier auf Erden ist die Zeit eine Linie, von der wir nur den Punkt »Jetzt« erleben. Doch ist es möglich, die ganze Linie auf einmal zu überblicken.

Einer von meinen Patienten, der infolge eines Unglücks fast ertrank, sagte: »Ich sah mein ganzes Leben an mir vorbeiziehen.« Wahrscheinlich hat er das nachträglich »korrigiert«. Weil wir dieses ›Aufeinmalsehen‹ der Zeit hier nicht kennen, sagen wir: »Es zog blitzartig an mir vorbei«. Aber es ist wahrscheinlicher, daß es in seinem Gesamt vor einem steht, so ähnlich wie eine Gemäldegalerie.

Ein dritter Faktor hat ebenfalls mit der Zeit zu tun. Die Zeit ist dort nicht vollkommen nicht-existent, aber sie verläuft anders. Tausend Jahre auf Erden sind dort wie ein Tag. Wenn man unsere Welt mit dem Grundriß eines Hauses vergleichen würde, auf der jeder Zentimeter auf dem Papier eine bestimmte Anzahl von Metern abgibt, dann ist diese Welt mit einer Landkarte zu vergleichen, in der jeder Zentimeter eine bestimmte Anzahl von Kilometern angibt. Das Zeitmaß ist also ein anderes.

Die hat nun wieder etwas mit dem Thema dieses Kapitels, den Erzengeln und Engelfürsten zu tun. Die schier unendliche Geschichte seit Beginn unserer Zeitrechnung bis jetzt sind für sie zwei unbedeutende Tage gewesen.

Für uns liegt das Erscheinen eines so wichtigen Engels wie Gabriel so weit in der Vergangenheit, daß wir sogar zweifeln, ob es ihn überhaupt gibt. Für Gabriel selbst aber war es vorgestern, daß er Maria besuchte. Dies müssen wir gut beachten, wenn wir über diese Freunde der Menschheit nachdenken. Für unser Bewußtsein sind sie vielleicht Legenden, für ihr Bewußtsein ist ein irdisches Menschenleben ein blitzartig vorbeischießendes Geschehen. Ich vermute, daß sie bei der Leitung und Steuerung unserer Welt irgend etwas mit ihrem Bewußtsein anstellen müssen, bevor sie uns überhaupt in den Blick bekommen. Sie müssen ihr Bewußtsein ungeheuer abbremsen, und ich glaube, daß so ein Eingriff ein großes Opfer ist.

Merkwürdig ist, daß die Menschheit immer von der Existenz dieser erhabenen Wesen gewußt hat und sogar einige von ihnen mit Namen kennt. Als echte Leidensgenossen von uns sind sie sehr durch das Geschick des Menschengeschlechtes betroffen und spielen in Krisensituationen eine entscheidende Rolle. Über einige von diesen alten Freunden der Menschheit will ich gleich noch Näheres erzählen. Aber zuvor möchte ich mit Ihnen gemeinsam die Frage stellen, ob man etwas davon merken kann, daß jede Stadt einen Erzengel hat, der sie leitet.

Nun nehme ich an, daß Sie ebensowenig wie ich hellsehend sind. Wenn Sie das wirklich wären, würden Sie natürlich ausrufen: »Aber das sieht man doch!« Ich weiß, daß es solche Menschen gibt, aber die meisten sind dazu nicht in der Lage. Woran könnte man den Einfluß eines solchen Erzengels dann erkennen können? Jetzt werden Sie sicherlich mit mir einer Meinung sein, daß jede Stadt einen bestimmten Charakter hat. Aber dieser Charakter ist nicht der kleinste gemeinsame Nenner aller Menschen, die dort wohnen. Man müßte eher umgekehrt sagen, daß jemand, der lange in einer bestimmten Stadt oder Gemeinde wohnt, etwas von dem Charakter dieses Ortes aufnimmt.

Zum Beispiel die beiden Hafenstädte Amsterdam und Rotterdam. Der Größe nach sind sie vergleichbar – und dennoch so ein Unterschied! Der liegt nicht nur in ihren beiden weithin bekannten Fußballvereinen. Es ist noch nicht einmal leicht, diesen Unterschied genau zu benennen. Man »spürt« es, wenn man in einer der Städte ankommt. Da ich weder Amsterdamer noch Rotterdamer bin, möchte ich es nicht wagen, diese Unterschiede darzulegen; ich möchte keine empörten Schreie provozieren. Ich möchte nur sagen, daß die allgemeine Atmosphäre mehr ist als das, was durch die dort wohnenden Menschen bestimmt wird, daß das Schicksal der einen Stadt ganz anders ist als das der anderen, und daß dies nicht grob irdisch und logisch erklärbar ist. Man könnte fast sagen, daß der Engel von Amsterdam einen heftigen Charakter und der Engel von Rotterdam einen etwas trägeren Charakter hat. Denn genauso wie Menschen haben auch Engel ihre eigenen Charaktere und deutlichen Merkmale. Wir können von jemand sagen: »Er ist ein echter Amsterdamer.« Wie ist das möglich? Was geschieht, wenn er umzieht? Wenn immer eine Stadt oder eine Gegend einen für sie typischen, unverwechselbaren Charakter aufweist, denken Sie daran, daß das mehr als ein vages Gefühl ist. Es ist die Inspiration und Leitung des herrschenden Erzengels, die da gefühlt wird. Vielleicht habe ich damals an jenem Herbsttag im Krieg den Umriß dessen in den Wolken gesehen, der über das Kennemerland wacht. Jetzt wollen wir eine Stufe höher gehen.

Die Engelfürsten herrschen über ganze Länder und Völker, und hier sind die Charaktermerkmale noch viel deutlicher ausgeprägt. Wenn die Erzengel sich durch einen bestimmten regionalen Akzent ausdrücken, wo man sich immerhin noch gegenseitig versteht, so herrschen die Engelfürsten über ein Volk, das durch eine Sprache verbunden ist, die das Nachbarvolk oft nicht mehr verstehen kann.

Was für unterschiedliche Charaktere haben doch die Völker! Die Engländer und Franzosen, die Italiener und die Deutschen. Das liegt nicht an erblichen Eigenschaften, denn wenn eine Familie in ein solches Land übersiedelt, so nimmt sie oft innerhalb einer einzigen Generation den Charakter dieses Landes an.

Ich frage mich, ob die Erzengel an ein bestimmtes Gebiet gebunden sind, so daß derjenige, der in dieses Gebiet übersiedelt, unter ihren Einfluß gerät, oder ob sie an eine bestimmte Gruppe von Menschen gebunden sind. Ich vermute, daß sie zu einem geographischen Gebiet gehören, zu einem Teil dieser Erde. In diesem Fall wäre der Engelfürst der Nordamerikaner derselbe wie der der nordamerikanischen Indianer. Das unablässige ruhelose Umherziehen vieler Amerikaner wäre dann eine »indianische« Eigenschaft. Mir fällt auf, daß meine amerikanischen Freunde jedesmal wieder erstaunt sind, daß ich schon dreißig Jahre in demselben Haus wohne.

Auch die Wappen der verschiedenen Völker könnten durchaus mit ihren Engelfürsten zusammenhängen. Der deutsche Adler, der holländische Löwe, die aufgehende Sonne Japans, Hammer und Sichel der Sowjetunion, die, genau betrachtet, nichts anderes sind als Halbmond und Stern des Mittleren Ostens, also durchwegs Sternsymbole. Sie zeigen ganz deutlich zum Himmel und nicht zur Erde. Unsere wirklichen Fürsten sind also nicht diejenigen, die wir in den Zeitungen sehen. Glücklich die Völker, deren irdische Herrscher dies wissen und ihre Herrschaft auf »Gottes Gnaden« zurückführen.

Nachdem wir darüber nachgedacht haben, was die Einteilung des Dionysios in unserer Zeit bedeuten könnte, möchte ich jetzt einige der hohen Engel, die wir mit Namen kennen, beschreiben. Diese Engel haben andere Funktionen als die Leitung von Städten und Völkern. In ihren allumfassenden Aufgaben gehören sie der ganzen Menschheit zu.

Michael

Der erste ist Michael, den Daniel den »großen Fürsten« nennt, der für die Kinder deines Volkes einsteht (Daniel 12:1).

Michael ist der Fürst von Israel, aber nicht nur das! Er herrscht über mehr als nur Palästina. Sein Reich erstreckt sich über alle, die von sich sagen, daß ihr Königreich nicht von dieser Erde ist. Man könnte ihn einen Ober-Ober-Engel nennen. Einen, der über Städte, Provinzen und Völker hinausgegangen ist, um all jenen zu helfen, die sich hier als Pilger, als Fremde auf dieser Erde fühlen.

Meines Wissens finden wir den frühesten Bericht über den Engel Michael nicht in der Bibel, sondern in der altägyptischen Mythologie. An dieser Stelle muß ich zunächst darauf hinweisen, daß Michael auf alten Bildern manchmal mit einer Waage in der Hand dargestellt wird, auf der ein Mann und eine Frau gewogen werden. Woher kommt diese Vorstellung? Offensichtlich gab es sie in früheren Zeiten.

Das Wiegen der Seele ist in der Geschichte der Menschheit nichts Unbekanntes. In Ägypten glaubte man, daß die Seele nach dem Tod vor den Gott Anubis geführt werde. Dieser legte das Herz des Toten auf eine Waagschale und legte als Gegengewicht eine Feder auf die zweite Schale. Auch in der Bibel kommt die Vorstellung vor, daß Gott die Herzen wiegt (Sprüche 21:2).

In der ägyptischen Götterwelt stellt man sich Anubis als einen Gott mit Hunde- oder Schakalkopf vor. Das heißt aber nicht, daß man wirklich dachte, er sähe so aus; es symbolisierte vielmehr, daß er etwas mit dem wichtigsten Stern Ägyptens, dem Sirius oder Hundsstern, zu tun hatte. Unsere Hundstage (23. Juli bis 23. August) sind davon abgeleitet. Anubis stellte den Sirius dar, oder, noch besser: Anubis und Sirius waren beide mit der hinter ihnen liegenden geistigen Wirklichkeit assoziiert. Den Stern Sirius können Sie im Winter sehr schön unter dem Sternbild Orion sehen.

Es stellt sich heraus, daß der Stern Sirius deutlich auf einen Engelfürsten hinweist. Der Name »Sirius« ist mit dem hebräischen Wort »sar« verwandt, das die Bedeutung von »Befehlshaber« oder »Prinz« hat. Im Persischen heißt der Sirius »Tistar«, und dies bedeutet »Oberhaupt«. Im alten Akkadisch heißt Sirius »Kasista«, und dies bedeutet ebenfalls »Leiter« oder »Prinz«.

Um es zusammenzufassen: Michael ist als der Herr der Himmlischen Heerscharen bekannt. Er wird dargestellt, wie er Menschen auf der Waagschale wiegt. Auch Anubis wiegt menschliche Herzen. Durch seinen Hundekopf wird er mit Sirius und deshalb auch mit den Worten »Befehlshaber«, »Prinz« und »Oberhaupt« assoziiert.

Es ist sehr wahrscheinlich, daß die Isrealiten, die Ägypter, Perser und Akkader alle denselben mächtigen Engelfürst kannten und daß er derjenige ist, den wir Michael nennen. Es ist auch auffallend, daß Michael vermittels Sirius und Anubis mit dem heißesten Teil des Jahres, den Hundstagen, verbunden ist. Michael ist immer da, wo der geistige Kampf heiß aufflammt. Er ist der ruhelose Kämpfer für die gute Sache.

Was heißt das im übrigen, daß Michael die Seelen wiegt? Sehen wir uns noch einmal das alte Sinnbild des Anubis an: auf der einen Schale das Herz, auf der anderen Schale die Feder. Dieses Sinnbild ist eigentlich sehr einfach. Sind Sie schon einmal richtig böse gewesen? Wie schwer klingen dann Ihre Fußstapfen auf dem Boden. Oder wenn Sie mit heftigem Verdruß im Bett liegen, dann kommt es Ihnen vor, als sei Ihre Matratze aus Beton, so schwer ist Ihr Körper. Oder wenn Sie jemand wirklich liebhaben, dann sind Sie so leicht, als ob Sie schwebten.

Anubis wiegt die Schwerelosigkeit Ihres Herzens. Das ist

im Grunde die Frage: Wieviel Liebe haben Sie gegeben? Oder besser: Wieviel Liebe haben Sie durchgegeben? Liebe strömt uns vom Himmel her zu, und wir müssen sie für unser irdisches Leben umsetzen. Wenn der irdische Körper abfällt, dann schwebt die liebevolle Seele wie eine Feder nach oben, die schwere egoistische Seele fällt wie ein Backstein nach unten.

Im alten jüdischen Tempel stand ein Altar, wo die Opfertiere verbrannt wurden. An diesen Ort, im Süden des Tempels, setzte man Michael. Er hält sich dort auf, wo der irdische Körper verschwindet und die wirkliche Qualität der Seele zum Vorschein kommt. Auch in diesem Tempel steht er also wieder nahe am Feuer; als feuriger Kämpfer gehört er dorthin. Im zehnten Kapitel des Buches Daniel finden wir den frühesten Bericht, der mir aus der Bibel über Michael bekannt ist. Dort hat der Prophet ein überwältigendes Erlebnis. Er trifft den Herrn selbst, und der Herr erzählt ihm eine merkwürdige Geschichte. Ich gebe den Text inhaltlich, nicht wörtlich wieder. Der Herr sagt zu Daniel: »Vor drei Wochen habe Ich gemerkt, daß du mit mir in Kontakt treten wolltest, und Ich kam sofort auf dich zu. Aber der Fürst der Perser hat mich die ganze Zeit zurückgehalten. Zum Glück kam Michael mir zur Hilfe, dadurch ist der Kampf günstig verlaufen.«

Wenn man darüber einmal nachdenkt, ist das ja eine verrückte Situation. Man stelle sich vor, daß der Schöpfer des Himmels und der Erde durch eines von seinen Geschöpfen bekämpft wird, auch wenn das der Engelfürst der Perser ist (ein Fürst, der unter dem Zeichen des Widders operierte, wie wir an anderer Stelle bei Daniel nachlesen können), und daß erst Michael, ein anderer Engelfürst, die Blockade aufzuheben vermag. Welch ein Zustand! Wo bleibt Gottes Allmacht?

Dann stellt sich heraus, daß das Wesen des Schöpfers in dieser Geschichte aufs genaueste dargestellt wird. Zuallererst die Frage: Sind nicht alle Engelfürsten gut? Wie kam der Fürst der Perser auf so etwas?

Es gibt so etwas wie gefallene Engel. Wehe dem Volk, das einen gefallenen Engelfürst über sich hat. Es wird mit einem Ayatolla Khomeini oder einem Idi Amin zu tun haben. Warum das mit einem Volk geschieht, weiß ich nicht; das sind die tiefen Geheimnisse der Schöpfung. Aber wie dem auch sei: der Fürst der Perser war nicht gerade tugendhaft. So gesehen ist die Geschichte recht aktuell. Aber tugendhaft oder nicht – für alle Geschöpfe, die eine eigene bewußte Individualität haben, seien es Menschen, Engel oder Engelfürsten, gilt, daß Gott ihnen Freiheit gegeben hat. Hätte sich der Fürst der Perser dem Zeus oder dem Wotan in den Weg gestellt, so hätten diese den Elenden mit einem Feuerblitz zu Asche gemacht. Aber es liegt im Wesen des lebendigen Gottes, sich in einem solchen Augenblick zurückzuhalten und zu warten, denn sein Endziel ist die Erlösung der ganzen Schöpfung, eine Gemeinschaft von Wesen, die einander von Herzen lieben. Nicht eine Meute von Hunden, die schwanzwedelnd vor Ihm auf dem Boden liegen. Aber deshalb braucht Er sowohl in den himmlischen Gefilden wie auch auf Erden Geschöpfe, die für Ihn in die Bresche springen. Ein freier Wille gegen einen anderen freien Willen, das ist ein ehrliches Spiel. Michael ist also dadurch charakterisiert, daß er sich sofort für den »underdog« einsetzt.

Wie das? Gott ein »underdog«?

Ja, natürlich! Es sei mit aller Ehrerbietung gesagt. Willentlich und wissentlich bindet sich Gott die Hände auf den Rücken und steht dann einem schwer bewaffneten Fürsten gegenüber. Zwar entlehnt dieser Fürst jede Faser seiner Kraft dem, der ihm gebunden gegenübersteht, aber das vergißt er lieber. Gott entzieht dem Engelfürst seine Kraft nicht, nein, er verleiht ihm sogar Kraft, damit er sich gegen ihn auflehnen kann.

So zeichnet Daniel die Situation. Es ist, als ob ein kleines

Kind seinen Vater schilt und der Vater nur still zusieht, und dann springt ein anderes Kind für ihn die Bresche. Sind das nicht Situationen, denen wir auch im irdischen Leben fortwährend begegnen? Eigentlich ist es traurig, in dieser Geschichte hören zu müssen, daß sich nicht ein einziger außer Michael fest auf Gottes Seite stellte.

»Euer Fürst Michael« sagt Gott zu Daniel. Der Fürst von Israel. Darauf wollen wir hier etwas tiefer eingehen, denn das geht uns alle an. Wenn wir an Israel denken, müssen wir uns daran erinnern, daß dieser Name dem Jakob gegeben wurde, nachdem er eine ganze Nacht mit einem Engel gerungen hatte.

Es ist also auch möglich, mit einem Engel zu ringen. Aber was ist das anderes als ein geistiger Kampf? Und Jakob geht aus diesem Kampf mit einem neuen Namen hervor. Im alten Denken heißt das, daß er sich verändert hatte, daß er ein anderer geworden war. Übrigens hinterläßt dieser Kampf auch seine Schäden bei Jakob: fortan hinkt er. Wie dieser Kampf sich abspielte, darüber erfahren wir wenig. Auf jeden Fall aber hatte er mit Jakobs Angst vor dem gewalttätigen Esau zu tun, die durchaus gerechtfertigt war, denn dieser hatte geschworen, ihn zu töten und war mit einem kleinen Heer auf dem Weg zu ihm. Wir sehen also einen Mensch in Todesangst, der deutlich zwei Möglichkeiten vor sich hat: Wieder aufs neue eine schlaue Lösung herauszufinden, wie er das in seinem Leben schon oft getan hatte, oder sich dieses Mal vollkommen in die Hände Gottes zu geben und ihm zu vertrauen. Mir scheint, daß dies der Inhalt seines geistigen Kampfes war. Und das ist auch die Schlacht, die viele, die das Leben ernst nehmen, sich selbst liefern müssen. Wer diese Schlacht auf sich nimmt, der gehört zu Israel.

Michael ist der Fürst dieser Menschen. Er ist also der Fürst des einsamen Kämpfers. In dieser Zeit, wo die individuelle Freiheit auf wirklich niederschmetternde Weise verletzt wird, gibt es doch hie und da Menschen, die allein oder in kleinen Gruppen für die Erhaltung der Menschenwürde kämpfen. Sie müssen es immer gegen große schwerfällige Institutionen, gegen unmenschliche Bürokratien, gegen die Macht des Geldes aufnehmen. Ab und zu erlebt man dann, wie so eine kleine Gruppe im Kampf gegen Titanen plötzlich einen Sieg verzeichnen kann, so, als ob ein Pygmäe einen Riesen zu Fall bringt. Zum Beispiel Solschenizyn, der die sowjetische Regierung zur Verzweiflung brachte. Oder jene einfachen Bürger, die den Seehundmord auf den kanadischen Eisflächen zu verhindern suchen. Es gibt dafür in unserer Zeit mehr als genug Beispiele.

Für diese Menschen gilt, daß Michael ihnen in Zeiten großer Bedrängnis beisteht, wie das zwölfte Kapitel von Daniel vermerkt. Daniel sagt dort, daß eine Zeit von so großer Bedrängnis über die Welt kommen wird, wie es sie noch niemals zuvor gegeben hat, und daß der große Fürst Michael in dieser Zeit wieder in Aktion treten wird. Wann das sein wird, ist nicht genau bekannt. Aus diesem zwölften Kapitel aus dem Buch Daniel haben einige Bibelforscher abgeleitet, daß es durchaus unser zwanzigstes Jahrhundert sein könnte. In diesem Buch würde es zu weit führen, darauf tiefer einzugehen, aber viele Zeichen weisen tatsächlich auf unser Jahrhundert.

Es soll niemand denken, daß die Erlösung ein stromlinienförmiger Prozeß ist, ein Sicherheitsventil auf einem Dampfdrucktopf, daß man da von einem Sieg zum anderen schreitet. Nein, Michael und das Leiden, das gehört zusammen. Ich hatte doch erzählt, daß Michael »an der Seite des Brandopferaltars« steht, da, wo die physischen Körper in Rauch aufgehen. Wie müssen wir das interpretieren?

Wenn wir unsere Existenz hier auf der Erde betrachten, dann ist es offensichtlich, daß wir nicht für unser Vergnügen hierher gesetzt worden sind. Die Kerze des Lebens verbrennt schnell, Tag für Tag nimmt sie ab, und das Vergehen in der Zeit ist ein leidvoller Prozeß. Personen, die wir lieb-haben, altern und sterben vor unseren Augen. Oder – was noch viel schlimmmer ist – Menschen, die wir liebhaben, entfremden sich von uns, und wir verlieren sie an das Leben. Befriedigtes Verlangen erweist sich als schal, und Anstrengung führt zu nichts.

Vor einem Jahr behandelte ich einen lieben kleinen Jun-gen wegen eines allergischen Leidens. Nach einigen Fort-schritten und Rückschlägen konnte ich miterleben, wie das Kind körperlich aufblühte. Dann ertrank es in einem Teich.

Gute Vorsätze führen zu nichts, und Freundschaften zer-bröckeln. Die Zeit frißt alles an, ebenso wie das Feuer das Opfertier auf dem Altar. Trotzdem steht an dieser Seite der Erzengel Michael. Was hat das zu bedeuten?

Daß offenbar etwas Beständiges aus dem Vergänglichen gebraut wird. Daß das, was vergeht, für die Ewigkeit zu schwach war. Michael hat mit dem Wegbrennen des Ver-gänglichen zu tun, damit das Unvergängliche erscheine. Er steht da, wo die irdischen Dinge durch den Nullpunkt gezo-gen werden. Wie kann man das erklären? Es ist wie das Freimachen eines homöopatischen Heilmittels aus dem Stoff. Es wird so oft verdünnt, daß der Stoff abfällt und der echte Geist des Heilmittels übrigbleibt.

Wir alle sind wie Negative von Fotos, die erst noch ent-wickelt werden müssen. Ich glaube, daß die scharfen Flüs-sigkeiten, die dafür nötig sind, für das Fotopapier gar nicht angenehm wären, wenn es Gefühl hätte. Aber das Resultat ist, daß man auf diese Weise das Licht aus dem Schatten holt.

Das Feurige von Michael ist gar nicht angenehm. In jedem Menschen ist der echte Mensch verborgen, aber so tief, daß er sich selbst nicht mehr erkennt. Es ist, als ob eine feuerfeste goldene Figur in Strohballen gepackt und fest verschnürt ist. Man sieht noch in etwa, daß sie einen Menschen darstellt, aber das ist dann auch alles. Aber jetzt wird das Ganze ins Feuer geworfen. In das Feuer der Schmerzen, der Einsamkeit und des Todes. Und in dem Maße, wie das Stroh verbrennt, kommt die ursprüngliche Absicht des Bildhauers zum Vorschein. Die Gestalt wird immer deutlicher, so, wie man es bei manchen älteren Menschen sehen kann, die ein langes und gutes Leben geführt haben. Wenn man solche Menschen im Alter trifft, so voller Wärme, Liebe und wirklicher Güte, und bekommt dann zufällig ein Foto in die Hände, das sie mit vierzig Jahren zeigt, dann ist man manchmal erstaunt. War dieser schöne alte Mensch in dieser Person verborgen? Wie ist es möglich? Die ganze Härte ist verschwunden.

Das sind alles nur unbeholfene Versuche, etwas von Michael zu zeigen. Die Vergleiche treffen nicht ganz, es gibt zu viele Ausnahmen. Ich weiß es selbst sehr gut. Aber vielleicht kann ich auf diese Weise doch eine gewisse Vorstellung von diesem großen Erzengel vermitteln, der sich immer mehr als der Engel unserer Zeit erweist, je mehr wir ihn kennenlernen. Denn unsere Zeit ist so sehr im Bann der vergänglichen Dinge gefangen, daß wir verzweifeln und uns selbst zu betäuben suchen, um nur nicht zu bemerken, daß alles vergeht. Unsere Zeit sucht letztlich nicht nach mehr Kraft oder mehr sozialer Sicherheit, sondern nach einem sinnvolleren Leben.

Auch da können uns die Älteren viel lehren, jene älteren Menschen, die wir nur allzugerne in einem der vielen Heime unterbringen, die wir dafür geschaffen haben. Immer wieder bewundere ich alte Menschen, die sich mit Hingabe irgendeiner Tätigkeit widmen, wo sie doch kurz vor dem Ende ihres Lebens stehen. Mein alter Pfarrer, der sich mit Mühe durch ein kompliziertes psychologisches Werk quälte, um auf dem laufenden zu bleiben, mein alter Großvater, der mit dem Pflanzenlexikon auf dem Tisch ein kleines Pflänzchen zu bestimmen suchte; eine alte Dame (dieselbe, die von einem Engel vor der blauen Tram weggerissen wurde), die über einer minutiösen Stickerei arbeitet. Sie alle wissen, daß der Sinn ihrer Tätigkeit in etwas liegt, was hier auf dieser Erde weder zu fassen noch festzuhalten ist, daß das liebevolle Verhalten, das Interesse an der Handlung selbst der Sinn ist, daß in jeder menschlichen Tätigkeit die Ewigkeit liegen kann, und zwar selbst in dieser äußerst sinnvollen letzten Tätigkeit...dem Ausblasen des Lebenslichtes.

Dies alles gehört zu dem Gebiet von Michael, dem Drachentöter, denn der Drache versinnbildlicht die Gefangenschaft in der Materie, die Begierde, den irdischen Dingen bleibenden Charakter zu verleihen. Wie zum Beispiel die falschen Ideologien, die einen ewigen Heilsstaat auf Erden errichten möchten. Als ob man hier auch nur irgend etwas Beständiges schaffen kann, außer einem Knochengerüst. Vielleicht haben die totalitären Regimes unseres Jahrhunderts deshalb so erbarmungslos gemordet, weil ihre Anhänger in ihrem Innersten wußten, daß das Bleibende nur auf der anderen Seite des Grabes gefunden werden kann.

Michael ist der unerbittliche Gegner Satans, der den Menschen zum Materialisten zu machen versucht. Wenn man den alten Erzählungen glauben will, dann dauert die Kontroverse zwischen den beiden schon seit Beginn der Schöpfung an.

Im apokryphen Evangelium des Bartholomäus wird erzählt, daß Gott den Menschen nach seinem Ebenbild schuf, und zwar aus Lehm, der von Michael von allen vier Ecken der Erde herangetragen wurde. Der Mensch war noch nicht fertig, als der (damals noch nicht böse) Engel des Weges kam. »Dies«, sagte Michael, »ist das Ebenbild Gottes, und deshalb müssen wir ihm unsere Ehrerbietung zeigen.« »Ich, der erste Engel, den Gott überhaupt geschaffen hat, soll einem Stückchen Lehm Ehre erweisen?« rief der Böse empört aus. »Niemals!« »Du wirst Schwierigkeiten kriegen, wenn du so weitermachst«, sagte Michael. Aber der böse Engel lehnte sich auf, und mit ihm viele andere Engel, und das war dann der Beginn des Bösen.

Mit dieser Geschichte wird das Gerücht bekräftigt, daß der Fall der Engel etwas mit der Schöpfung des Menschen zu tun hatte. Sehr merkwürdig ist es nun, daß der Mensch sich später, während seiner ganzen Geschichte, mehr durch die gefallenen Engel und all ihre Bosheit angezogen fühlte als durch die gute Seite. Das Böse liegt ihm näher als das Gute, und seitdem wirbt Gott um den Menschen wie ein abgewiesener Liebhaber um eine launenhafte junge Frau.

Wie oft wurde der Aufstand der Engel schon gemalt! Michael mit seiner schimmernden Rüstung und Luzifer, der schon halb in einen Drachen verwandelt wurde und vom Himmel zur Erde fällt. In den Volkserzählungen lebt Michael als der heilige Georg, der Drachentöter, weiter, jener tapfere Ritter mit seinem langen, schneidigen Schwert, der auf einem sich windenden Untier steht.

Die kleine Epistel von Judas aus dem Neuen Testament enthält auch eine Geschichte über Michael. Es ist eine merkwürdige Geschichte. Es wird dort erzählt, daß Michael mit dem Teufel um den Körper des Moses stritt und daß er da »kein schmähliches Urteil« zu fällen wagte, sondern dies Gott selbst überließ.

Was ist das für eine Geschichte? Ein Erzengel und der alte Feind der Menschheit streiten um den Körper des Moses? Aber was ist der Körper eines Propheten anderes als die von ihm hinterlassene Lehre? In diesem Zusammenhang also die fünf Bücher Moses, die Thora...

Wenn wir es von diesem Standpunkt aus sehen, können wir den Streit besser verstehen, denn es ist oft so gewesen, daß gute und weise alte Lehren im Laufe der Zeit korrumpiert wurden. Durch zahlreiche Interpretationen wurden sie langsam in ihr Gegenteil verkehrt. Der sanfte Druck liebevoller Überzeugungskunst, die Paulus gebrauchte, hatte sich bereits nach einigen Jahrhunderten in den harten Zwang und die Folterungen der Inquisition verwandelt. Die Anweisung, sich den Richtlinien der Obrigkeit zu unterwerfen (Römer 13), wurde von jeder Regierung sehr schnell und gierig in Anspruch genommen und als Freibrief für Sklaverei gebraucht.

Diese Dinge geschehen nicht von selbst. Die bösen und sehr intelligenten Kräfte fühlen sich durch die Liebe bedroht und werden immer danach trachten, liebevolle Gesetze so auf die Spitze zu treiben, daß die Menschen diese Gesetze verfluchen und das Kind mit dem Bad ausschütten.

Sehen Sie nur einmal, was das neunzehnte Jahrhundert mit dem Sexualleben angestellt hat. Es wurde etwas Schmutziges daraus gemacht, etwas Verwerfliches, etwas Häßliches. Und das alles mit der Bibel in der Hand und einer frommen Miene. Kein Wunder, daß unser Jahrhundert in dieser Hinsicht über die Stränge schlug. Das ist übrigens keine Entschuldigung für unsere Epoche, denn Extreme sind niemals gut und führen nicht zum Glück.

Daß die Bibel dazu verwendet würde, die Menschen unglücklich zu machen, wo sie doch im Grunde ein Liebesbrief Gottes an die Menschen ist, hat Michael vorausgesehen. Er hat die Korrumpierung vorausgesehen und bestritt dem Teufel das Recht, das zu tun. Aber – und das ist sehr geheimnisvoll – weiter durfte er nicht gehen. Es ist geradeso, als ob die Korrumpierung von den höchsten geistigen Instanzen des Himmels jedesmal von neuem wieder zugelassen wird. Genauso wie es zugelassen wurde, daß Hiob in seinem Leben von Schicksalsschlägen heimgesucht wurde. Offensichtlich gehört dies zu einem umfassenden Plan, von dem wir selbst nur ein Ausdruck sind.

Manchmal können wir ein bißchen verstehen, warum das so sein muß, denn die Wirkung dieser Korruptheit auf Erden ist entsetzlich. Ein Meer von Leiden und Schmerz

104

begleitet die Menschheit auf ihrer unheilschwangeren Reise. Aber betrachten wir einmal die Menschen, die in ihrem Leben viel gelitten haben: sie haben oft etwas Weises, Tolerantes an sich, ein Verständnis für andere, die im Morast versunken sind. Und wir sehen auch, daß Personen, deren Leben so glatt verlaufen ist, recht oft unausstehlich rechtschaffen sind, natürlich nur in ihren eigenen Augen. Als ob die Abwesenheit von Schicksalsschlägen einem Übermaß an bürgerlicher Anständigkeit zu verdanken sei.

Mir fällt übrigens auf, daß uns im Niederländischen ein sehr wichtiges Wort fehlt. Wir haben viel Wörter, die mit »eigen« beginnen, und sie sind oft negativ bewertet, da sie eine Selbstbezogenheit auf dem Gebiet ausdrücken, worauf sich der zweite Teil des Wortes bezieht. So kennen wir die Wörter »eigenwijs« (naseweis), »eigengereid« und »eigenzinnig« (eigensinnig), »eigenmachtig« (eigenmächtig), »eigendunk« und »eigenwaan« (Dünkel). Aber es fehlt ein Wort, und das ist »eigenheilig« (scheinheilig). Es charakterisiert den, der sich selbst noch zu Lebzeiten als heilig erklärt hat, meistens, weil er nicht genügend Gegenschläge erlebt hat. Und um nun all diese »eigene« zu brechen, wird die Korruptheit immer wieder für einige Zeit zugelassen, so wie Verdauungsbeschwerden bei jemand, der zu reichhaltig ißt.

Ja, ich verstehe ein bißchen, warum Michael sich auf Befehl von höchster Warte zurückhalten mußte, aber leicht wird es dem streitbaren Helden nicht gefallen sein.

Bis jetzt sind wir Michael auf seinem Weg durch die Antike gefolgt, nun sind wir am Beginn unserer Zeitrechnung angelangt. Und da geschieht etwas, was die Geschichte unserer Menschheit fundamental verändert. Das gilt für jeden auf unserem Planeten. Man sieht es zum Beispiel daran, daß selbst ein waschechter Kommunist, der ein Dekret unterzeichnet, in dem die Weihnachtsgeschichte als Lüge dargestellt und die Existenz Jesu geleugnet wird, diese

Schrift doch datieren muß. Und das tut er dann mit einem Datum, das nach der Geburt dessen berechnet ist, den er mit seinem ganzen Wesen ablehnt. Das ist wieder dieselbe paradoxe Situation wie die zwischen Gott und dem Fürst der Perser.

Dieses Ereignis nun betraf Michael sehr direkt. Der Pfarrer und Theologe Bullinger, einer der genialsten Bibelkenner des vorigen Jahrhunderts, hat nach langen Forschungen das genaue Geburtsdatum Jesu Christi entdeckt. Dabei ging er von einigen wichtigen Anhaltspunkten aus, wie zum Beispiel den Priesterämtern von Abia, zu denen auch Zacharias, der Vater Johannes' des Täufers gehörte, von den sechs Monaten Altersunterschied zwischen Johannes und Jesus, von der Volkszählung und noch einigen weiteren Daten. So kam er zu einem erstaunlichen Ergebnis: Er entdeckte, daß das, was wir am 25. Dezember feiern, nicht die Geburt Jesu, sondern seine Empfängnis ist, seine Inkarnation in der Materie. Und was wir das Weihnachtsgeschehen nennen, nämlich Jesu Geburt, fand gute neun Monate später am 29. September statt. In jenem Jahr war das der erste Tag des Laubhüttenfestes.

Dazu sagte er dann: Zwei Große im Königreich des Himmels wurden auserwählt, um diese Geschehnisse zu begleiten. Gabriel kündigte am 25. Dezember die Empfängnis an, als er Maria erschien. Michael kündigte die Geburt am 29. September an, als er den Hirten erschien. Zwar wurde er in diesem Zusammenhang nicht namentlich genannt, aber ein sehr auffallender Tatbestand weist daraufhin, daß er und niemand anders in den Gefilden von Ephrata die himmlischen Heerscharen anführte. Michael hat hier im Westen seinen eigenen Feiertag. Es ist der 29. September, und dieser Tag heißt »Sankt Michael« (in der niederländischen Bezeichnung »Michael und alle Engel«).

Ich habe auf den Feldern von Ephrata gestanden; nach fast zweitausend Jahren liegt noch immer ein Glanz über dieser Landschaft, als ob dort ein wenig vom Himmel hängengeblieben wäre.

Nun haben wir also Michael in verschiedenen Rollen gesehen. Wie er den Satan rügt und sich dabei noch zurückhält und beherrscht; wie er den Fürst der Perser flammend bekämpft; wie er die Seelen wiegt, die Drachen tötet, große Freude ankündigt. Aus der »Geheimen Offenbarung« kennen wir ihn als den Gewaltigen, der den Teufel und seine Trabanten mit einem glänzenden Schwert vom Himmel stürzt.

Aber die Apokalypse des Paulus, auch eines der apokryphen Bücher, zeigt ihn von einer ganz anderen Seite. Paulus werden die Seelen gezeigt, die sich auf Erden hartnäckig geweigert haben, das Gute anzunehmen. Nach ihrem Tod werden sie gefoltert, denn wer auf Erden das Böse anzieht, findet es nach seinem Tod als natürliche Umgebung vor. Jetzt sehen diese Seelen den Michael und sagen: »Wir erkennen, daß wir falsch gehandelt haben. Sei uns gnädig, Michael!«

Darauf gibt ihnen Michael eine rührende Antwort. Er sagt: »Ich bitte unablässig für die Menschen auf Erden, aber sie fahren fort, Böses zu tun. Wenn sie auch nur ein klein wenig Gutes tun, will ich sie schon beschützen. Und ihr hier: weint, und ich werd mit euch mitweinen, und vielleicht schenkt Gott euch Gnade.« Kein Wunder, daß diese Bitte von Gott erfüllt wurde.

Hier sehen wir also einen sehr gefühlvollen, warmen Engel. Es ist wichtig, das zur Kenntnis zu nehmen. Auf Gemälden sieht man oft Engel, die, erfüllt von einem hellen, aber doch kühlen Licht, ziemlich unnahbar aussehen. Dieses Bild stellt sich als falsch heraus. Hier sehen wir einen der größten unter den Engeln, und er ist warm und verständnisvoll und hofft inständig auf Gnade und Trost für den irdischen Menschen.

Die ewige Verdammnis ist eine Erfindung des Menschen,

der nicht gerne Vergebung schenkt. Michael aber zeigt, daß er selbst für den Menschen in der Hölle noch Hoffnung hat. Wenn man selbst nicht gerade der Tugendhafteste ist, ist das ein tröstender Gedanke.

Jetzt überspringen wir in einem riesigen Satz die letzten zweitausend Jahre und kommen in unserer gegenwärtigen Zeit an. Wo ist Michael jetzt? Die ganze Christenheit hat ihn jahrhundertelang bewundert und verehrt. Prachtvolle Kunstwerke wurden ihm geweiht. Ein Fest wurde ihm gewidmet. Und jetzt, im zwanzigsten Jahrhundert – nichts.

Weiß noch jemand von meinen Lesern, daß sein Fest auf den 29. September fällt? Nun, dann wissen Sie mehr als ich. Ich habe es erst bei meinen Forschungen herausgefunden. Wo ist er, der alte Vorkämpfer des underdog? Hat er uns vergessen.

In Amerika lebt ein alter Geistlicher, der nach eigenen Angaben Michael begegnet ist. Er beschreibt ihn als sehr große kriegerische Gestalt mit Augen wie Feuerbällen und einer ungeheuren Ausstrahlung, die Liebe und Erbarmen vermittelt. Nach Buck ähnelt er einem fünfundzwanzigjährigen Mann mit flachsblondem Haar, feinen Gesichtszügen und kupfern schimmernder Hautfarbe. Er trägt einen weißen Mantel mit goldener Stickerei und einen breiten goldenen Gürtel. Wenn ich früher so etwas gelesen hätte, hätte ich gedacht: »Drüben in Amerika tun sie aber auch alles, um ihre Kirchen voll zu kriegen.«

Aber aus dem Buch, das über Buck geschrieben wurde, geht hervor, daß er die Geschichte für sich behalten hatte. Nur durch Zufall hatte jemand davon erfahren und sie dann weitererzählt. Dieses Schweigen erinnert an die Erfahrungen, die ich mit den Befragten in meiner Enquête gemacht habe. Vielleicht ist die Geschichte von Buck tatsächlich stichhaltig. Er sagt, daß Michael der Anführer in einer Schlacht gegen die Kräfte der Finsternis ist, die in unserem Jahrhundert sehr energisch nach der Macht über unseren

Planeten greifen. Anführer in einer Schlacht. Das läßt an Engelheere denken. Gibt es so etwas?

Als Jesus während seiner Gefangennahme zu Petrus sagte, daß Er, wenn Er wollte, sofort über mehr als zwölf Legionen Engel verfügen könne (Matthäus 26:53), sprach er da vielleicht nicht in Gleichnissen? Äußerte er einen wahren Tatbestand?

Mir kommt das Buch von Buck merkwürdig vor; wenn Sie es lesen, werden Sie das vielleicht auch so empfinden. Es erinnert an den Bus des Pater Trapiello. Und doch sind in diesem Jahrhundert Engelheere gesehen worden. Es gibt ein Ereignis, das im Grunde den apokalyptischen Teil unseres zwanzigsten Jahrhunderts einläutet.

Die Geschichte, die ich jetzt erzählen werde, spielt während des Ersten Weltkrieges. Damals geschah es, daß das deutsche Heer nach einem gewaltigen Bombenangriff gegen die englischen Stellungen im Südosten von Lille anrückte. Da erlebten die englischen Soldaten etwas Seltsames. Gerade war noch der Lärm des Artilleriefeuers zu hören gewesen, man sah den Feind näherrücken, aber gleich darauf hörte die Beschießung auf, und die Deutschen flüchteten in totaler Verwirrung. Sofort schickten die Engländer Patrouillen aus und nahmen einige deutsche Offiziere gefangen. Diese waren fassungslos, wie vor den Kopf geschlagen und erzählten eine unglaublich anmutende Geschichte: Gerade, als sie unter Deckung ihrer Artillerie anrückten, sahen sie plötzlich auf der englischen Seite ein Heer auftauchen: weißgekleidete Reiter auf weißen Pferden. Ihr ersten Gedanke war, daß die Engländer neue marokkanische Truppen einsetzten, und ihre Artillerie und ihre Maschinengewehre überschütteten das anrückende Heer mit Granaten und Kugeln. Aber kein Reiter fiel vom Pferd, und nun sahen sie deutlich, daß eine große Gestalt mit goldblondem Haar und einem Heiligenschein vor dem Heer einherritt. Sie saß auf einem großen weißen Pferd.

Die Deutschen wurden von panischer Angst ergriffen und brachen ihre äußerst gefährliche Offensive wieder ab. Die Engländer hatten nichts gesehen, aber in den darauffolgenden Tagen wurde das Ereignis durch zehntausende neuer Gefangener bestätigt. Es ist dann sowohl in die englischen als auch in die deutschen Annalen aufgenommen worden und ist noch immer als »das Wunder der weißen Kavallerie von Ypern« bekannt.

Aber schon höre ich wieder einige Kritiker murren: Warum sind die Engländer bevorzugt worden? Eine Engelkavallerie mit Michael vornedran; und die sollen dann auf englischer Seite mitkämpfen? Das ist doch einfach zu toll! Vielleicht, weil die Engländer so verrückt auf St.Georg und den Drachen sind? Aber ist es wirklich so unvorstellbar?

In diesem Jahrhundert zeigt es sich ganz deutlich, daß manche Staaten mehr als andere von der Macht des Bösen besessen sind und daß die gesamte Entwicklung der menschlichen Geschichte für Hunderte von Jahren zurückbleiben könnte, wenn so ein Staat den Rest unseres Planeten auf lange Zeit hin unterwerfen würde. Stellen Sie sich vor, die Nationalsozialisten hätten die ganze Welt unterworfen. Zuerst hätten die Gasöfen für alle Juden gebrannt, dann für alle Christen und schließlich für alle, die sonst noch unerwünscht waren: Eine Hunderte von Jahren während rende Tyrannei über die ganze Erde.

Oder stellen Sie sich vor, Idi Amin wäre nicht vertrieben worden, sondern hätte ganz Afrika erobert: Ein Rückfall in den Kannibalismus und die Grausamkeit der schlimmsten Art. Oder stellen Sie sich vor, daß der Kommunismus tatsächlich die ganze Welt in seine Macht bekommen könnte, was gegenwärtig durchaus noch im Bereich der Möglichkeit zu liegen scheint. Der Blick auf den Himmel würde ein für allemal ausgemerzt. Ein Archipel Gulag von planetarem Ausmaß würde entstehen. Die Katastrophe wäre unübersehbar. Mit Hilfe unseres ganzen psychologisch – chemischen

Instrumentariums würde die Menschheit in einen Zustand von dumpfer Sklaverei zurückfallen, denn der Kommunismus ist die Macht, die geschworen hat, mit dem metaphysischen Menschen abzurechnen. Er betrachtet den Menschen nur als nützliches Rädchen in der Masse, als ökonomische Arbeitseinheit. Er leugnet den himmlischen Teil des Menschen und deshalb sein Menschsein selbst. Er hat geschworen, den metaphysischen Menschen auszurotten. Deshalb wird er den Kampf verlieren, denn der Sinn der menschlichen Geschichte liegt in seinem himmlischen Auftrag, nicht in seiner ökonomischen Nützlichkeit.

Deshalb kämpfen gegen den Kommunismus auch wieder Engel mit. Es gibt eine authentische Erzählung über die Vietkong, die ein Dorf überfallen und alle Christen umbringen wollten. Die Christen flüchteten in die Kirche und begannen zu beten. Zwei Tage lang geschah nichts. Dann zogen die Vietkong ab. Später erzählte ein gefangener Vietkong, daß sie nicht gewagt hätten anzugreifen, da ein ganzes Heer von weißgekleideten Soldaten einen Ring um das Dorf bildete.

Auch im Zweiten Weltkrieg wurden Engelheere gesichtet. Die Rettung des englischen Expeditionsheeres wird noch immer als das Wunder von Dünkirchen bezeichnet. Und dann »The Battle of Britain«: Eine von meinen Befragten erzählte mir die folgende Geschichte:

Ein Freund von ihr kämpfte im Zweiten Weltkrieg als Kampfflieger in der Schlacht um England mit. Diese Schlacht wurde dann zum Wendepunkt des Krieges; damals hat Hitler den Krieg verloren. Dieser Freund hatte ihr erzählt, daß der Zweite Weltkrieg so sehr ein Kampf zwischen Gut und Böse war, daß sogar die Toten mitflogen, um in der Schlacht zu helfen.

Ich verstand nicht, was sie damit meinte, bis ich einige Zeit später Billy Grahams Buch *Engel – Gottes Geheimagenten* las. Der Erzähler beruft sich auf den Air Chief

Marshal Lord Dowding. Dieser berichtete, daß Flugzeuge, deren Besatzung getötet worden war, trotzdem weiterkämpften, und daß andere Piloten dort anstelle der Getöteten andere Gestalten sitzen sahen. Diese Geschichte bestätigt die Erzählung der von mir befragten Dame. Nur die Interpretation des Luftmarschalls war eine andere: seiner Meinung nach hatten dort Engel mitgekämpft.

Diese Erzählung führt uns in eine ferne Vergangenheit zurück, in jene Zeit, als Elisa in der Stadt Dothan war. Der König von Aram ist sehr zornig darüber, daß Elisa andauernd seine Kriegslisten durchschaut; dann aber gelingt es ihm, den Aufenthaltsort des Propheten herauszufinden, und er umzingelt nachts die Stadt. Elisas Diener steht am nächsten Tag sehr früh auf und sieht die große Heeresmacht rings um die Stadt. Er ist starr vor Schrecken und rennt dann zu Elisa, dieser aber sagt: »Fürchte dich nicht, denn die Unsrigen sind zahlreicher als die Ihrigen.«

Plötzlich sieht der Diener die andere Welt auf Elisas Gebet hin erscheinen. Der ganze Berg ist von feurigen Rossen und Streitwägen umgeben (2.Kön. 6:15 ff). Die Geschichte läuft natürlich für Elisa und seinen Diener gut aus. Elisas Worte habe ich als Motto für mein Buch genommen, denn sie passen ebensogut auf das Leben eines Individuums wie für ganze Völker.

Es gibt einen Sinn in der Weltgeschichte, und die Kräfte, die in ihr wirken, scheuen keine Konfrontationen. Denn aus Konfrontationen wird oft das Neue geboren. Aber wenn die Barbarei einen bleibenden Sieg zu erringen droht, wird doch schnell mal eingegriffen; so, als ob eine Art himmlischer Schiedsrichter mit seiner Trillerpfeife das Spiel anhält. Diese Welt ist nicht, was sie scheint. Ab und zu, wenn besondere Umstände eintreten, wird dann schnell mal der Schleier weggezogen, und dann sieht man vielleicht einen Erzengel in vollem Glorienschein.

Oral Roberts, amerikanischer Gebetsheiler und Leiter der

nach ihm genannten Universität in Tulsa, Oklahoma, schärft seinen Studenten einige Leitsprüche ein. Einer davon lautet: »Expect a miracle!« (»Erwarten Sie ein Wunder«!) Wenn Michael in der Nähe ist, können wir nichts anderes erwarten. Und daß er in der Nähe ist, können wir – ganz abgesehen von den allgemeinen Zeitzeichen – einem auffallenden Umstand entnehmen.

Nach dem Krieg wurde ein Kongreß deutscher Geistlicher abgehalten. Sie stellten fest, daß viele von ihnen einen Sohn Michael genannt hatten, obwohl dieser Name nicht in ihren Familien vorkam. Es ist, als fiele Michaels Schatten über dieses Jahrhundert, so daß viele Menschen, die dies intuitiv wahrnehmen, ihre Söhne nach ihm nennen.

Dies zeigt sich auch an einem der großen Romane, jenem mächtigen Epos von Tolkien *Herr der Ringe*. Im Osten erhebt sich eine dunkle Macht, die mit Waffengewalt nicht zu schlagen ist. Der Westen wird immer mehr bedroht, aber es wird ihm geholfen. Der Heerführer der guten Mächte ist Gandalf. Er ist älter, als irgend jemand sich vorstellen kann. Im Grunde ist er unsterblich, von feurigem Charakter, zärtlich wie ein Vater und unbestechlich in einer Zeit, wo selbst die Großen lügen und betrügen. Er reitet auf einem großen weißen Pferd, ist in leuchtendes Weiß gekleidet und trägt ein berühmtes Schwert, Glamdring, an seiner Seite. Es ist offensichtlich, daß Tolkien in seinem prophetischen Werk den Erzengel Michael als Vorbild genommen hat. Zum Glück gewinnen Gandalfs Heere den Kampf gegen das Böse, wenn auch nur um ein Haar.

Das war also die Beschreibung eines der wirklich großen Führer der Menschheit. Große Diktatoren, von denen unsere Zeit so viele kennt, sind lächerliche Marionetten auf der Bühne der menschlichen Geschichte. Mit hölzernen Gesichtern stehen sie angeberisch auf ihren Freitreppen, während ihre Opfer unter dem Joch der modernen Sklaverei ächzen.

Unsere wirklichen Anführer sehen anders aus. Sie haben wirkliche Macht inne, auch wenn sie davon nur einen äußerst sparsamen und bescheidenen Gebrauch machen. Sie wissen, daß ihre Macht nur geliehen ist, daß sie lediglich das Licht weitergeben, das vom Schöpfer ausgeht. Je mehr eine hochgestellte Person erkennt, daß sie nur »von Gottes Gnaden« dort steht, um so eher wird sie tatsächlich in der Lage sein, Menschen zu führen. Je mehr jemand denkt, daß er es mit seiner Oligarchie, Junta oder seinen Spießgesellen selbst vermag, um so mehr wird er, ohne es zu wissen, ein willenloser Spielball von Kräften sein, die ihn ganz und gar beherrschen. Und das ist dann nicht die milde Führung durch den Engel Michael, ist vielmehr Besessenheit durch die noch immer aktiven bösen Geister in den himmlischen Gefilden.

Der Name Michael kommt aus dem Hebräischen. Mika-El heißt »Wer (ist) wie Gott?« Jeder Mensch, der sich ebenfalls in größter Bewunderung und Ehrerbietung diese Frage stellt, befindet sich im Strahlungsfeld von Michael. Auch wenn er voller Angst und Unruhe ist, wird er dann den Mut haben, zu sich selbst zu sagen: »Ich bin ein Held.«

Gabriel

Engelnamen müssen mit EL enden, denn das bedeutet auf Hebräisch ›Gott‹. So erhaben sie auch sein mögen, sie erwarten und wünschen von uns keine Anbetung. »Sieh nicht auf mich, ich bin nur ein Diener, sieh auf Ihn!« so sagen sie. Manchmal sagt dann einer: »Hör doch nicht auf Ihn, sondern auf mich!« Das ist dann ein gefallener Engel.

Gabriel ist von dem Wort »gibor« abgeleitet, und das bedeutet »Kraft«. Von »gibor« ist wiederum das Wort »geber« abgeleitet; es bedeutet »Mann«. Im Niederländischen hat sich das in dem alten Wort »gabber« (= Kumpel) erhalten. Gabriel heißt also: »Gottes Kraft«.

Auch Gabriel ist ein alter Bekannter der Menschheit. Wieder ist es Daniel, der als erster von ihm berichtet. Vor zweitausendfünfhundert Jahren hatte der Prophet eine erschreckende Vision. Er sah einen gewaltigen Widder nach Westen, Norden und Süden stoßen, und kein Tier konnte es mit diesem Widder aufnehmen, bis er schließlich in einem heftigen Kampf durch einen Bock aus dem Westen überwältigt wurde. Es ist dann Gabriel, der dem Daniel diese Vision erklärt (Daniel 6). Der Widder ist das Reich der Meder und Perser, das nach einer Zeit ständiger Siege seinerseits durch den Bock – damit sind die Griechen gemeint – überwunden wird.

Hier sehen Sie wieder die astrologischen Symbole »Widder« und »Steinbock«, die für ganze Völker gebraucht werden. Diese Symbole geben die Charaktereigenschaften der jeweiligen Engelfürsten an. Es ist merkwürdig, wie aktuell diese Geschichte von dem wild stoßenden Widder der Perser heute wieder geworden ist.

Manchmal frage ich mich, welches Wappen die Niederländer eigentlich haben müßten. Ist es wirklich der Löwe? Oder ist das ein Irrtum? Ich habe mehr das Gefühl, daß es ein Star sein müßte. Der Star ist der Straßenjunge unter den Vögeln, wie der Holländer der Straßenjunge unter den Europäern ist. Wenn Sie daran zweifeln, hören Sie doch mal genau auf das Gezwitscher, das uns über Radio und Fernsehen erreicht; oder beobachten Sie mal, wie sich eine kleine Gruppe von Holländern irgendwo niederläßt: wie ein Vogelschwarm, der zur Erde niedersegelt.

Auch im zehnten Kapitel des Buches Daniel begegnen wir wieder dem Erzengel Gabriel. Er kommt eilig herangeflogen und weissagt dem Daniel das Kommen des Messias (Daniel 9:21 – 26). Fünfhundert Jahre später tut er das gleiche bei Maria.

Die eigentliche Bedeutung des Wortes »Engel« ist »Botschafter«, und genauso verhält sich auch Daniel. Mein Lehrer erzählte, daß der Erzengel Gabriel in der jüdischen Überlieferung an der Nordseite des Tempels stand. Und, so fügte er hinzu, die Nordseite ist auch die Körperseite. So eine Äußerung ist für das rationale Denken unbegreiflich. Aber Äußerungen dieser Art entstammen einem uralten Wissen; es ist nicht klug, wenn man sie als »alten Aberglauben« abtut. Das schadet nur.

Was geschieht? Gabriel kündigt dem Zacharias das Kommen des Johannes an, und unmittelbar danach wird seine Frau Elisabeth schwanger. Gabriel kündigt Maria das Kommen Jesu an, und unmittelbar danach wird sie schwanger. Ferner gibt es eine alte Geschichte darüber, wie Gabriel die Seele aus dem Paradies holt, sie neun Monate lang belehrt und unterrichet, während der Körper, in dem diese Seele wohnen wird, im Körper der Mutter heranwächst. Auf diese Weise also wird Gabriel mit dem Körper der Menschen in Verbindung gebracht. Wir rationalen Menschen denken heute anders darüber. Wir glauben, daß eine Samenzelle mit einer Eizelle zusammentrifft und daß dann durch etliche automatische Prozesse ein Körper entsteht. Das ist sehr vereinfacht gedacht.

116

Stellen Sie sich vor, daß Sie jeden Morgen um acht Uhr zur Arbeit gehen und um sechs Uhr abends wieder nach Hause kommen. Nun wird im Nachbargelände ein Haus gebaut, aber die Handwerker kommen erst um halb neun Uhr morgens und gehen um fünf Uhr wieder nach Hause. Sie bekommen sie also nie zu Gesicht. Sie sehen lediglich, daß auf dem Nachbargelände ein Haus »wächst«, und eines schönen Tages ist es fertig, ohne daß sie gesehen haben, wie das zustande kam. Und dann ziehen die neuen Nachbarn ein. Sie sind bei ihnen zu Besuch. Aber Sie werden dann doch nicht sagen: »Ich habe Ihr Haus jeden Tag wachsen sehen. Komisch, wie sowas von selbst heranwächst!« Ihre Nachbarn würden dann vielleicht denken, Sie seien verrückt geworden. Genauso verrückt sind wir alle, wenn wir glauben, daß ein Kind »von selbst« im Körper der Mutter heranwächst. Ein neues Kind ist keine japanische Zauberblume, die sich automatisch entfaltet, wenn man sie einfach ins Fruchtwasser wirft. Das Kind wird mit aller Sorgfalt aufgebaut, auch wenn wir die Baumeister nicht sehen.

Aber warum wird die Körperseite mit dem Norden assoziiert? In den alten Weisheitslehren bedeutete der Norden »Gefahr«. Barbarische Völker sind oftmals vom Norden her eingefallen. Und da kommt gleich noch etwas zum Vorschein: Der Eintritt in einen Körper ist eine gefährliche Sache. Vom Augenblick unserer Empfängnis an befinden wir uns in Lebensgefahr. Die Gleichgewichte in unserem Körper sind schwankend. Jeder Tag ist ein überlebter Tag. Wir merken nicht sehr viel davon, aber unser Körper kämpft andauernd gegen alle möglichen Bedrohungen. Es gibt die Urkraft von innen, die wir an den Zellen mit ihrer ungehemmten Wachstumsdynamik sehen können, und es gibt die Urkraft von außen, das ist der Kampf ums Dasein, auch der Kampf gegen Infektionen durch Viren, Bakterien und Gifte. Das sind die beiden Riesen, die sich gegenüberstehen. Weil sie gleich stark sind, herrscht Ruhe.

Aber es ist eine scheinbare Ruhe. Wenn eine der beiden Kräfte ausfällt, dann überfällt uns die andere. Wenn die Zellen unseres Körpers bei Unterernährung nur noch wenig Spannkraft haben, dann wird die Menschheit durch Epidemien angegriffen, und Zehntausende werden durch Infektionen von außen her weggemäht. Wenn dagegen der Wohlstand zu groß wird und unsere Zellen zuviel Kraft bekommen, dann greift uns der Krebs von innen her an, und wieder werden Zehntausende weggemäht.

Hier auf Erden zu leben heißt, sich in Gefahr begeben. Deshalb wird erzählt, daß die Seele, die durch Gabriel aus dem Paradies geholt wird, heftig protestiert. Die Seele weiß, daß es auf Erden gefährlich ist. Deshalb beinhaltet der Name »Gabriel« auch die Vorstellung von »Mann« oder auch »Held«.

Aber außer körperlichen Gefahren bedrohen uns hier noch viel größere anderer Art. Wir können mit unserer Seele vom Weg abkommen und nicht mehr nach Hause zurückfinden. Dann sind wir zwar vom Paradies heruntergestiegen, kehren aber nicht mehr dorthin zurück. Früher kannten die Menschen sehr wohl die Angst vor dem Verlust ihrer Seele. Gegenwärtig wissen die meisten nicht einmal, daß sie eine Seele haben. Diese Angst haben sie nicht.

Was Gabriel betrifft, so können wir sagen, daß wir ihn alle vor unserer Geburt kannten. Denken Sie jetzt aber nicht: »Wie soll das möglich sein, bei all diesen Millionen von Menschen?« In einer Welt, wo die Zeit anders ist als hier, gibt es ganze Ozeane von Zeit, um persönlich mit Gabriel in Kontakt zu treten, ohne daß der gute Engel sich überarbeitet. Vielleicht hat sich die Gruppe der »Grübler« aus meiner Befragung deshalb so verhalten, weil sie sich an die Unterweisungen von Gabriel erinnerten. Es ist zwar keine bewußte Erinnerung, aber irgendwie wissen sie doch, daß sie einmal einen intensiven Kontakt mit ihm gehabt haben.

Wenn wir die Engel in unsere Gedanken mit einbeziehen, dann entsteht eine ganz andere Lebenseinstellung. Dann sagt man nicht, wenn man einem Unglück entkommen ist: »Jetzt hab ich aber Glück gehabt!« Sondern man sagt: »Herr, ich danke Dir, daß Du Deinen Engel auf meinen Weg gesandt hast!« Dann weiß man, daß dieser merkwürdige, einerseits hinfällige, andererseits doch starke Körper, in dem wir uns befinden, mit einem so hohen Fürsten wie Gabriel verbunden ist. Dann versteht man, warum dieser Körper so viel weiser ist als wir selbst. Wenn Sie nämlich gut auf Ihren Körper hören, wissen Sie das. Er warnt uns immerzu: »Laß das; dieses Essen bekommt dir nicht!« »Hör auf damit, entspanne dich!«

Ein Mann namens McDougall erkrankte an multipler Sklerose. Er wurde gelähmt und mußte im Rollstuhl sitzen. Daraufhin begann seine Frau, auf den Körper ihres Mannes zu hören. Mit unendlicher Geduld beobachtete sie seine Reaktionen auf alle verschiedenen Arten der Nahrung, die sie für ihn zubereitete. Nach monatelanger Arbeit hatte sie eine Diät zusammengestellt, die für ihn genau die richtige war. Die Fotos, die einige Jahre später von McDougall aufgenommen wurden, sind wirklich rührend: ein freundlicher älterer Mann mit weißem Haar, weißer Weste, Fliege und einem Jackett mit Pelzkragen, der auf einem Bein herumspringt. Da es sich herausgestellt hatte, daß McDougall kein Getreide vertragen konnte, hat er mit ungeheurem Eifer allen Multiple-Sklerose-Kranken vom Getreide abgeraten. Obwohl manche Leute damit Fortschritte machten, half es bei anderen überhaupt nicht.

In Deutschland gab es sogar einen Arzt namens Evers, der Multiple-Sklerose-Patienten mit viel Getreide heilte. Bezogen auf Menschen kann man nichts Allgemeines aussagen. Man muß die Menschen lehren, gut auf die Weisheit ihres eigenen Körpers zu hören. Deshalb ist die gegenwärtige Tendenz, den Leuten nur einige wenige Arzneimittel mit breiter Wirksamkeit zu verschreiben, so gefährlich. Wenn man totalitäres Denken auf den menschlichen Körper anwendet, kann man ihn nicht heilen. Man tötet ihn nur. Jeder Mensch ist ein ganz eigenständiges Geschöpf und hat seine eigenen spezifischen Bedürfnisse. Diktatorisch denkende Personen werden blind vor Wut, wenn sie davon etwas bemerken. Von daher zum Beispiel der Großangriff auf die homöopathischen Arzneimittel. Das sind Substanzen, die sehr individuell verordnet werden müssen, und das paßt den totalitären Denkern in den Ministerien nicht in den Kram. Die hätten es am liebsten, wenn alle Menschen standardisiert wären, am besten mit ein paar Schlitzen und Lämpchen ausgestattet. Wenn das Lämpchen über dem Kopfwehschlitz aufleuchtet, gibt es eine dafür bestimmte Standardtablette; wenn das Lämpchen über dem Nervositätsschlitz aufleuchtet, gibt es eine andere. Aber so sind die Menschen halt nicht gebaut. Im Grunde ist derjenige, der vom Virus des Totalitarismus befallen ist, viel kränker als die Kranken, denen er seine Meinung aufnötigen will.

Gabriel ist anders. Er achtet gerade die vollkommene Verschiedenheit eines jeden Menschen. Vielleicht hat es der Schöpfer gerade diesem Engel überlassen, mit unendlicher Geduld ein jeweils anderes Bild in die Fingerspitzen jedes Menschen einzugravieren.

Es heißt, daß Gabriel uns nicht nur in diese Welt herunterbringt, sondern daß er nach unserem Tod auch wieder auf uns wartet. Von der Wiege bis zum Grab ist also für uns vorgesorgt. Wie kann dann eine Seele nach dem Tod vom Weg abkommen? Nun, das muß so auch nicht geschehen; aber es könnte jemand während seines irdischen Lebens eine Antipathie gegen Engel bekommen haben, und dann könnte er selbst Gabriel verfehlen.

Raziel

Der Name bedeutet: »Gott ist mein Wohlbehagen«. Dies ist ein Engel, der sehr tiefgehenden Einfluß auf die Menschheit gehabt hat. In positivem und heilsamem Sinn.

In der hebräischen Tradition heißt es, daß das Problem des menschlichen Leidens gleich damals zutage trat, als der erste Mensch, Adam, aus dem Paradies vertrieben wurde. Es soll der Engel Raziel gewesen sein, der damals dem Adam ein Buch in die Hand gab, in dem alle Heilkräuter der Welt aufgezeichnet waren, damit alle möglichen Krankheiten geheilt werden könnten, die jemals in der Menschheit auftreten würden.

Es scheint mir wichtig zu bedenken, daß der Heilmittelschatz der Menschheit meistens nicht mit Hilfe des logischen, analytischen Denkens gefunden wurde, sondern vielmehr intuitiv. Ein Beispiel dafür – aus unserem Jahrhundert – sind die achtunddreißig Blumenheilmittel von Dr. Bach. Bach hat diese Wirkungen nicht durch Experimentieren und logisches Folgern herausgefunden, sondern dadurch, daß er stundenlang still vor einer solchen Blume saß und dann in sich selbst an den aufkommenden Symptomen fühlte, wo diese Blume helfen konnte; zum Beispiel die Stechpalme bei Eifersucht und Haß, die Weide bei Zorn. (Beides sind Gemütsbewegungen, die zu ernsten körperlichen Leiden führen können).

Es gibt ein Sprichwort, das sagt, daß für jede Krankheit ein Kraut gewachsen sei, und wenn ein Arzt mit seinem Latein am Ende ist, seufzt er: »Gegen diese Krankheit ist kein Kraut gewachsen.« Wenn er ehrlich ist, meint er damit, daß er das Kraut nicht kennt. In den Urwäldern der Welt, die zur Zeit der Gewinnsucht der Holzexporteure zum Opfer fallen, gibt es noch zahllose starke Heilpflanzen, die sogar Krebserkrankungen heilen können.

Es ist ein wundervoller Gedanke, daß der Engel Raziel dem Adam schon Ratschläge für Krankheiten gab, die damals noch gar nicht aufgetreten waren. Zuerst wird das Heilmittel geschaffen, dann erst entsteht die Krankheit, die dazu gehört. Daran können wir sehen, daß nicht Krankheit und Zerstörung der Sinn der Schöpfung sind, sondern Heilung und Erlösung. Nicht auf Haß und Katastrophen liegt die Betonung, sondern auf Glück und Liebe.

Jeder, der reine und sanfte Mittel findet, um Menschen von ihren Leiden zu befreien, wird durch das Buch des Engels Raziel inspiriert, denn Engelbücher sind anders als menschliche Bücher. Sie bleiben im Engelhimmel lebendig und allgegenwärtig, und wer dafür sensibel ist, kann in ihnen lesen. Leider werden diese sanften Heilmittel immer mehr aus dem Krankenversicherungsfonds verdrängt. Die technokratischen Fraktionen verlangen naturwissenschaftliche Beweise. Eine Heilung ist, so merkwürdig Ihnen das auch vorkommen wird, kein Beweis. Aber zwanzig tote Mäuse sind es schon. So verrückt sind wir geworden. Die eigentliche Heilung wird übrigens nicht durch Raziel bewirkt. Heilung gehört zu einem anderen großen Erzengel.

Rafael

Der Name bedeutet: »Gott heilt«. Wie jeder Engel, der etwas auf sich hält, will er die Ehre nicht für sich selbst in Anspruch nehmen. Er ist die Kraft, die hinter jeder Heilung steht. Es ist gut, das zu wissen. In meiner medizinischen Laufbahn war ich immer wieder erstaunt, daß eine genähte Wunde so fein säuberlich zuheilt und nur einen dünnen Streifen hinterläßt. »Gut genäht«, sagt man dann unglücklicherweise laut, während der Patient noch dabeisitzt. Aber im Grunde ist es ein großes Wunder, daß die Wunde zusammenwächst. Das merkt man erst, wenn etwas schiefläuft und die Fäden nicht halten, oder wenn sich ein sogenanntes Keloid, eine dick aufgeworfene Narbe bildet. Dann wird die frühere Struktur nicht wieder hergestellt, und wir müssen erkennen, daß selbst so etwas Einfaches wie die Heilung einer Wunde gar nicht so selbstverständlich ist. Dafür braucht es schon ein bißchen mehr als das Vernähen oder ein Arzneimittel. Für jede Heilung ist Hilfe aus dem Himmel nötig. Das sind keine automatischen Prozesse. Die gibt es nur bei den Maschinen, die wir gebaut haben.

In den apokryphen Büchern begegnen wir dem Engel Rafael, wie er Tobias von seiner Blindheit heilt. Demnach brauchen wir Rafael sehr dringend in dieser Zeit, denn es liegt eine ungeheure geistige Blindheit über der Menschheit, und zwar insofern, als wir glauben, daß alle Erscheinungen ihre natürliche Erklärung haben, daß alle Prozesse, wenn nötig, naturwissenschaftlich begriffen werden können. Dieser Weg ist eine Sackgasse. Wir leben in einer Welt von Wundern, auch, wenn diese gut versteckt sind, wie zum Beispiel im Zusammenheilen einer Wunde.

In diesem Jahrhundert ist Rafael deutlich durch die englische Krankenschwester Joy Snell gesehen worden. In ihrem Buch, das seit seinem ersten Erscheinen im Jahre

1918 schon neun Auflagen erlebt hat, berichtet sie, wie sie immer wieder am Kopfende von schwerkranken Patienten einen fröhlichen, leuchtenden Engel stehen sah. Den rechten Arm hatte er erhoben, und der Zeigefinger war in einem Ausdruck von Hoffnung nach oben gerichtet. Jedesmal, wenn sie diese Gestalt sah, wußte sie mit Sicherheit, daß der Patient durchkommen würde, und oft überraschte sie die Ärzte mit ihren zutreffenden Voraussagen.

Rafael hat seinen Platz im westlichen Teil des Tempels. Dies ist der letzte Teil des Tempels, das Heiligtum der Heiligtümer, das Ende des Weges. Wie auch die Sonne im Osten aufgeht und im Westen untergeht, so wird der Weg der Menschheit symbolisch als Zug von Osten nach Westen dargestellt.

Was können wir nicht alles für Wunder auf diesem Weg der Menschheit sehen! Noch bevor sich Krankheiten manifestieren, werden dem Menschen schon die Heilpflanzen angeboten. Dieser Weg ist ohne Schmerzen und Krankheiten nicht begehbar. Kampf und Mühsal gehören dazu, aber zum Glück gibt es Hilfe im Überfluß. Dann sehen wir am Ende des Weges den Erzengel Rafael stehen. Er stellt die endgültige Heilung dar. Hilfe unterwegs und am Ende Erlösung. Das ist die Wahrheit über den Weg.

Vergleichen Sie nun diese optimistische Perspektive mit der Lehre von Karl Marx. Er sagt, daß der Weg der Menschen aus Generationen von Menschen bestehe, die »Mist« auf den Feldern der Zukunft seien, und daß schließlich jene Generation kommen werde, die im echten kommunistischen Paradies leben wird. Ein Paradies übrigens, das wie eine Fata Morgana immer weiter zurückweicht, je näher man ihr zu kommen glaubt, und das für die Menschen, die hier und jetzt in Unterdrückung leben, nichts weiter als ein Lockvogel ist.

Zum Glück haben sich Marx, Lenin und Stalin und ihre Anhänger geirrt. Zum Glück ist die Schöpfung besser angelegt. Der Schöpfer hat für alle zu verschiedenen Zeiten lebenden Menschen Glück und Heilung vorgesehen. Gottes heilender Engel breitet auch heute seine Hände über alle aus. Selbst eine Grippe, eine Schramme oder ein Kopfschmerz, die geheilt werden, haben mit der Regenerationskraft zu tun, die durch Rafael hindurchfließt. Er ist nicht jemand, der weit weg ist und irgendwann gelebt hat. Er ist eine praktische, alltägliche Wirklichkeit für alle, die Augen haben zu sehen.

Metatron

Eine weitere, sehr wichtige Person im Himmel ist der Engel Metatron. Seine Aufgabe ist ungeheuer groß. Man könnte ihn als den Archivar oder Sekretär Gottes bezeichnen, wenn wir die Berichte über ihn ernst nehmen können.

Im Zusammenhang mit Metatron berichten die hebräischen Legenden etwas Seltsames. Sie sagen, daß er nicht schon immer ein Engel gewesen sei, sondern daß er einst als Mensch auf Erden geboren wurde. Damals hieß er Chanoch und war, von Adam aus gerechnet, der siebte Patriarch. Im Buch Genesis wird er in der niederländischen Übersetzung Henoch genannt. Daß mit ihm irgend etwas Besonderes los war, merkt man schon gleich an der Mitteilung, daß er mit Gott wandelte und von Ihm in den Himmel aufgenommen wurde. Nach diesem Bericht starb er also nicht, was ansonsten nur von dem Propheten Elias erzählt wird.

Dieser geheimnisvollen Gestalt wird nun ein Buch zugeschrieben. Es ist das apokryphe Buch *Chanoch,* das aus dem ersten Jahrhundert vor Christus stammt. Daß es damals aufgeschrieben wurde, heißt nicht, daß es nicht schon viel früher existierte. Man weiß, daß die Menschen früher ganze Bücher auswendig kannten. Auch von Homer wird das noch berichtet. Diese Bücher wurden über Generationen hinweg wörtlich weitergegeben. Als diese Fähigkeit allmählich abnahm, hat man schließlich widerwillig und zögernd begonnen, die Texte aufzuschreiben, und dies geschah genau in den paar Jahrhunderten vor unserer christlichen Zeitrechnung.

Damals tauchte das Buch *Chanoch* oder *Henoch* als geschriebener Text auf. Wenn jemand Interesse an Engeln entwickelt, muß er dieses Buch lesen. Sie werden dort in großer Zahl mit Namen und Funktion aufgelistet. Auch die gefallenen Engel werden nicht vergessen.

Sehr interessant ist zum Beispiel, daß das Buch einundzwanzig gefallene Engelfürsten nennt und auch genau angibt, was sie nun eigentlich anstellen, um die Menschheit ins Verderben zu führen. So gibt es einen gefallenen Engel names Kasdeja, der die Menschen lehrt, wie sie abtreiben müssen.

Das wichtigste, was wir von Metatron wissen, scheint mir die bereits erwähnte Tatsache zu sein, daß er Gottes Schreiber ist. Hier wird auf das alte Wissen angespielt, daß alles, was geschieht, aufgezeichnet ist. Vermittels der Hypnose hat man herausgefunden, daß auch in unserem persönlichen Leben alles, was wir gesehen, getan, gesprochen und erlebt haben, Buchstabe für Buchstabe aufgezeichnet ist, und daß diese Aufzeichnung vom Augenblick der Empfängnis an stattfindet.

Der Text aus Matthäus 12:36, daß die Menschen am Tage des Urteils über jedes hohle Wort, das sie gesprochen haben, Rechenschaft ablegen müssen, scheint technisch recht gut realisierbar zu sein (um es mal so auszudrücken). Sie brauchen die gesprochenen Wörter einfach nur aufzunehmen. Für frühere Generationen muß das eine ganz verrückte Vorstellung gewesen sein, aber für uns mit unseren Tonbandgeräten und Videorecordern ist es viel verständlicher. Schließlich sind all diese Erfindungen nur eine Vergegenständlichung von Dingen, die in unserem Innern vorhanden sind.

Man könnte sagen, daß in unserer Schöpfung eine doppelte Buchhaltung geführt wird. Alles, was hier geschieht, wird dort, in der unsichtbaren Welt, gleichsam in den Archiven aufgezeichnet. Dadurch wird es für uns leichter verständlich, wenn zum Beispiel Swedenborg und Lorber sagen, daß das, was man hier auf Erden tut, das Material dafür liefert, was man nach seinem körperlichen Tod als Umgebung vorfinden wird. Ein Mensch auf der Erde ist eigentlich wie eine Raupe, und der Tod ist die Verpuppung.

Daraus kommt dann entweder ein schillernder Schwalbenschwanz oder ein düsterer Totenkopffalter hervor, ein Himmel- oder Höllenbewohner.

Es ist wie bei dem Kinderspiel »Weiße Schwäne, schwarze Schwäne, wer will mit nach England fahren?« Ich erinnere mich noch, als sei es gestern gewesen, wie ich unter all den Armen hindurchlief und dann, zapp, gefangen wurde; und dann kam die im Flüsterton gestellte Frage: »Was willst du haben, einen goldenen Apfel oder eine silberne Birne?« Ja, und dann mußte man sich nach rechts oder links begeben, und dann ging es ans Tauziehen. Genauso steht es auch in der Bibel: Man gehört entweder zu den Schafen oder zu den Böcken (Matthäus 25:32), und genauso sagt es auch Swedenborg: man kommt entweder in eine höllische oder eine himmlische Gesellschaft.

So werden von der Erde aus Himmel und Hölle bevölkert, und sie halten sich gegenseitig genau im Gleichgewicht. Es sind zwei ungeheure geistige Kräfte, die sich ausbalancieren, und gerade weil sie in Balance sind, merkt man davon nichts. Aber wenn man rechts oder links eine Kleinigkeit hinzufügt, dann kommt die ganze Ladung ins Wanken. Deshalb kann eine einzige kleine Entscheidung eine so ungeheure Wirkung nach sich ziehen. Wenn dann jemand nach seiner Wahl in eine himmlische oder höllische Gesellschaft geschickt wurde, ist damit für Swedenborg die Geschichte auch gelaufen.

Ein anderer berühmter Seher des vorigen Jahrhunderts, Jakob Lorber, fügt daran in seinen umfangreichen Schriften noch einiges hinzu. Er ist der Ansicht, daß für jeden Menschen, auch wenn er sehr tief gesunken ist, Chancen für einen Wiederaufstieg bestehen; allerdings kann das längere Zeit dauern. (Wobei es eigentlich widersinnig ist, im Zusammenhang mit einem zeitlosen Bereich von Zeit zu sprechen. Damit steht Lorber dem apokryphen Evangelium des Paulus näher.

128

Auf jeden Fall wird das Tun und Lassen eines Menschen »aufgezeichnet«, und das wiederum hat mit seinem zukünftigen Schicksal zu tun. Und Metatron ist der Engel, der diese Bücher »verwaltet«.

Es gibt mehr Erzengel als die, die ich genannt habe. Der Tradition nach gibt es sieben. Sowohl jüdische wie auch christliche Denker haben sich im Laufe von Jahrtausenden intensiv mit diesem Thema befaßt. Man lese in diesem Zusammenhang die akademisch sehr versierte Studie von R. Boon: *Über die guten Engel,* aus der hervorgeht, daß selbst ein Theologe im Jahre 1983 noch etwas von Engeln hält.

Ich wollte Ihnen nur über einige dieser Erzengel etwas erzählen und bitte mit einer höflichen Verbeugung bei denen um Entschuldigung, die ich nicht genannt habe. Sie werden es mir nicht übelnehmen, denn ihr einziger Wille ist es, die Allmacht und Herrlichkeit Gottes, der durch sein Wort das All geschaffen hat, zum Ausdruck zu bringen.

Betrachten wir nun noch einmal die drei bisher besprochenen Engelgruppen. Die Erzengel und Engelfürsten nebeneinander und die Schutzengel in der Nähe des Menschen.

Erzengel	Engelfürsten	} Welt der Gestaltung
Schutzengel		
Mensch		} Physische Welt

Die Engelfürsten herrschen über ganze Völker, aber manchmal geht das noch weiter. Dann beherrscht die Kultur eines Volkes über lange Zeiträume hinweg einen ganzen Weltteil, wie zum Beispiel das alte Rom, das viele Jahrhunderte lang in Europa den Ton angab; dann ist vielleicht so ein Engelfürst zeitweilig Vorsitzender der Versammlung geworden. Dionysius nennt seine Engelgruppen »Chöre«. Diese Chöre haben als Aufgabe die Lobpreisung Gottes. Dieses Lobpreisen muß nicht unbedingt nur durch Gesang ausgedrückt werden. Jede Handlung der Bewohner einer Stadt oder eines Landstriches, die die Erde schöner, besser, freundlicher macht, ist ein Lobpreisen.

Wer erinnert sich nicht an die Katastrophe in London in den fünfziger Jahren, als mehrere tausend Menschen im Smog, dieser Suppe aus Nebel, Ruß und Abgasen, erstickten? Damals hat sich London auf sauberes Erdgas umgestellt; die Smog-Ära gibt es nicht mehr. Ich glaube, daß eine Maßnahme dieser Art ein Lobpreisen ist.

Jeder, der auf landesweiter, regionaler oder städtischer Ebene Regelungen trifft, durch die mehr Toleranz, Freundlichkeit, Schönheit und Reinheit entstehen, kann sicher sein, daß er durch unsichtbare Engelchöre unterstützt und inspiriert wird, daß er in einem solchen Augenblick zu einem Kanal für ihren Einfluß wird.

In dem kleinen Schema (siehe oben) kann man sehen, daß die Schutzengel dicht an der Grenze zwischen Himmel und Erde stehen. Unter der Ebene des Menschen ist auch noch einiges. Dort befinden sich düstere Welten von Chaos und Haß; es sind ›Höllen‹. Hier auf Erden können wir fortwährend wählen zwischen himmlischer Inspiration und höllischem Einfluß. Das einzige, was wir nicht wählen können, ist Neutralität. Unsere Seele besitzt ein Wechselventil, das entweder nach oben oder nach unten geöffnet ist.

Es gibt eine hübsche Geschichte über den Unterschied zwischen Himmel und Hölle. Ein Mensch fragte einen Engel nach diesem Unterschied, und der Engel bedeutete ihm, mitzukommen. Zuerst kamen sie in die Hölle, und da sah man viele Menschen an einem ungeheuer langen Tisch sitzen, auf dem die herrlichsten Gerichte standen. Aber ihre Arme waren am Ellenbogen zu steif, so daß sie das Essen nicht zum Mund bringen konnten. Auch waren ihre Arme zu lang, so daß es ganz und gar unmöglich war, irgend etwas in den Mund zu kriegen. Da saßen sie also, blickten gierig auf das Essen und litten Hunger.

Darauf nahm der Engel den Mann mit in den Himmel, und dort sah er genau dasselbe Bild: Wundervolles Essen und Menschen mit steifen, zu langen Armen. Nur, daß sie hier herrlich und in Freuden speisten, denn jeder steckte dem Übernächsten das Essen in den Mund.

Um auf die Engel zurückzukommen: Es scheint mir wichtig, ganz ernsthaft in Betracht zu ziehen, daß die Engel uns viel mehr verwandt sind, als wir im allgemeinen denken. Insofern nämlich, als sie ein menschliches Stadium durchlaufen haben, wie Swedenborg und auch Rudolf Steiner, der Begründer der Anthroposophie, sagen. Sie gehören derselben Gattung an wie wir. So können wir sehen, wie Gott in einem geistigen, zeitlosen Bereich lebende Wesen erschafft, wie diese Wesen dann einen Durchgang durch die Zeit machen, woraus dann entweder ein guter Geist (ein Engel) oder ein böser Geist (ein Teufel) geboren wird. Und die dritte Möglichkeit ist vielleicht, daß man seine Hausaufgaben eben einfach nochmal machen muß. Jedenfalls hoffe ich, daß Sie leise lächeln werden, wenn Sie das nächste Mal ein Foto von den Parteibonzen aus dem Kreml beim Abnehmen einer Ersten-Mai-Parade sehen oder ein Foto von einem amerikanischen Präsidentschaftskandidaten, der die Hand zu Churchills Victory-Zeichen erhebt. Ich hoffe, daß Sie merken, daß Sie es mit Marionetten zu tun haben und daß die wirklichen Führer anderswo sitzen.

Ouspensky sagt, daß ein Mensch um so weniger Handlungsfreiheit hat, je höher seine Position ist. Ein absolut unfreier Mensch ist der Tyrann, denn er wird voll und ganz durch das Schicksal seines Volkes bestimmt, das nicht in seinen Händen liegt, sondern Kräften untersteht, die, unsichtbar für uns, an den Fäden ziehen. Vielleicht machen Tyrannen deshalb oft so marionettenartige hölzerne Gebärden. Es ist auch gut zu wissen, daß der freieste Mensch der unabhängige Bürger ist, und daß dieser, wenn er seine Freiheit einsetzt, um das Geschick seiner Mitmenschen zu verbessern, aus einer ganz unerwarteten Richtung Hilfe bekommt. Persönliche Hilfe von seinem Schutzengel und höhere Hilfe von dem Engelfürsten, der die Absichten vieler wohlmeinender Menschen auf wunderbare Weise zusammenfassen und im Schicksal des ganzen Volkes verarbeiten kann.

Es ist auffallend, wie viele freie Bürger zur Zeit wieder im kleinen dafür arbeiten, um die gesamte Lebensqualität zu verbessern. Sie umgehen mit absolut sicherem Instinkt die Bürokratie und machen es einfach anders. Sie ziehen biologisches Gemüse, und die mächtigen Industrien mit ihrem Kunstdünger und ihren Giftspritzen müssen zähneknirschend zusehen. Sie verlangen risikolose homöopathische Heilmittel, und der Pharmagroßhandel tut alles, was in seiner Macht steht, wendet sich auch an staatliche Instanzen, um dem einen Riegel vorzuschieben.

Freie Bürger versuchen, Interesse zu wecken für Wind- und Sonnenenergie, laufen Sturm gegen die Atomenergie mit ihren Gefahren für das Leben. Es ist etwas los. Von tief unter der Oberfläche kommt eine Strömung nach oben, die die Umweltverschmutzung wegzuspülen versucht.

Leider gibt es auch die andere Seite. Das sind diejenigen, denen das, was die anderen quält, gerade paßt. Das sind alle diejenigen, die die anderen in den Büroräumen passiv mitrauchen lassen, so daß auch der Nichtraucher Lungenkrebs kriegt. Es sind diejenigen, die die Welt mit viel Krach und Getöse verschmutzen und überhaupt kein nennenswertes soziales Interesse kennen.

Welche Gruppierung ist stärker? Das können wir nicht wissen, aber der Engelfürst eines Volkes faßt die ganze innere Wirklichkeit dieses Volkes zusammen, und daraus wird dann das Schicksal eines Volkes gewoben. Auf diese Weise wird jeder Bürger in jedem Staat unmittelbar für die Regierung, die das Volk bekommt, mitverantwortlich. Diese Regierung scheint zwar aufgrund von Wahlen ins Amt zu

132

treten, oder auch dadurch, daß ein Diktator durch einen anderen abgelöst wird, aber so ist es nicht wirklich. Es gibt einen Umweg über den Himmel. Wenn es nicht genügend Menschen gibt, die für die Umwelt wirklich Sorge tragen, so wird es eine Regierung geben, die angesichts der Umweltverschmutzung das Auge zudrückt und auf diese Weise vielen Krankheiten Tür und Tor öffnet. Bei alledem müssen wir dann einen »Zeitunterschied« zwischen Himmel und Erde in Betracht ziehen, wobei die Gleichgültigkeit von gestern das Elend von heute verursacht. Und dieses »Gestern« kann dann durchaus einige Jahrzehnte zurückliegen.

Was Sie heute in bezug auf das Volk, in dem Sie leben, vollbringen, kommt manchmal vermittels des himmlischen »Computers« Jahrzehnte später wieder zurück auf die Erde. Denken Sie nie, daß es unwichtig sei, was Sie tun, daß es doch nur einen Tropfen auf den heißen Stein gleichkomme. Gerade Sie als freier Bürger können dabei helfen, die erdrückende Bürokratie aus ihren Fugen zu heben, wenn Sie nur die richtige Einstellung haben. Der Diktator, der zwanzig Jahre später nicht kommt, wird weggeblieben sein, weil Sie heute die richtige Entscheidung gefällt haben.

Sie sind wichtiger als Sie denken!

Zwei höhere Himmel

Die schöpferische Welt

Meistens sprechen wir – wenn wir es überhaupt noch tun – über »Himmel und Erde«. Die alten Traditionen kannten jedoch verschiedene Himmel, wovon der eine höher oder tiefer lag als der andere. Im vorigen Kapitel haben wir über den ersten Himmel, den der »Gestaltung« gesprochen. Jetzt wollen wir uns mit dem zweiten Himmel befassen, der als Himmel der »Schöpfung« bezeichnet wird. Wenn die Erde ein Kuchen ist und der Himmel der Gestaltung die Kuchenform, dann ist der zweite Himmel der Ort, wo der Kuchen gebacken wird, die Bäckerei also.

Trotz des Namens geht die eigentliche Schöpfung nicht von diesem Himmel aus. Man könnte eher sagen, daß in diesem Himmel der erste Umschlag von dem Reich der reinen schöpferischen Ideen in das dichtere Gebiet der Kraftfelder stattfindet, die unsere sichtbare Welt kneten und formen. Der zweite Himmel ist ein Gebiet der Vermittlung. Auch in diesem zweiten Himmel begegnen wir wieder Engelhierarchien. Im System des Dionysius haben sie schöne Namen, und zwar »exousiai«, »dynameis« und »kyriotetes«. Diese Wörter werden als »Mächte«, »Kräfte« und »Herrschaften« übersetzt. Es sind Ausdrücke, die auf den ersten Blick wenig aussagen. Stellen Sie sich jetzt keine kleinen Weltraumwesen mit Schuppen und Antennen vor, sondern lieber Engel, die zwar menschliche Gestalt besitzen, die aber eine ungeheure Strahlkraft haben.

Beginnen wir mit den »exousiai«, den Mächten oder »Obrigkeiten«. Im Römerbrief 13:1 steht, daß die Seele den »Mächten« unterworfen sein muß. Das ist eine wichtige Information. Sie sind also unseren Seelen übergeordnet. Dadurch stehen sie, um es mal so zu sagen, eine Etage höher als die Schutzengel im Bereich des ersten Himmels. Die Schutzengel eilen noch unserem Körper zu Hilfe, wenn er sich in Schwierigkeiten befindet. Die »exousiai« aber wirken in dem tieferen Bereich unserer Seele. Wir können sie also nicht so einfach auf unserer Erde antreffen. Vielleicht begegnen wir ihnen in Träumen oder Visionen. Vielleicht sind sie mit jenen mächtigen Kräften, den Archetypen, verwandt, die Jung entdeckt hat und die in unserer Seele wirksam sind.

An dieser Stelle muß ich zuerst ein Prinzip erläutern, ohne das Sie nicht verstehen können, wie ich den Aufenthaltsort der verschiedenen Engelhierarchien so genau bestimmen kann. Stellen Sie sich vor, daß Sie eine Karte von London vor sich haben. Sie sehen ein Gewirr von Straßen und Plätzen und die Themse, die mitten hindurch fließt. Jetzt nehmen Sie eine durchsichtige Plastikkarte. Diese ist genauso groß wie die ursprüngliche Karte; auf ihr ist das ganze U-Bahn-Netz von London aufgezeichnet. Wenn Sie nun diese Plastikkarte genau auf die ursprüngliche Karte legen, dann kommen plötzlich die Stationen der Untergrundbahn und die Verbindungen zwischen ihnen zum Vorschein. Dann können Sie sich auch vorstellen, wie schnell man vom einen Ende der Stadt zum anderen kommen kann und welche Linie man genau nehmen muß.

Nun klingt es vielleicht etwas komisch, aber aus uralten Zeiten ist uns eine solche Karte überliefert worden. So ein transparentes Modell, das man über gegebene Tatbestände legen kann, so daß man plötzlich Plätze und Verbindungen hervorspringen sieht, die man vorher nicht sehen konnte. Lassen Sie mich ein Beispiel nennen. Wir kennen alle die zehn Gebote. Sie sind nacheinander diktiert worden, und so stehen sie auch hintereinander im Text. Wenn man dieses Modell, von dem ich gerade sprach, über die zehn Gebote hin ausbreitet, dann geschieht etwas ganz anderes. Man sieht, daß die ersten drei Gebote in einem Dreieck angeordnet sind, dessen Spitze nach oben zeigt, daß die zweite und dritte Gruppe von weiteren je drei Geboten in Dreiecken angeordnet sind, deren Spitzen nach unten zeigen, und daß das letzte, das zehnte Gebot, einen einsamen Platz ganz unten einnimmt. Sie sehen auf diesem uralten Modell auch, daß es ganz bestimmte Verbindungen zwischen den Geboten gibt, daß jedes Gebot eine bestimmte Farbe, einen bestimmten Charakter hat. Genauso, wie Sie auf der Karte von London verschiedene Farben für die Central Line, die Circle Line, die District Line usw. haben.

Überall, wo wir in der Natur oder in alten Schriften einer Zehner-, Neuner- oder auch Siebenergruppe begegnen, können wir dieses alte Modell gebrauchen. Wir können es über die Reihe hinlegen, den Charakter eines jeden Punktes bestimmen und die Verbindungen sehen.

Stellen Sie sich ruhig eine durchsichtige Plastikkarte vor, auf der drei untereinander angeordnete Dreiecke stehen, von denen das erste mit der Spitze nach oben zeigt, die beiden anderen mit der Spitze nach unten zeigen, und ganz zum Schluß noch ein Punkt darunter. Jeder der zehn Punkte dieser Figur hat einen bestimmten Namen und ganz bestimmte Charaktermerkmale. So heißt der erste »Krone«. Wenn wir also in der Natur oder in alten Schriften auf eine Zehnergruppe stoßen, dann wissen wir, daß der erste Punkt einer solchen Gruppe den Kronencharakter an sich hat, das heißt, daß man, von diesem Punkt ausgehend, etwas darüber sagen kann, was die ganze Reihe tatsächlich bestimmt. Oder wenn man sich den sechsten Punkt ansieht, dann weiß man, daß jeder sechste Punkt in einer solchen Zehnerreihe mit der Herstellung von Harmonie zu tun hat.

Für unser logisches westliches Denken sind dies nahezu

unverständliche Dinge, obwohl die moderne Naturwissenschaft diesem merkwürdig komplexen Denken wieder näherkommt. (Wer mehr über diese Himmelskarte wissen will, dem empfehle ich eines der Bücher, die über die zehn Sephiroth geschrieben wurden. Dieser Ausdruck ist von dem hebräischen Wort für »zählen« oder »erzählen« abgeleitet. Die zehn Sephiroth erzählen über die zehn Brennpunkte der Schöpfung.)

Wir kehren jetzt zu den neun Hierarchien zurück. Wenn Sie diese alte Karte, dieses »Untergrundmodell«, über die Hierarchien legen, dann sehen Sie gleich, daß sie nicht fein säuberlich in einer Reihe übereinander liegen, sondern daß sie in Dreiergruppen angeordnet sind. Zuerst eine Dreiergruppe, von der ein Punkt oben liegt, und dann zwei, die rechts und links darunter liegen. Dann wie eine Art Spiegelbild darunter rechts und links zwei Punkte nebeneinander, und der dritte Punkt des Dreiecks etwas weiter nach unten. Dann darunter noch eine Dreiergruppe, die genauso angeordnet ist. Und dann zuallerletzt ein Punkt ganz unten, der aus dem Dreierschema herausfällt. Genauso wie unsere Plastikkarte von der Londoner Untergrundbahn Bezeichnungen wie »Piccadilly Circus«, »Hammersmith« und »Bakerstreet« enthält, so erhalten nun die neun Hierarchien des Dionysius Bezeichnungen wie Harmonie, Macht, Gründung und andere.

Dieses Gedankenmodell gehorcht natürlich nicht den Anforderungen der naturwissenschaftlichen Methodik, aber wir haben es hier nicht mit der Natur, sondern mit den Himmeln zu tun, und da gelten die Gesetze der Symbole und Gleichnisse, nicht die der Logik und analytischen Ableitungen. Nach diesem Schema können wir nun auch die Exousiai einordnen. Vergleichen Sie diese Einteilung ruhig mal mit der Einteilung der Erde in geographische Zonen. Da gibt es Gegenden, die man als unwirtlich und rauh bezeichnen könnte, und andere, die stolz und erhaben sind, wie die Alpengebiete. Manche Gegenden, wie zum Beispiel Somerset und Exmoor, sind lieblich und freundlich. Wieder andere Gebiete frisch, wie zum Beispiel das friesische Seengebiet. So werden nun auch die himmlischen Gebiete eingeteilt, allerdings nicht nach Benennungen wie »Piccadilly Circus« oder Beschreibungen wie »rauh« oder »unwirtlich«, sondern nach einer inneren Eigenschaft. Dies habe ich vorhin bereits mit Bezeichnungen wie »Harmonie« und »Macht« angedeutet.

Die Exousiai »wohnen« in dem als »Harmonie« bezeichneten Gebiet. Es ist die Region des zweiten Himmels, die an den ersten Himmel grenzt. Sie sind also die Grenzbewohner zwischen dem zweiten und dem ersten Himmel, genauso, wie die Schutzengel die Grenzbewohner zwischen dem ersten Himmel und der Erde sind. Die Aufgabe der Exousiai als Bewohner des »Harmoniegebietes« ist die Versöhnung der Gegensätze. Genau das ist dann auch der Grund, weshalb sie unseren Seelen übergeordnet sind. Denn unsere Seelen sind das Gebiet, wo große Kämpfe wüten. Unsere Seelen sind keine Einheit. Sie bestehen aus paarweisen Gegensätzen, die uns wie Paradoxe erscheinen: Gut und Böse, Liebe und Haß, Sympathie und Antipathie, Freude und Verdruß. Oft wählt der Mensch das eine und verwirft das andere. Dann sieht er zu seinem Schrecken, daß, je mehr er sich auf eine Eigenschaft versteift, die andere um so heftiger zutage tritt. Wer ruhelos dem Vergnügen nachjagt, holt sich Verdruß; leidenschaftliche Liebe kann unerwartet in Haß umschlagen. Wer Gutes beabsichtigt, kann Böses bewirken.

Trotzdem müssen wir auf jeden Fall zwischen Gut und Böse und zwischen Liebe und Haß wählen. Wie kann sich der Mensch aus diesem Paradox befreien? Soll man sagen: »Dann laßt uns das Böse tun, dann kommt das Gute schon von selbst!«? Oder soll man sagen: »Ich will nicht das Gute wählen, denn dann beschwöre ich ja nur das Böse herauf?«

Das sind alles falsche Auswege aus dem Problem. Man muß vielmehr wählen und gleichzeitig wissen, daß der Grundsatz vorhanden ist. Wenn man sich dem Kampf entzieht, verfällt man den Geistern der Verwirrung, die einen Menschen in verschiedene Teile spalten; dann sind Sie im Büro ein knallharter Geschäftsmann und in der Kirche ein frommer Christ.

Nein, wir müssen in unserer großen paradoxalen Seelenwelt wählen und dürfen nicht erschrecken, wenn das Gegenbild vor uns steht. Genausowenig wie ein Bauer erschrecken darf, wenn auf seinem Acker Unkraut wächst. Wenn wir so bewußt wie möglich das Positive und Gute wählen, kommt die Gegenkraft zum Vorschein, aber es kommen uns auch die Exousiai zu Hilfe und verweben die Gegensätze zu einer höheren Einheit. Selbst das, was einen an der geliebten anderen Person so ärgerte, wird rührend. Es stellt sich heraus, daß selbst das Böse, das Ihnen vergeben wurde, dazu beigetragen hat, daß Sie ein freundlicherer Mensch geworden sind.

Sobald man es mit dem Himmel zu tun hat, ist man mit Paradoxen konfrontiert. Das enge naturwissenschaftliche Weltbild will uns zwingen, nur eine Seite der Schöpfung zu sehen. So glaubt man noch immer, daß nichts, was nicht naturwissenschaftlich bewiesen ist, ein Recht darauf hat zu existieren. Dies ist eine Falle, in die wir nicht treten dürfen. Ich kann nicht naturwissenschaftlich beweisen, daß ich in jemand verliebt bin; trotzdem ist das in meinem Leben ungeheuer wichtig. Ich kann sehr wohl naturwissenschaftlich beweisen, daß meine Geliebte 54 kg wiegt, aber wichtig finde ich das nicht (sie übrigens schon).

Nein, die wirklichen Dinge dieses Lebens können nur in Gegensätzen ausgedrückt werden. Erst wenn etwas »ja« und »nein« enthält, ist es echt und wirklich. Daran arbeiten die Exousiai. Sie verweben Hell und Dunkel zu Meisterwerken, genauso wie das auch Rembrandt getan hat. Aber sie haben noch mehr zu tun: Versöhnung von Gegensätzen heißt auch: »Frieden stiften«. Wieder so ein Paradox. Der Ruf nach Frieden ist noch nie so laut gewesen wie in diesem Jahrhundert, aber die Chance für den Frieden noch nie so klein. Vielleicht ist Friede in Wirklichkeit eine Synthese aus beidem.

Vielleicht ist es so, daß ein Krieg ausbleibt, wenn genügend Frieden in genügend vielen Seelen ist. Wenn jedoch in vielen Seelen viel Unfriede herrscht, dann wird das schließlich in einem Krieg in der äußeren Welt resultieren. Wenn das so ist, ist es doch äußerst wichtig, daß wir uns auf unseren eigenen seelischen Frieden konzentrieren, daß wir versuchen, die Gegensätze aufzuheben, auch wenn es manchmal entsetzlich schwierig ist. Oft wird von uns gefordert werden, daß wir unsere inneren Gegensätze vermittels äußerer Probleme auflösen.

Denken wir an jemanden, der immer die Wahrheit sagen möchte, aber zum Lügen gezwungen wird, wie es so oft vorkommt. Oder denken wir an eine Frau, die immer nach Schönheit gesucht hat und sich dann einer Brustamputation unterziehen muß. Oder an einen sehr feinen, sanften Menschen, der zusehen muß, wie sein Freund zu Tode kommt.

Was geschieht in den Seelen? Welch ein Sturm wird in ihnen wüten? Wie können sie sich davon befreien?

Dazu kommt, daß es oftmals unlösbare Probleme gibt. Es dauert lange, bis man das erkennt, aber es ist so. Ein weiser Mann hat einmal bemerkt, daß ein unlösbares Problem kein Problem mehr ist, sondern einfach eine Gegebenheit, eine Tatsache, auf die man sich halt einstellen muß wie auf eine Wegbiegung. Aber auch dann wird das Problem noch Schmerzen verursachen. Doch wenn Sie das Vertrauen nicht sinken lassen, kommt Hilfe. Dann werden die Exousiai von höchster Stelle beauftragt, uns zu helfen, und Heiterkeit erfüllt unsere Seele. Unsere Stimmung verwandelt sich von »leicht depressiv« zu »gemäßigt optimistisch«.

Diejenigen, die danach trachten, Frieden zu stiften, werden unterstützt, auch wenn es ihnen nicht glückt, dieses Ideal in der äußeren Welt zu verwirklichen. Sie werden von innen her verändert. Diese Menschen erkennt man, auch wenn es nur an ihrer Ausstrahlung liegt. Genauso erkennt man diejenigen, die in ihrem Leben die entgegengesetzte Einstellung haben. Ich glaube, daß das Gegenteil von Friede nicht Krieg, sondern Unzufriedenheit ist. Achten Sie einmal darauf, wieviele Mundwinkel chronisch nach unten zeigen, wieviele Gesichter in ständiger Mißbilligung erstarrt sind, wieviele Augen Sie beleidigt ansehen. Ich fürchte, daß es das ist, was auf die Dauer Krieg hervorruft.

Es gibt natürlich Dinge, über die wir real unzufrieden sein können, aber gegenwärtig wird Unzufriedenheit geradezu mit Wollust produziert. Ich fürchte, daß dann, wenn diese Unzufriedenheitsepidemie ihren Höhepunkt erreicht hat, die Antwort der Außenwelt auch nicht ausbleiben wird, daß wir dann Krieg haben werden. Dann gibt es allerdings einen wirklichen Grund für Unzufriedenheit, aber dann ist es zu spät.

Ist jeder Krieg durch Unzufriedenheit entstanden? Im Prinzip ja. Wäre Hitler mit Deutschland allein zufrieden gewesen, oder Napoleon mit Frankreich, oder das Spanien des sechzehnten Jahrhunderts mit Spanien, oder Cäsar mit Italien, dann hätten wir nicht so viele Kriege erlebt. Aber all diese Führer und ihre Spießgesellen wollten immer mehr, und sie fanden immer genug Menschen in ihrer Umgebung, die mit ihrem Stückchen Land oder ihrem bescheidenen Platz auf Erden nicht zufrieden waren und mitmarschieren wollten.

Das Schaurige in der zweiten Hälfte des zwanzigsten Jahrhunderts besteht meiner Ansicht nach darin, daß die Unzufriedenheit nicht auf die aggressive Führungsschicht beschränkt bleibt, sondern sich allgemein verbreitet hat. Wenn man heutzutage sagt, daß man mit seiner Arbeit zufrieden und in seiner Familie glücklich ist, ist man schon fast ein Abweichler. Es ist diese gezüchtete Unzufriedenheit, die sehr gefährliche Spannungen aufbauen kann. Wenn wir das erkennen, kann vielleicht ein drohender Krieg noch abgewendet werden, wenn genügend viele Menschen ihre innere Haltung verändern, indem sie innerlich zufrieden werden und in ihrem eigenen kleinen Kreis Frieden stiften. Genau da, wo die Friedensstifter sind, kommen auch die Exousiai zu Hilfe. Einer von ihnen scheint mir mächtig genug, um ein ganzes Heer aufzuhalten; aber das tun sie nur, wenn sie genug Freunde auf Erden haben, denn die Engel brauchen Menschen, um auf Erden einzugreifen. Wenn ich Frieden stifte, habe ich einen Kanal geschaffen, durch den der Friede vermittels der Exousiai auf die irdische Ebene herabsteigen kann. Ich sage mit Absicht »vermittels«, denn auch die Exousiai haben alles nur leihweise bekommen.

Wenn ich Unfrieden schaffe, verschließe ich diesen Kanal; dann setzt automatisch die Wirkung der desintegrierenden Kräfte ein, genauso wie ein Körper anfängt, sich zu zersetzen, wenn die Seele ihn verlassen hat.

Aus der Stellung dieser mächtigen Friedensengel im schöpferischen Himmel, also dem Himmel, wo Neugeschaffenes aktiv zutage tritt, geht hervor, daß jeder Friede eine echte Schöpfung ist. In der Politik denkt man häufig, daß der Friede gegenwärtig durch ein sogenanntes »Gleichgewicht des Schreckens« aufrechterhalten wird, dadurch also, daß auf beiden Seiten genügend Cruise Missiles beziehungsweise SS 20 aufgestellt sind. Aber das ist nicht richtig. Der »Friede«, der so entsteht, ist allerhöchstens ein ungemütlicher Waffenstillstand.

Wir sehen zwei Machtblöcke, die sich gegenüberstehen; daß es noch niemand gewagt hat, auf den Knopf zu drücken, das nennen wir Friede. Unsinn! Weder der eine noch der andere Machtblock schafft auf diese Weise Frieden. Die einzige, die dabei auf ihre Kosten kommt, ist die Kriegsindustrie.

Nein, Friede ist selbst eine dritte, aktive Macht, eine Macht, die nicht aus dem Gegensatz der Machtblöcke hervorkommen kann. Frieden zu schaffen ist dann auch immer etwas Einzigartiges, Neuartiges und Unerwartetes; oftmals so verrückt, daß man richtig drüber lachen könnte.

Vielleicht werden ganz unerwarteterweise beide Machtblöcke dadurch unterminiert werden, daß sich an beiden Seiten der Grenze genügend junge Menschen für Sonnen- und Windenergie begeistern. Wenn in großem Maßstab Energie gewonnen wird, die weder vom Staat noch von den multinationalen Konzernen abhängt, dann erhält man eine ungeheure Dezentralisation der Macht. Dann kriegt auf die Dauer keine Obrigkeit mehr Soldaten auf die Beine. Damit will ich nur eine originelle Möglichkeit nennen, die unter Umgehung der Machtblöcke zu einem friedenschaffenden Faktor werden könnte. Auch in der Vergangenheit haben wir oft solche unerwarteten Auflösungen erlebt.

Sehen wir uns einen Tyrannen und das von ihm unterdrückte und geknebelte Volk an. Wenn es zu toll wurde, dann wurde so ein König oftmals ermordet, und der Befreier trat an seine Stelle. Doch bald begann das Elend von neuem. Von Willkürherrschaft zu Mord und Revolution, dann wieder zu Willkürherrschaft.

Da haben sie in England die allerverrückteste Lösung gefunden: die konstitutionelle Monarchie. Der Herrscher wird nicht zugunsten eines neuen Herrschers abgesetzt, sondern man nimmt ihm seine Macht, er wird gezähmt. Er wird vom mächtigen Tyrannen zu einem freundlichen Mittelpunkt. Nicht, daß es schon gleich von Anfang an gelang, aber auf die Dauer erwies sich diese Form als erfolgreich; sie funktioniert noch immer und viel besser als irgendeine Diktatur.

Ich erwähnte bereits, daß das Wort »Exousiai« übersetzt

Mächte oder Obrigkeiten bedeutet. Damit wird ein ganz besonderes Licht auf die himmlische Vorstellung des Begriffes »Obrigkeit« geworfen. Obrigkeiten sind im Himmel diejenigen Wesen, die die Macht haben, aus Gegensätzen Harmonie zu schaffen. Sie sind eher Dichter als Herrscher. Diesen Obrigkeiten soll der Mensch seine Seele unterwerfen.

Wer den Frieden in seinem Land dadurch herstellt, daß er seine Gegner in psychiatrischen Kliniken foltert, ist nach himmlischen Begriffen nicht »Obrigkeit«, sondern eine Katastrophe; dagegen gehört jemand, der sich auch in einer hohen Position als Diener des Volkes betrachtet und unablässig versucht, Gegensätze zu neuen Synthesen zu vereinen, nach himmlischen Begriffen zu den echten »Obrigkeiten«.

Wie bereits gesagt, befinden sich im zweiten Himmel noch zwei weitere Engelchöre, nämlich die »kyriotetes« (Herrschaften) und »dynameis« (Kräfte). Fragen Sie einmal jemanden nach seinen Assoziationen zu dem Wort »Herrschaft«. Wahrscheinlich wird er Wörter wie »Befehl«, »Polizeieinsatz«, »Arroganz«, »Sklaverei« und ähnliche anführen. Leider ist das Wort »Herrschaft« mit all diesen negativen Vorstellungen belastet worden.

Im Himmel ist es ganz anders. Wenn ich das Zehnerschema nehme und über die neun Engelchöre lege, dann sehe ich, daß sich die »Herrschaften« in dem Gebiet aufhalten, das mit dem Wort »Gnade« gekennzeichnet ist. Das ist ungewohnt, denn auf unserer Erde gehören Herrschen und Gnade gar nicht zusammen. Herrscher können Menschen begnadigen, wenn sie mit dem rechten Fuß aus dem Bett gestiegen sind, aber da sie das nur selten tun, ist Gnade in unserem zwanzigsten Jahrhundert eine seltene Erscheinung geworden. Der Himmel herrscht dagegen durch die Liebe, nicht mit der Knute. Zum Glück können wir in unserer Sprache noch viele positive Bedeutungen des Wortes »herrschen« auffinden.

144

»Dort herrschte eine wohltuende Atmosphäre.«

»Seit der Einstellung des neuen Betriebsleiters herrschte dort Friede.«

»Die Liebe für ihre Familie beherrschte ihr ganzes Leben.«

»Endlich gelang es ihm, die Herrschaft über sich zurückzugewinnen und seine Drogenabhängigkeit zu überwinden.«

Diese Art von »Herrschen« hat mit den Kyriotetes zu tun. Sie sind Kanäle, in denen die Vergebung fließt, Kanäle, nicht mehr, nicht weniger.

Vergebung ist in der Ökonomie unserer Seele ungeheuer wichtig. Vor kurzem hörte ich einen Vortrag von Ian Pearce, der in England die sogenannte Simontonmethode bei der Behandlung von Krebspatienten verbreitet. Dies ist ein psychologischer Zugang. Ian Pearce erzählte mehrere erschütternde Geschichten über Patienten, die an Krebs erkrankt waren, nachdem sie sich selbst oder einem anderen irgendein Geschehnis aus ihrem Leben nicht hatten vergeben können. Der Haß gegen den anderen, dem man nicht verzeihen konnte, oder die Schuld, die man fühlte, weil man diesen unverzeihlichen Fehler begangen hatte, genügte, um einen Krebs zu erzeugen, der für diese Menschen dann verhängnisvoll wurde.

Oder – und das gab dann zur Hoffnung Anlaß – wenn diese Menschen sich selbst oder dem anderen verziehen, dann konnte man manchmal sehen, wie dieser Krankheitsprozeß zum Stillstand kam und echte Heilungen möglich wurden.

»Eine Wut, die man in sich hineinfrißt, und eine Schuld, die man nicht vergibt, sind die beiden destruktivsten Gefühle der Welt.« Mit »destruktiv« ist hier auch tatsächlich gemeint, daß der Körper daran buchstäblich zugrunde gehen kann.

Wenn wir die Himmelsregion besuchen, wo die erhabe-

nen Kyriotetes wohnen, müssen wir an Gnade und Vergebung denken. Dies sind, genauso wie auch Harmonie und
Friede, schöpferische Begriffe. Daß sich Gnade als eine der
Grundlagen der Schöpfung herausstellt, ist ein Gedanke,
der einen in Begeisterung versetzen kann. Nicht Sauerstoff-
oder Kohlenstoffatome sind die Bausteine der Schöpfung,
sondern Versöhnung und Gnade. Jeder, der das nicht in sein
Denken mit einbezieht, widersetzt sich den Gesetzen, die
das Universum steuern und lenken. Diktaturen ohne Gnade
– gleichgültig, ob sie nun die rechte oder die linke Signatur
tragen – sind Degenerationserscheinungen. Eine Zeitlang
bleiben sie bestehen, weil der Schmutz nun einmal einen
gewissen Zeitraum braucht, bevor er nach unten sinkt, aber
den Ast, auf dem sie sitzen, haben sie schon lange abgesägt.
Daß sie letztendlich abtreten müssen, ist sicher.

Aber Menschen und Staaten, die die Verzeihung in ihr
Leben und ihre Gesetzgebung aufgenommen haben, können über die Herzen ihrer Gegner herrschen und können
mit der unablässigen Hilfe der mächtigen Kyriotetes rechnen. Glauben Sie nicht, daß die Kyriotetes mit Macht eingreifen, wenn irgendwo ohne Gnade regiert wird. Es
geschieht etwas viel Schlimmeres: sie tun nichts.

Unter den neun Engelchören breiten sich neun andere
Chöre aus; oder besser: nicht Chöre, sondern Kreischkon-
zerte. Es sind die Geister der Verwirrung und der Finsternis.
Wenn die Kyriotetes keinen Platz in der Führung eines Staates finden können, dann wird die entsprechende höllische
Hierarchie über so ein Land kommen. Und die höllischen
Hierarchien greifen ihrerseits ein. Sie warten ja nur und
zappeln vor Ungeduld, um endlich an die Herrschaft zu
kommen. Sie lehren ein Volk dann, wie man Konzentrationslager baut und die Mitleidlosigkeit, die mangelnde
Gnade, zur Staatstugend erhebt. Der Himmel zwingt nie,
aber wer ihm nicht folgen will, gerät früher oder später
unter den Zwang der Hölle.

146

Im schöpferischen Himmel hält sich noch eine dritte Engelhierarchie, nämlich die der »dynameis« oder »Kräfte« auf. Jetzt müssen wir eine ganz andere Himmelsregion besuchen. Wir verlassen die blumenübersäten Wiesen der Exousiai und die prächtigen Kornfelder der Kyriotetes und erreichen nun eine rauhe Berglandschaft mit schroffen Gipfeln und abweisenden Gletschern.

Was sind das nun für Engel? Von dieser Hierarchie heißt es, daß sie »Hindernisse vertreiben«. Das ist ein großer Segen, denn manchmal muß sich der Mensch raufen, ob er will oder nicht.

So kann er während einer Invasion das Unrecht nicht mehr mit ansehen und schließt sich der Widerstandsbewegung im Untergrund an, oder er lebt in einem bürokratisch verwalteten Staat und rennt mit dem Kopf gegen die Wand, weil er einfach nicht anders kann. Das Unrecht, die Gleichgültigkeit der Justiz, die Arroganz der Oberen wird zu toll. Dieser Mensch wird für eine gerechte Sache gegen eine Übermacht kämpfen. Er wird kämpfen für die Erhaltung eines Waldstückes, gegen den Bau eines Atomkraftwerkes, gegen das Abschlachten der Seehunde, gegen die Lagerung von radioaktivem Atommüll im Ozean; gegen alles das also, was aus unserer Erde einen Misthaufen macht. Meistens scheint die plumpe Übermacht zu gewinnen. Das hat sie so an sich.

Und trotzdem ist der Kampf nicht umsonst. Irgend etwas dringt zu den Menschen durch. Andere übernehmen dann die Fackel, und plötzlich kann ein Erfolg über den mächtigen Gegner gebucht werden, da dieser Riese unbegreiflicherweise über seine eigenen Füße stolpert. Genau in dem Augenblick, wo man denkt, »jetzt kann ich nicht mehr«, dreht manchmal der Wind. Dann strömt einem die Energie zu, um den Kampf weiterzuführen; man fühlt sich innerlich gestärkt. Die Engländer nennen das »second wind«.

Sie müssen wissen, daß dieser zusätzliche Kraftgewinn

kein Zufall ist, daß derjenige, der wirklich für eine gerechte Sache kämpft, mächtige Bundesgenossen hat. Es sind streitbare Engel, die für ihn in die Bresche springen. Natürlich immer in Abhängigkeit von Gottes Willen, aber immer sind sie bereit, dem Einzelkämpfer, der sich für eine gute Sache einsetzt, beizustehen, um das Hindernis aus dem Weg zu räumen.

Aber bei den Dynameis gibt es auch eine zweite Seite. Wie soll ich die erklären? Es ist der Kampf mit Gott selbst. Das ist ein äußerst leidvolles Geschehen, das einem Menschen hin und wieder zustößt.

Ich habe einmal eine sehr gläubige Freundin von mir in äußerst depressiver Stimmung angetroffen. Es war, als stünde ihre Liebe für ihren Herrn plötzlich auf niederer Flamme. Nachdem ich ein wenig nachgebohrt hatte, sagte sie: »Mir sitzt etwas quer, und Gott gibt mir keine Antwort darauf. Meistens kann ich es vergessen, aber hin und wieder kommt es dann in mir hoch, und dann denke ich: ›Wie hast Du das zulassen können?‹«

Ich fragte: »Ist es etwas Bestimmtes, an das du immer denkst?«

»Ja«, sagte sie. »Ich habe das ehemalige Konzentrationslager Auschwitz besucht. Da gab es einen großen Raum, der vom Fußboden bis zur Decke mit kleinen Schuhen von vergasten Kindern vollgestopft war. Wie kann so etwas geschehen? Wie kann ein Gott, der doch die Liebe ist, so etwas jemals zulassen?«

Selbst sie, die doch in ihrem Leben viel gelitten hatte, kämpfte mit diesem Problem.

Da gibt es das kleine vietnamesische Mädchen, das auf einen amerikanischen Soldaten zuläuft – in der einen Hand hält sie den abgerissenen anderen Arm. Oder das kleine blasse Mädchen, das während eines Heilgottesdienstes traurig im Rollstuhl sitzen bleibt, während ein alter Mann jauchzend aus seinem Rollstuhl aufspringt: seine kaputte

148

Hüfte ist plötzlich vollkommen geheilt. (Was zur Folge hatte, daß der Priester, der diesen Heilgottesdienst abhielt, die ganze Nacht aus Wut gegen Gott nicht schlafen konnte.) Da gibt es die Mutter, die ihren einzigen Sohn durch Leukämie verliert, wo er doch gerade seinen ersten Posten bekommen hatte, während ihr neunzigjähriger Großvater geistesgestört in einem Altenheim weiterlebt.

Nun kann man versuchen, diese Dinge rational zu erklären. Man kann sagen, daß wir uns hier sowieso nicht an die Spielregeln halten. Was wollen wir also groß erwarten? Oder wir können die Auflösung in Reinkarnation und Karma suchen. Oder wir können behaupten, daß die Kinder im Himmel viel glücklicher sind als hier. Aber das hieße, dem inneren Kampf aus dem Weg gehen.

Wenn wir alles zusammennehmen, hat Gott etwas an sich, was uns ungerecht, irrational und selbst grausam erscheint, und wogegen wir ab und zu Sturm laufen. Dann kommt die Stimme, die uns zuflüstert: »Daß diese Dinge geschehen dürfen, beweist, daß es keinen Gott gibt, oder, wenn es ihn gibt, daß es sich nicht lohnt, ihn anzubeten.«

Viele Menschen sind in diese Falle getappt. Dies ist die Instanz, die die inneren Hindernisse aufbaut, und die ist tausendmal gefährlicher als der äußere Gegner. Im Kampf mit dem äußeren Gegner muß man schlimmstenfalls den Körper aufs Spiel setzen, der innere Gegner aber versucht, die Seele zu verderben.

Schon Hiob kämpfte mit diesem Problem, und auch heutzutage ringen die Menschen damit. Lassen Sie mich dazu bemerken, daß Gott es nicht schlimm findet, wenn Sie mit ihm ringen, wenn Sie vielleicht die Faust zum Himmel strecken und sagen: »Wie ist das nur möglich!« Wer diesen Kampf durchficht, nicht aufgibt, immer und immer weiter fragt, ich möchte fast sagen, quengelt, wer Gott ganz ernst nimmt, der wird dann plötzlich inneren Raum gewinnen. Nicht daß das Problem aus der Welt ist. Die Kinderschuhe bleiben in Auschwitz, das vietnamesische Mädchen geht mit einem Arm durchs Leben, aber es ist irgendwie, als ob man über dieses Hindernis hinübergezogen wird.

Gott lenkte Hiobs Aufmerksamkeit in eine andere Richtung. Er sagt nicht: »Wirklich, Hiob, es ist fürchterlich, was Ich da getan habe!«, sondern Er sagt: »Kennst du die Zeit, in der die Gemsen ihre Jungen werfen?«

Welch eine merkwürdige Antwort!

Ich war einmal mit meinen beiden kleinen Söhnen in den Bergen, und plötzlich sagte der Ältere: »Papa, meinst du, daß es hier Gemsen gibt?«

Ich spähte nach einer niederen Felswand und sagte: »Nun ja, ich denke, daß sie wohl dahinter sitzen werden.«

»Komm mit, wir schauen mal nach,« sagte er, und bevor ich so recht wußte, wie mir geschah, lief ich keuchend hinter den beiden Jungen her. Zuerst über eine Bergwiese und dann steil an dem zehn Meter hohen Felsen empor. Als ich ungefähr sechs Meter hochgeklommen war, verschwanden meine Söhne schon über den Rand. Ich blickte nach unten und traute mich keinen Schritt mehr weiterzuklettern. Da hing ich nun schwitzend und mit ungeheurem Schwindelgefühl und sah, wie sich alles um mich drehte. Plötzlich erschien der Kopf meines Ältesten über den Rand, er rief mir zu: »Wo bleibst du denn?«

Ich verwünschte meine Blödheit, kletterte mit dem Mut der Verzweiflung nach oben und ließ mich auf den Boden fallen. Vor mir war ein ziemlich steil aufsteigender steiniger Abhang; er endete in einer hohen Felsmauer, die Hunderte von Metern über uns hochragte und einen tiefen Schatten warf. Und plötzlich, keine fünfzehn Meter von uns entfernt, sprang eine Gemse auf. Das Tier lief geradewegs auf diese ungeheure Felsmauer zu, sprang dann auf ein kaum sichtbares Gesims und trabte, gleichsam an der Felswand klebend, nach links, um eilends vor unseren erstaunten Augen zu verschwinden.

»Das war eine Gemse«, sagte ich. Meine Söhne hatten nichts anderes erwartet. Sie befanden sich damals noch in diesem wundervollen Alter, da sie nicht an meinen Worten zweifelten.

Mit dieser Geschichte will ich nur sagen, daß das Schwindelgefühl in dem Augenblick vergessen war, als ich durch die Eleganz, Kraft und Schönheit dieser Gemse ganz gefangen war. Ich wußte zwar, daß ich gleich wieder hinunterklettern mußte, den Abgrund unter meinen Füßen. Aber davor fürchtete ich mich jetzt nicht mehr.

So ist es mit dem Menschen, der ernsthaft mit Gott ringt. Man ist von einem ungeheuren Schwindelgefühl befangen. Was ist das für ein Gott, der das zuläßt? Und plötzlich stellt Er einen in den Raum. Die Felswand ist nicht verschwunden, noch immer gähnt der Abgrund; aber welch eine wundervolle Gemse läuft da vorne! Er, der diesem Tier die Macht gegeben hat, so eine Felswand mühelos zu überwinden, wird er nicht doch noch alles zum Guten kehren, auch wenn wir es hier noch nicht sehen? Die Dynameis verbinden sich mit dem, der sich dem Kampf stellt. Dann erkennt man, daß man mehr unsichtbare Bundesgenossen hat, als man glaubte. Dann schweigen die falschen Einflüsterungen.

Im Laufe der Geschichte ist es mehrere Male vorgekommen, daß man die Engelhierarchien selbst für diejenigen hielt, die unsere sichtbare Welt geschaffen haben. Einer der letzten Vertreter dieser Denkrichtung ist Rudolf Steiner, der Begründer der Anthroposophie. So sieht Steiner die Exousiai als diejenigen, die die Formen erschaffen, die Dynameis als diejenigen, die Bewegung erzeugen, wie zum Beispiel die Bewegung vom Samenkorn zur ausgewachsenen Pflanze; schließlich die Kyriotetes als diejenigen, die einer Pflanze ihre »Intelligenz« vermitteln. Als Beispiel die Bewegungen einer Sonnenblume, die so vonstatten gehen, daß die größtmögliche Zahl von Sonnenstrahlen aufgefangen wird. Ich erwähne diese Auffassung nur der Vollständigkeit halber, möchte aber auf jeden Fall hinzufügen, daß es nicht die meine ist. Alle Engel, ob hoch oder niedrig, sehen zu ihrem Schöpfer auf und können bestenfalls das weitergeben, was von Ihm kommt. Sie sind keine Schöpfer, sondern Geschöpfe, genauso wie wir.

Als Johannes die Geheime Offenbarung empfängt und sich vor den Füßen eines mächtigen Engels niederwerfen will, um ihn anzubeten, sagt dieser: »Tu das nicht. Ich bin dein Mitknecht und der deiner Brüder, die das Zeugnis Jesu Christi haben; bete Gott an!« (Offenbarung 19:10)

Ich glaube, daß wir gut daran tun, uns diesen Rat zu Herzen zu nehmen.

So sehen wir, wie zu dem Dreieck des ersten Himmels ein weiteres Dreieck hinzukommt.

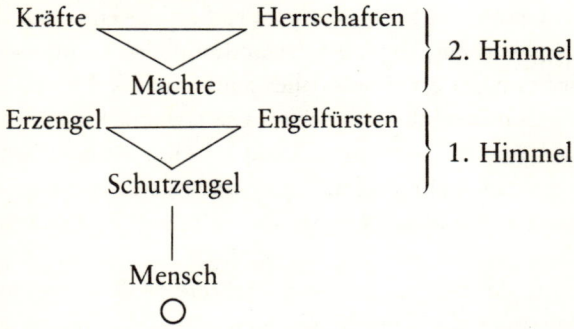

Aber noch sind wir nicht fertig, denn über dem zweiten Himmel dehnt sich ein dritter aus, der noch tiefer, erhabener und gewaltiger ist als der zweite. Wenn Sie nicht zu Schwindelgefühlen neigen, dann wollen wir ihn jetzt ersteigen.

Die Welt in Gottes Schatten

Es gibt eine Welt, die von Gottes Liebe so strahlend durchdrungen ist, daß wir, die wir auf diesem fernen und ziemlich
kalten Planeten wohnen, uns davon fast keine Vorstellung
machen können. Auch in dieser Welt halten sich Engel auf.

Die Seraphim

Wir beginnen nun mit dem obersten Dreieckspunkt und setzen dort die Engel der Liebe, die Seraphim, hin. Dies ist die höchste Engelgruppe. Aber ich möchte gleich darauf hinweisen, daß der Begriff »Liebe« richtig verstanden werden muß. Seit einigen Jahrzehnten versteht man unter »Liebe« alles und nichts. Man vollzieht die »Liebe«, wenn man zusammen schläft. Die »Liebe« zwischen zwei Filmstars ist nach einem Jahr wieder vorbei und wird durch zwei neue ersetzt. »I can't give you anything but love, baby«, hat ein berühmter amerikanischer Sänger gesungen. Das meine ich hier nicht. Unter »Liebe« verstehe ich hier eine selbstlose, hingebungsvolle Liebe: geben, ohne dafür eine Gegenleistung zu erwarten. Das griechische Wort dafür ist »Agape«.

Von diesem höchsten Punkt der höchsten Welt geht die Schöpfung von Himmel und Erde aus. Beachten Sie also, daß das wirkliche Wesen unserer ganzen Schöpfung die Liebe ist. Wenn wir jenseits der Wasserstoffatome, der Elektronen und der Lichtquanten suchen würden, dann würden wir zuerst reine Schwingung finden. Würden wir jenseits dieser Schwingung suchen, dann würden wir entdecken, daß diese Schwingungen Gedanken sind; wir würden in ihnen Wärme entdecken. Es sind keine kühlen, intellektuellen Gedanken, sondern warme Gedanken.

Wenn wir diese Wärme weiter untersuchen würden, dann würde sich herausstellen, daß es reine, hingebungsvolle Liebe ist. Wenn wir diese Liebe weiterhin untersuchen würden, dann kämen wir schließlich auf Ihn, der diese Liebe schenkt. Deshalb heißt es, daß alles, was in der sichtbaren Welt und im Geist geschaffen ist, den geheimen Namen Gottes als Stempel trägt.

Der Prophet Jesaias erzählt, daß er den Herrn auf einem hohen Thron sitzen sah (Jesaias 6:1), und über Ihm sieht er dann die Seraphim, die flammenden Engel, stehen. Jeder dieser Engel hat sechs Flügel: mit zweien bedeckt er sein Antlitz, mit zweien bedeckt er die Füße und mit zweien fliegt er.

Was ist das für eine geheimnisvolle Mitteilung? Jedenfalls scheint es mir offenkundig zu sein, daß mit diesen sechs Flügeln etwas Besonderes gemeint ist, und zwar eine ganze Reihe von Fähigkeiten, für die wir hier auf Erden kaum Begriffe haben. In unserer hiesigen Natur gibt es meines Wissens kein Lebewesen mit sechs Flügeln, obwohl man allerdings ein fossiles Insekt mit sechs Flügeln gefunden hat. Aber wir müssen uns davor hüten, die sechs Flügel der Seraphim als eine interessante biologische Eigenart zu betrachten.

Wir haben bereits darüber gesprochen, daß die Flügel der Engel ein Symbol sind für ihre Fähigkeit, um eine unbekannte Ecke zu gehen und so plötzlich in unserer Welt zu erscheinen und wieder zu verschwinden. Zum Vergleich möchte ich, wie üblich, die Bewohner einer zweidimensionalen Welt heranziehen. Diese Phantasiewesen wurden erdacht, um uns zu erklären, wie es wohl sein müßte, in einer Welt zu leben, in der die dritte Dimension, nämlich die Höhe, nicht existiert. Mein Bleistift zum Beispiel, der das Papier von oben her berührt, ist für diese Plattländer ein Wunder. Plötzlich wie aus dem Nichts erscheinen Buchstaben auf dem Papier. Aus der dritten Dimension.

So steht es auch um die vierte Dimension. Wir sehen sie nicht, und aus dieser Welt mit ihren vier Dimensionen tritt ein Engel bei uns ein. Das ist ein Wunder. Die zwei Flügel oder »Ecken« geben an, daß der Engel das kann. Er tritt »um die Ecke«.

Aber wenn wir nun den ersten Himmel den vierdimensionalen nennen, dann enthält der zweite Himmel eine fünfte Dimension. Um vom ersten zum zweiten Himmel zu kommen, ist deshalb ein zweites Flügelpaar nötig. Obwohl es noch nie so geschehen ist, könnte man die Kyriotetes mit vier Flügeln darstellen.

Im dritten Himmel kommt noch eine weitere Dimension hinzu: die Welt der sechs Dimensionen. Ein weiteres Flügelpaar ist dafür nötig. Vielleicht ist das der Grund, warum die Seraphim mit sechs Flügeln dargestellt werden. Mit dem Flügelpaar, mit dem er die Füße bedeckt, kann er die Grenze von der Erde zum ersten Himmel überschreiten. Mit dem Paar, mit dem er fliegt, kann er die Grenze vom ersten zum zweiten Himmel überschreiten, und mit dem Paar, mit dem er sein Antlitz bedeckt, kann er schließlich die Grenze zum dritten Himmel überschreiten, zu dieser ungeheuren Lichtwelt in Gottes Nähe. Der Seraph ist also in allen Welten beheimatet. Liebe kennt keine Grenzen. (Die Idee der sechsdimensionalen Welt habe ich aus Ouspenskys Werk *Ein neues Modell des Weltalls* übernommen.)

Diese erhabenen Wesen haben meinem Gefühl nach eine recht eintönige Aufgabe. Sie rufen sich immerfort zu: »Heilig, heilig, heilig ist der Herr der Heerscharen, die ganze Welt ist voll von seiner Herrlichkeit.« Jesaias fügt hinzu, daß die Torpfosten von diesem lauten Rufen zitterten.

Wir wollen jetzt eine kleine Übung durchführen. Ich werde mit Ihnen zusammen auf den Ruf der Seraphim lauschen. Ohne Unterlaß ertönt das »Heilig, Heilig, Heilig«. Aber wir wollen es jetzt auf Hebräisch hören:

Kadosch ... Kadosch ... Kadosch ...

Wenn man nun die etwas ältere askenasische Aussprache hernimmt, die der ursprünglichen etwas näher steht, dann klingt es folgendermaßen:

Kodusch ... Kodusch ... Kodusch ...

Man hört eine Brandung tosen!

Genau jetzt möchte ich einen kleinen Abstecher auf die Erde machen, die sich mitten in der Energiekrise befindet. Im Jahre 1857 wurde in Jugoslawien eines der größten Genies in diesem technischen Zeitalter geboren: Nikola

Tesla. Er ließ sich später in Amerika nieder und arbeitete mit Edison zusammen. Er war der Entdecker der sogenannten Teslaströme.

In seinem Buch *Revolution* erzählt Hans Nieper noch einmal die Geschichte, wie Nikola Tesla eine neue Art Motor in sein Auto montierte. Vermittels einer 180 cm langen Antenne bezog dieser Motor Energie »aus der Luft«. Das Auto erreichte eine Fahrtgeschwindigkeit von 150 km pro Stunde, brauchte nie zu tanken und fuhr abgasfrei. Tesla nahm das Geheimnis dieses Autos mit ins Grab. Das alles geschah im Jahre 1931!

Was war das für eine Energie?

Auch Wilhelm Reich, der geniale Zeitgenosse von Sigmund Freud, hatte eine neue Energie entdeckt, die er als »Orgon-Energie« bezeichnete. Er erkannte, daß es möglich war, diese Energie zu sammeln. Er verwendete sie zu verschiedenen Zwecken, zum Beispiel, um Krebspatienten zu helfen. Auch hielt er es für möglich, diese Energie während einer Trockenperiode so zu richten, daß dadurch ein Gewitter mit Regen ausgelöst wurde. Seiner Frau Ilse zufolge hatte er auch einen Motor auf diese Weise betrieben. Dies geschah in den fünfziger Jahren dieses Jahrhunderts.

Betrachten Sie nun meine Erzählung über Tesla und Reich nur als einen Vorspann, bevor ich nun zu dem Mann komme, um den es mir eigentlich geht: es ist T. Henry Moray. Sein Buch *The Sea of Energy in Which the Earth Floats* ist erst vor kurzem durch seine Söhne neu aufgelegt worden. Moray war Elektrotechniker. Er sagte, daß es im Kosmos genug Energie gebe, daß jeder Mensch auf Erden anderhalb Millionen 100-Watt-Lampen anschalten könne. Eine amerikanische Übertreibung?

Im Jahre 1911 sagte Moray, daß diese Erde von einem gigantischen Energiefeld berührt werde und daß diese Energie in Wellen herankomme, genauso, wie die Wellen des Meeres die Küste peitschen. Er nannte diese Energie »Radiant Energy« (Strahlende Energie) und hielt es 1925 tatsächlich für möglich, eine 100-Watt-Lampe damit zu unterhalten. Er verwendete eine lange Antenne und eine Erdleitung, darüber hinaus aber keine weitere Energiequelle. Er hat dies vielen Menschen vorgeführt.

Im Jahre 1937 hat er vierzig Lampen von je 100 Watt damit unterhalten. Dieses Ereignis wurde fotografisch festgehalten. Das Foto erscheint auch in seinem Buch.

Henry Morays Lampen brannten mit einem besonders hellen Licht, einer Art Tageslicht. Der dazugehörige Apparat, der kaum größer als ein stattlicher Koffer war, wurde nie heiß, und wenn man ihn nicht abstellte, lieferte er unaufhörlich neue Energie. Die einzige Schwierigkeit bestand darin, daß man erst suchen mußte, wo das Feld lag, wenn man ihn anstellen wollte. Man mußte den Sender suchen, genau wie bei einem Radiosender. Abgesehen davon, daß dieses Gerät nicht heißlief, arbeitete es auch geräuschlos.

Moray sagte, daß sein Apparat im Prinzip nur eine Pumpe für kosmische Energie war. Er wandelte die heranbrausenden Energiewellen in einen gleichmäßigen Strom um. Dies entspricht in etwa der Funktion unseres Herzens, das mit Hilfe seines Ventilsystems dafür sorgt, daß das Blut nur in eine Richtung fließen kann. Oder man kann es sich auch so vorstellen: von den Wellen des Ozeans, die auf die Küste zuströmen, werden nur die vordersten in ein Becken eingelassen, und in dem Augenblick, wo die Welle zurückströmt, wird eine Klappe geschlossen, so daß man eine hin und her strömende Welle in einen kontinuierlichen Wasserstrom umsetzen kann. Aus diesem Strom kann man dann wieder Energie gewinnen.

Das »Ventil«, das Moray verwendete, bestand aus dem seltenen Mineral Germanium, das später eine so große Rolle bei der Herstellung von Transistoren spielen sollte. Moray war somit der erste, der diesen Stoff für praktische

Zwecke einsetzte. Über alles das äußerte er sich folgendermaßen: »Das Universum gleicht einem ungeheuer großen Radiosender.«

Welche Energie haben Reich, Tesla und Moray entdeckt? Es gibt in unseren Tagen eine Gesellschaft (1980 von Hans Nieper gegründet), deren Ziel es ist, alle Informationen über diese Energie zu sammeln. Man hat dafür einen neuen Namen gefunden, nämlich »Tachyonenenergie«. Es wird vermutet, daß alle Himmelskörper in einem ungeheuren Tachyonenfeld treiben und daß eine der Erscheinungsformen dieses Feldes die Schwerkraft ist. Wollte man diese Energie praktisch anwenden, so hieße das, daß man unmittelbar aus der Schwerkraft Energie beziehen könnte; das ist etwas, womit sich die Autoren von Science-Fiction-Romanen schon längst beschäftigen. Aber stellen Sie sich vor, daß die praktische Ausführung einer solchen Umwandlung in greifbarer Nähe liegt, daß jedes Haus und jede Stadt diese Energie mit Hilfe von Umwandlungsgeräten ohne Schwierigkeiten beziehen könnte. Eine solche Energie hätte zwei Eigenschaften: sie wäre vollkommen kostenlos und würde überhaupt keine Umweltverschmutzung verursachen. Nur die Apparatur müßte hergestellt werden. Aber da so ein Umwandlungsgerät keine Maschinenteile enthält, die sich bewegen, hätte es schon seine fünfhundert Jahre Lebensdauer. Dies würde eine ungeheure Revolution in der ganzen Gesellschaft verursachen, denn Macht beruht auf Mangel, und wenn zum ersten Mal in der Menschheitsgeschichte der Mangel überwunden ist, dann ist es um die Machthaber schlecht bestellt. Wir können also von einer Energiebrandung sprechen, die ohne Unterlaß die Küsten der Materie peitscht, egal, ob es nun Galaxen, Sonnen oder Planeten sind. Es ist eine Energiebrandung, die die Welt aufbaut und zusammenhält.

Jetzt komme ich wieder auf die Seraphim und ihr »Kodusch« zurück.

Ist es zuviel gesagt, wenn wir behaupten, daß die Energie, die als »Tachyonenenergie« immerzu hier heranspült, in dieser höchsten Welt ihren Ursprung hat? Wenn das so ist, dann tun die Seraphim etwas ganz Besonderes. Dann ist ihr »Heilig, Heilig, Heilig« alles andere als eine eintönige Arbeit. Es ist in erster Linie kein Preisgesang auf die Erhabenheit Gottes. Es ist etwas ganz anderes, nämlich ein Schöpfungsgesang. Die Seraphim sind die ersten, die die von Gott stammenden Schöpfungswellen wie in einer Linse bündeln und in den Raum schicken. Aus dem »Kodusch... Kodusch... Kodusch« nehmen die Welten Gestalt an.

Gleich nach dem »Kodusch« kommt der «Herr der Heerscharen«. Das erste Wort nach Kodusch ist jenes Wort, das man im Judentum nicht aussprechen darf und das man in der christlichen Literatur als »Jahwe« kennt. Was spült mit diesen Schöpfungswogen heran? Was ist der Kern davon? Es ist der große geheime Name Gottes! Jener Name, von dem das Judentum sagt, daß er den Schlußstein der Schöpfung bildet.

Moray war ein tiefgläubiger Mensch, und man kann sich vorstellen, wie sehr ihn dieser machtvolle Wellenschlag der Schöpfung, der brausend wie die Brandung an die festen Himmelskörper schlägt, mit Ehrfurcht erfüllt hat. Von dort, aus dieser Welt in Gottes Schatten, wird der Urstoff der Welten in den Raum geschickt. Dieser Urstoff unterliegt dann mehreren Verdichtungen. Im zweiten Himmel, dem Himmel der Schöpfung, wird er in die sogenannten Archetypen, die Urbilder der Welt, umgewandelt. Im ersten Himmel, dem der Gestaltung, wird er in die Matrizen, die »Kuchenformen« der materiellen Welt umgesetzt. Zum Schluß verdichtet er sich noch einmal zu der Welt, die wir kennen. Er fängt sich in kleinen Wirbeln, die wir als Atome bezeichnen. Wir nehmen ihn als Licht wahr, oder, wenn er unsichtbar ist, als Schallwellen, Radiowellen, Schwerkraftwellen und alle anderen Teile des unsichtbaren Spektrums.

160

Aus der Energiebrandung, die aus dieser hohen Welt stammt, sind die materiellen Welten angeschwemmt worden. Das Heranströmen dieser Energie ist eine faszinierende Vorstellung. Es ist, als ob man diese großen Wogen hörte, die uns auf dem Platz, wo wir stehen, Gewicht verleihen.

Trotzdem kann man diese Energie dort in der hohen Welt der Seraphim noch nicht als Schwerkraftwelle oder Schwingung bezeichnen. Sie hat einen viel feineren Inhalt. Was ist dann dieser Inhalt? Denken Sie daran, was die Seraphim eigentlich sind, dann haben Sie die Lösung.

Das »Heilig, Heilig, Heilig« der Seraphim ist der Wellenschlag der Liebe! Das ist sehr wichtig. Wenn ein Mensch wirklich selbstlos liebt, dann ist er mit diesem Gebiet verbunden, dann ist er zum Bundesgenossen und Mitarbeiter der Seraphim geworden. Dann geschehen auch Wunder im wahrsten Sinne des Wortes. Das ist nicht so erstaunlich. Der Wellenschlag der Liebe ist die Grundsubstanz dieser Welt. Wenn man dort, ganz am Anfang, eine Kleinigkeit verändert, sieht man hier, ganz am Ende, eine ungeheure Wirkung. Genauso, wie ein kleines Steinchen ganz oben im Berg eine ungeheure Lawine im Tal verursachen kann.

Wenn jemand wirklich ein klein wenig selbstlose Liebe hergibt, dann ist das wie ein Stein ganz oben in den Bergen. Dann wird dem »Heilig, heilig, heilig« sozusagen ein jauchzender Trillerton hinzugefügt, und irgend etwas auf der Erde verändert sich bis in seine tiefsten Fasern. Das Sprichwort »Liebe überwindet alle Schwierigkeiten« scheint mir dann auch wörtlich wahr zu werden.

Zusammenfassend können wir sagen, daß nicht das Wasserstoffatom der Urstoff unseres Universums ist, sondern vielmehr der Name Gottes. Nicht das Quant ist die Energieeinheit, sondern es ist die Heiligkeit. Nicht Schwingung ist das Wesen der Energie, sondern Liebe. Der Name Gottes, Heiligkeit und Liebe sind die Grundfesten des Universums; die ganze Schöpfung ist davon durchzogen.

Die Cherubim

In Gottes Nähe finden wir auch noch andere Wesen. Wenn Vondel von seinem verstorbenen Constantinchen sagt, daß es ein »Cherubinchen in der Höhe« geworden sei, dann klingt das lieb und niedlich, es ist aber falsch. Diese Bezeichnung kommt von dem hebräischen Wort »Cherubim« (Mehrzahl von Cherub), und das ist ein ehrfurchterweckendes Wesen.

Das Wort selbst ist wahrscheinlich mit dem deutschen Wort »Greif« verwandt, und das ist ein mythologisches Wesen, das den Oberkörper eines Adlers, den Unterleib eines Löwen und dazu spitze Ohren und einen sich schlängelnden Schwanz hat. Dieses Tier kommt auch in der Heraldik vor. Mit »Greif« ist ferner auch das Wort »greifen« verwandt. Der Prophet Ezechiel hat eine Beschreibung des Cherub gegeben. Er sagt unter anderem (Ezechiel 1):

> »... sie hatten Menschengestalt; ein jedes hatte vier Gesichter und vier Flügel. Ihre Füße standen gerade, und ihre Fußsohlen glichen der Fußsohle eines Kalbes, und sie funkelten wie geglättetes Erz. Unter ihren Flügeln an ihren vier Seiten befanden sich Menschenhände ...
> Ihre Gesichter aber waren so gestaltet: vorn eines Menschen Gesicht; zur Rechten, bei allen vieren, ein Löwengesicht; zur linken, bei allen vieren, ein Stiergesicht; hinten aber hatten alle vier ein Adlergesicht ...
> Und dies war das Aussehen der lebendigen Wesen: sie waren wie glühende Kohlen, welche brennen; und es fuhr wie Fackeln zwischen den lebendigen Wesen hin und her, und das Feuer gab einen Glanz, und von dem Feuer gingen Blitze aus.«

In Ezechiel 10 sehen wir dann, daß sich das auf die Cherubim bezieht. Merkwürdigerweise hatte eine der von mir befragten Personen, eine ältere Frau, einmal eine Paradiesvision gehabt, wie sie mir erzählte. Da gab es Tiere, die zu einem strahlenden Licht emporblickten, das sie nicht ertragen konnte, und es erschien ein Regenbogen. (Der Regenbogen wird auch von Johannes erwähnt.)

Darauf war sie sehr glücklich und hatte seither keine Angst mehr vor dem Tod. Sie hatte es aber niemandem erzählt. Als ich ihr die entsprechende Passage über die Cherubim vorlas, war sie sehr erstaunt, denn davon hatte sie noch nie etwas gehört. Johannes beschreibt in der Geheimen Offenbarung ähnliche Wesen (Kapitel 4). Nur, daß er jedem von ihnen sechs Flügel zuweist. Und sie rufen ohne Unterlaß Tag und Nacht: »Heilig, heilig, heilig ist Gott, der Herr, der Allmächtige, der war, ist und sein wird.« Also genauso wie die Seraphim. Es ist offensichtlich, daß hier dasselbe dargestellt wird, die Unterschiede im Detail zwischen Ezechiel und Johannes sind nur geringfügig.

Der Cherub ist einer der ersten Himmelsbewohner, von denen die Bibel berichtet, denn er bewacht nach Adams Vertreibung aus dem Paradies dessen Eingang. In Psalm 18:11 sehen wir Gott auf einem Cherub reiten, und eine der Bedeutungen des Wortes »Cherub« soll »himmlisches Reittier« sein.

Noch an einem anderen Ort sehen wir den Cherub, diesmal in der Bildhauerei. Zwei goldene Cherubim schweben über der Bundeslade, dem heiligsten Gegenstand im hebräischen Gottesdienst. Wenn der Hohepriester in das Heiligtum der Heiligtümer eintrat, dann erklang Gottes Stimme zwischen den Cherubflügeln. Auch hier symbolisieren sie also »Gottes Reittier«.

Ich habe eine möglichst vollständige Beschreibung dieser Wesen gegeben, um zu zeigen, wie fremdartig das alles ist –

eine andere Welt. Verglichen mit diesen Wesen, deren Gestalt einen heiligen Schauder einzuflößen vermag, ist ein Schutzengel eine fast alltägliche Erscheinung.

Trotzdem glaube ich nicht, daß Menschen etwas mitgeteilt wird, was sie nicht verstehen können. Ezechiel, David und Johannes sahen die Cherubim, und deshalb muß es auch für unseren Verstand möglich sein, in dieses Geheimnis – wenn auch nur ein klein wenig – einzudringen.

Was als erstes auffällt, sind natürlich die vier Gesichter. Dieses Sujet wird auch recht gerne als Verzierung verwendet. Zum Beispiel habe ich so ein altertümliches Tischglöckchen, auf dem die vier Evangelisten abgebildet sind.

Über den vier Namen sieht man einen Löwen, ein Rind, einen Engel und einen Adler. Das sind die vier Punkte des sogenannten festen Kreuzes aus dem Tierkreis: Stier, Löwe, Skorpion, Wassermann. Leider kommen wir mit dieser Information auch noch nicht viel weiter.

Löwe, Rind, Engel und Adler auf dem Kupferglöckchen stimmen, wie man sieht, nicht mit dem überein, was Ezechiel als Löwe, Rind, Mensch und Adler beschreibt. Hier liegt das alte Wissen zugrunde, daß Mensch und Engel sich äußerlich gleichen.

Weiterhin sieht man auch, daß das dritte Zeichen in der obengenannten Reihe aus dem Tierkreis nicht der Adler, sondern der Skorpion ist. Das rührt daher, daß der Skorpion ein Zeichen mit zwei verschiedenen Qualitäten ist. Einerseits ist es mit dem Tod assoziiert, dann steht als Symbol der Skorpion. Andererseits hat es genau mit der Überwindung des Todes zu tun, und dann erscheint der hochfliegende Adler. Merkwürdigerweise haben Menschen mit einer starken Skorpionbesetzung in ihrem Horoskop oft einen scharfen, durchdringenden Adlerblick.

Was bedeutet nun die Mitteilung, daß Gott auf einem Wesen – dem Cherub nämlich – reitet, das die vier Gesichter der Tierkreiszeichen Stier, Löwe, Skorpion und Wasser-

164

mann hat? Insofern, als Gott alles geschaffen hat, wird damit wahrscheinlich gesagt, daß alles, dem wir begegnen, seine vier Seiten hat, und daß man mindestens vier Seiten eines Problems betrachten muß, wenn man es verstehen will. Das ist nicht grade wenig.

Meistens betrachten wir nur eine Seite einer Sache, nämlich unsere eigene, und wir finden es schon ganz toll, wenn wir weise bemerken (meistens einem anderen gegenüber): »Man muß auch einmal die andere Seite sehen.« Auf diesem Prinzip, nämlich auch die andere Seite zu hören, beruht die Rechtsprechung in einem Rechtsstaat.

Nun habe ich aber nicht die Absicht, die astrologischen Bedeutungen dieser vier Gesichter zu erklären. Vielmehr geht es darum, zu verstehen, wie man auf diese vier Seiten schauen muß, um etwas von dieser Welt zu begreifen.

Bei einem Menschen zum Beispiel kann man ausschließlich seinen Körper betrachten, wie es zum Beispiel bei einer Laboratoriumsanalyse oder durch einen Chirurgen geschieht. Das ist die Seite, die durch den »Stier« symbolisiert wird.

Man kann den Menschen auch psychologisch betrachten mit all seinen Höhen und Tiefen und all seinen verborgenen Haken und Ösen. Dies wird als die »Skorpion«-Seite bezeichnet. Man kann ihn von seinem Geist her betrachten: was ist seine Lebenshaltung? Wie hoch ist sein Niveau? Das ist dann die »Löwen«-Seite. Und man kann den Himmel vom Himmel aus betrachten: Hat dieser Mensch Kontakt mit Gott? Betet er? Das ist die »Wassermann«-Seite.

Bei schweren Krankheiten muß man oft alle vier Ebenen betrachten; auch bei Beziehungsproblemen ist das wichtig. Wenn bei einem der beiden Partner eine Ebene unterentwickelt ist, dann ist die entsprechende Ebene des anderen Partners lahmgelegt.

In unserer Zeit gibt es viele Frauen, die einen starken »Hunger nach dem Himmel« verspüren; sie sind jedoch mit

Männern verheiratet, bei denen dieses Bedürfnis so gut wie nicht vorhanden ist. Diese Frauen haben dann das Gefühl, als ob ihre Ehe eine verkehrt zugeknöpfte Jacke sei: Immer bleibt ein Knopf übrig, und die ganze Jacke sitzt schief.

Aber diese vier Ebenen gelten auch im Bereich der Politik. Zum Beispiel sind die Mittelstreckenraketen auf der Ebene der bloßen Kriegführung (Skorpion) durchaus logisch, von der höchsten Ebene aus gesehen, nämlich der eigentlichen Bestimmung des Menschen hier auf Erden, sind sie eine unvorstellbare Katastrophe. Damit meine ich alle Mittelstreckenwaffen, die Cruise Missiles ebenso wie die SS 20.

Und zuallerletzt: das Leben Jesu *konnte* nur durch *vier* Evangelisten beschrieben werden. Erst dann hat man ein sicheres Maß von Vollständigkeit. Deshalb passen die vier Evangelien auch nicht ganz ineinander. Genausowenig wie die Beschreibungen von vier Menschen, die die vier Seiten eines alten, mächtigen Waldbaumes beschreiben, miteinander übereinstimmen. Wenn die vier Evangelisten genau miteinander übereinstimmen würden, dann könnten sie nicht wahr sein!

Ezechiel zeichnet die Cherubim als Wesen, die mit Augen bedeckt sind. Die Geheime Offenbarung des Johannes fügt noch hinzu, daß sie ringsherum und von innen her voller Augen waren. Was kann das wohl bedeuten?

Achten Sie zuerst auf die Information: Augen nach außen und Augen nach innen. Probieren Sie das doch einmal selbst aus! Sie schauen in diesem Augenblick auf die Wörter, die hier stehen. Richten Sie nun gleichzeitig Ihr Auge nach innen und schauen Sie auf sich selbst, wie Sie da lesen. Was fällt Ihnen auf? Daß Ihr Bewußtsein sich verändert. Es wächst. Sie sind zunächst mal in einem klaren Wachzustand. Aber das ist dann, jedenfalls was Sie selbst betrifft, auch alles. Sie sehen nur diese Wörter, und Sie sehen sich selbst, wie Sie diese Wörter lesen.

Aber stellen Sie sich jetzt vor, daß Ihr Bewußtsein sich erweitert. Sie werden sich des Buches, das auf Ihrem Schoß liegt, bewußt, und auch Ihrer Haut, die den Druck registriert. Sie werden sich Ihres Atems bewußt, und Ihrer selbst, der diesen Atem registriert. Sie werden sich der Farbe des Fußbodenbelages und Ihrer eigenen Reaktion auf diese Farbe bewußt. Sie werden dann im Grunde ganz voller Augen sein, Augen nach innen und nach außen.

Dann werden Sie dem näherkommen, was über die Cherubim geschrieben steht. Sie sind sich nämlich unablässig aller Details der Schöpfung bewußt; gleichzeitig aber sind sie in ihrem Bewußtsein mit der Quelle verbunden, aus der die Schöpfung kommt. Das heißt, daß in unserer Schöpfung keine Teilbereiche existieren, die nicht in Gottes Bewußtsein festgehalten sind, auch wenn manche Planeten noch so weit vom Zentrum entfernt sind. Wenn der brausende Wellenschlag des »Kodusch – Kodusch – Kodusch« nur einen Moment nicht erklingen würde, dann würde die Welt in einem einzigen Augenblick verdampfen. Dies ist der Hintergrund der seltsamen Äußerung, daß alle Haare auf unserem Haupt gezählt sind (Matthäus 10:30).

Es sind keine blinden, sondern vollkommen bewußte Kräfte, die die Schöpfung aufbauen. Wenn man jenseits der Quanten und der vibrierenden Energie nach dem Urstoff unseres Universums sucht, dann stößt man nicht nur auf die Liebe, sondern darüber hinaus auch auf die Tatsache, daß diese Liebe mit einem glasklaren intensiven Bewußtsein verbunden ist, mit einem Bewußtsein, das alle Teile der Schöpfung durchdringt. Dies ist ein Gedanke, der einen erschauern läßt.

Auch die Cherubim rufen also das »Heilig, Heilig, Heilig«, aber bei ihnen steht etwas anderes im Vordergrund. Wenn es bei den Seraphim die Liebe ist, dann ist es bei den Cherubim die Weisheit. Dies läßt sich aus dem Platz entnehmen, den sie in dem großen und bereits genannten Zehnerschema der himmlischen Gebiete einnehmen. Die Seraphim überströmen die Schöpfung mit Gottes Wärme, die Cherubim mit ihrem hellen, intensiven Bewußtsein. Dies wird als »Logos« bezeichnet, was in unserer Sprache etwas schwerfällig mit »das Wort« übersetzt wird.

Denken wir einmal über dieses schöpfende Wort nach. Dieses Wort, das in Gottes Bewußtsein formuliert wird und durch die Cherubim weiter »gesungen« wird. Stellen Sie sich dieses Wort nicht als eine kühle, sachliche Äußerung vor. Nehmen wir ein ganz einfaches Beispiel und stellen wir uns vor, daß Gott ein Krokodil schaffen will und das Wort Krokodil formuliert. Dann sollen wir nicht nur an die Anatomie eines Krokodiles mit seinem ungeheuren Panzer und seiner respekteinflößenden Kraft denken, sondern wir müssen uns vorstellen, daß der gute Gott selbst an diesem grausligen Tier ein ungeheures Vergnügen hat. Er hat das Wort »Krokodil« mit großer Liebe ausgesprochen, genauso wie wir den Namen einer Blume aussprechen, die wir sehr gerne mögen. Weisheit ist immer voller Wärme.

Es ist übrigens schwierig, Weisheit aus der Sinneswahrnehmung zu beziehen. Diese Wahrnehmung lehrt uns, daß ein Krokodil ein Ungeheuer ist, das wir besser abschießen, bevor es zu groß geworden ist. Dann können wir noch Damenhandtaschen oder Schuhe daraus machen. Weisheit lernt man anders. Wenn man seiner Umgebung Liebe entgegenbringt, gleichgültig, wie diese Umgebung darauf reagiert, dann entsteht Weisheit.

Manchmal trifft man Weisheit bei älteren Menschen an, die ein langes Leben hindurch ihre Menschenliebe nicht aufgegeben haben. Diese Weisheit wird dann manchmal sehr einfach formuliert, aber immer ist die Milde der Liebe darin enthalten.

Wir hatten einmal beim Militär einen Vorgesetzten, der so ungefähr der dümmste Mensch war, den ich jemals kennengelernt habe. Er war langsam nach oben geglitten, und da saß er nun. Ich konnte mich an diesem Mann grün und gelb ärgern.

Nun hatten wir aber auch einen älteren Feldwebel, so ein Faktotum mit struppigem Borstenhaar. Jedesmal, wenn ich beinahe platzte, blickte er mich mit seinen weisen, alten Augen an und sagte: »Doktor, Doktor, immer mit der Ruhe. Sie müssen doch wissen, mit wem Sie es zu tun haben.« Auf diese Weise hinderte er mich, dumme Dinge zu tun, und schuf eine Atmosphäre der Toleranz, die die Arbeit unter diesem Vorgesetzten erträglich machte. Er schuf jedesmal Raum.

Weisheit begegnet einem auch bei Menschen, die ein ganzes Leben lang ernsthaft Gottes Wort studiert haben und ... (was ich jetzt noch dazuschreibe, gehört unbedingt dazu) sich auch bemüht haben, es auf ihr eigenes Leben anzuwenden. Man erkennt diese Haltung in den Augen von Menschen. Es ist, als ob sie einen gewissen Abstand zur Welt haben, der dennoch wieder durch große Freundlichkeit überbrückt wird. Die Welt kann sie zwar berühren, aber nicht aus dem Gleichgewicht bringen. Und sie sind nicht zynisch, sondern tolerant geworden. Es sind reife alte Früchte in diesem irdischen Garten.

Jeder, der mit der Weisheit verbunden ist, ist auch mit den Cherubim verbunden. Ohne daß er selbst versteht wie, wird sein Wort mit Kraft geladen. Es pflanzt sich fort. Kein Wunder, denn es ist eine Resonanz mit der »Ausstrahlung« der Cherubim vorhanden.

Dabei denke ich an eine Geschichte, die Tante Corrie ten Boom gerne erzählte: Ein Specht saß in einem Baum und hackte auf den Stamm los. In diesem Augenblick schlug der Blitz in den Baum ein, und er brach genau an der Stelle entzwei, wo der Specht gehackt hatte. Das Tier flog kopfschüttelnd weg und sagte zu sich selbst: »Ich hätte nie gedacht, daß ich so viel Kraft in meinem Schnabel habe.«

So ergeht es auch den Menschen, die mit den Worten der

Bibel Ernst machen. Ihr Wort schwingt sich auf das große Wort ein und wird über die Maßen verstärkt. Dann kann es passieren, daß Sie, ohne sich dessen bewußt zu sein, ein paar Worte zu jemandem sprechen, der in Not ist, und daß diese Person dann Jahre später zu Ihnen sagt: »Diese Worte haben mein Leben verändert.« Wir müssen nur aufpassen, daß wir nicht, wie der Specht, glauben, daß diese Kraft von uns selbst kommt.

Wir müssen uns auch sehr davor hüten, die Seraphim und Cherubim nicht als abstrakte Kräfte zu sehen. Es sind Individuen, lebende Persönlichkeiten, und zwar noch viel mehr als wir, die wir noch ziemlich verschwommen sind. Durch Liebe und Weisheit verbindet man sich mit mächtigen lebenden Bundesgenossen. Wenn Sie gut aufpassen, können Sie ihren Einfluß bemerken.

Nun hoffe ich also, daß niemals mehr jemand bei dem Wort »Cherub« an ein molliges Stuckengelchen denkt, doch möchte ich vollständigkeitshalber gleich noch hinzufügen, daß uns die Engel der höchsten Regionen Swedenborg zufolge manchmal wie Kinder vorkommen können, da sie Gott so nahe stehen und dadurch voller Unschuld sind.

Ich halte es übrigens für wahrscheinlich, daß ein Cherub, wenn Sie einmal einen treffen sollten, sicher nicht so kompliziert aussehen wird, wie in diesen Beschreibungen. Auch der Cherub wird vermutlich eine strahlende menschliche Gestalt haben. Die vier Gesichter – drei davon tierisch – und die sechs Flügel dürfen nicht als buchstäbliche äußere Merkmale betrachtet werden, vielmehr symbolisieren sie die Eigenschaften der Cherubim.

Die Ophanim

In seinem ersten Kapitel teilt uns Ezechiel mit, daß sich in der Nähe eines jeden Cherub vielfarbige, radförmige Gebilde befanden. Diese Räder (= Ophanim) waren ringförmig angeordnet, so daß man sozusagen ein Rad im anderen sah. Diese Räder erhoben sich zusammen mit den Cherubim von der Erde und begleiteten sie überall hin. Es wird gesagt, daß der »Geist der Cherubim« in den Rädern war, und das bedeutet, daß sie ihre Energie von den Cherubim hatten. Sowohl in der altjüdischen als auch in der altchristlichen Tradition hält man diese radförmigen Gebilde für eine eigene Engelhierarchie. Daß es keine mechanischen Gebilde sind, sondern daß in den Rädern Bewußtsein steckt, können wir aus der Mitteilung entnehmen, daß der innerste Ring »voller Augen« war.

Lassen Sie dieses Bild nun ruhig einmal auf sich wirken. In vielen Farben schillernde Ringe, wovon sich der eine im anderen dreht. Der innerste Ring hat Augen. Sie steigen von der Erde hoch. Erinnert Sie das an etwas? Meiner Ansicht nach kommen wir nicht drum herum: dies ist eine fast exakte Beschreibung einer sehr geheimnisvollen Erscheinung, die schon seit langem von den Menschen bemerkt worden ist. Aber vor allem in der zweiten Hälfte des zwanzigsten Jahrhunderts hat ihr Erscheinen explosiv zugenommen. Ich meine die sogenannten fliegenden Untertassen. Diese Entsprechung ist schon mehr Leuten aufgefallen, und unter anderem deshalb haben manche, wie bereits erwähnt, daraus geschlossen, daß Gott in Wirklichkeit ein Astronaut war, der Vertreter einer hochstehenden Sternenrasse, der den affenartigen Bewohner unseres Planeten durch Genmanipulation aus seinem tierischen Zustand emporhob. Und ab und zu kommt er mal wieder, um zu sehen, wie es mit seiner Zuchtkolonie steht.

Das ist eine merkwürdige Argumentation. Denn dabei wird alles in diese eine physische Ebene gepreßt. Auch Gott oder die Götter sind dann physische Wesen, wenn sie auch weiter weg wohnen. Bei einer solchen Argumentation gibt es keinen Platz für höhere Welten. Wenn ich auf diese Weise konsequent weiterargumentiere, müßte ich mich wohl fragen, warum Engel, wenn sie vom Himmel kommen, keine Sauerstoffmasken tragen. Denn der Himmel beginnt doch schon auf unserem höchsten Berggipfel, dem Mount Everest, und jeder Engel, der hier herunter auf die Erde kommt, müßte doch wenigstens einen Raumfahrtanzug anziehen.

Eine zweite Schwierigkeit dabei: wenn wir glauben, daß die Götter nichts weiter als Astronauten sind, wer hat dann die Astronauten geschaffen?

Nein, wenn wir die Welt wirklich verstehen wollen, dann müssen wir höhere Welten, Himmel, einschalten. Dann müssen wir unseren Verstand in die höchsten Höhen, zu den Seraphim, den Cherubim und den Ophanim ziehen lassen.

Die erste Frage ist nun: Was sind die fliegenden Untertassen? Haben sie wirklich mit den Ophanim zu tun? 10 Prozent der heute lebenden Menschen haben eine fliegende Untertasse gesehen. Was sieht man da? Es ist bekannt, daß diese Objekte plötzlich verschwinden können. Man bezeichnet das als Dematerialisation. Und die Autoren der Science-Fiction-Romane beeilen sich, uns mitzuteilen, daß sie sich dann auf einem weit entfernten Milchstraßensystem wieder materialisieren. Auf diese Weise können sie in einem gewaltigen Sprung Lichtjahre überbrücken.

Das ist eine faszinierende Theorie, aber ist sie wahr? Oder sehen wir in der Luft symbolische Abbilder der Ophanim, genau wie Ezechiel sie sah? Und machen wir daraus dann mit unserem technologischen Denken Maschinen?

Oder haben die fliegenden Untertassen mit den Ophanim

und auch mit Reisenden von anderen Planeten nichts zu tun? Sind es vielleicht Erscheinungsformen dieser merkwürdigen Zwischenrasse, von der frühere Generationen mehr wußten als wir, und die sie mit dem Wort »Elfen« bezeichneten? Viele Erzählungen von fliegenden Untertassen klingen so, als ob jemand für dumm verkauft oder zum Narren gehalten würde, und genau das ist ein ständig wiederkehrendes Element in den Elfengeschichten. Ich kann also keine Lösung für das Problem der fliegenden Untertassen anbieten, sondern wollte nur darauf hinweisen, daß sie eine auffallende Ähnlichkeit mit Ezechiels Ophanim aufweisen, die im System des Dionysius als dritte Engelhierarchie bezeichnet wird. Und so etwas geschieht nicht ohne Sinn.

Auch wenn es sich herausstellen sollte, daß die fliegenden Untertassen keine Erscheinungsform der Ophanim sind, selbst dann müssen wir damit rechnen, daß wir in diesem Augenblick heftig an die Gestalt der Ophanim erinnert werden, weil die fliegenden Untertassen ihnen ähnlich sind. Es besteht also mindestens eine Verwandtschaft.

Im System des Dionysius haben die Ophanim einen anderen Namen, nämlich »Throne«.

Eigentlich verrückt, daß eine Engelhierarchie wie ein Rad aussehen soll. Aber vergessen Sie nicht, daß das lebendige Symbole sind. Schließlich wurde Christus von Johannes auch als Lamm bezeichnet. Und trotzdem sah er wie ein Mensch aus. Versteifen Sie sich also nicht auf dieses Symbol und sagen Sie nicht zu sich selbst: »Wie schauderhaft, daß ein lebendes Wesen so aussehen soll.«

Wenn Sie einmal einem Ophan von Angesicht zu Angesicht gegenüberstehen sollten, dann werden Sie halt einfach ein menschliches Wesen vor sich haben. Der radförmige Aufbau ist mehr sein Familienwappen, eine Flagge, die vor den Schlachtreihen flattert. Wo genau stehen nun die Ophanim in der Himmelskarte mit den zehn Punkten? In welchem Himmelsgebiet halten sie sich auf? Ezechiel zufolge stehen sie nahe bei den Seraphim. Sie halten sich in einem Gebiet auf, von dem etwas Seltsames erzählt wird. In diesem Himmelsgebiet entsteht, so heißt es, der erste Ansatz zur Materie. Bei den Seraphim und Cherubim mit ihrem dreimal »Heilig« kann man noch nicht von Materie sprechen, vielmehr von mächtig heranströmenden Schöpfungsideen. Aber im Gebiet der Ophanim tritt eine erste Verdichtung auf. Ungefähr so, wie das erste Eis auf einem Kanal.

Wir wollen dies nun ganz vorsichtig aufbauen. Stellen Sie sich vor, daß Sie eine Idee im Kopf haben. Sie wollen ein Fohlen modellieren. In Ihrem geistigen Auge sehen Sie es schon vor sich. Aber es ist noch eine reine Idee. Es nimmt keinen Raum ein. Aber nun fangen Sie an, es aus einem Tonklumpen tatsächlich zu formen. Dann ist es »materialisiert« worden. Jetzt nimmt es Raum ein. Wo immer etwas stofflich wird, wird es Raum einnehmen.

Das Fohlen aus Ton wird aber nicht ewig bestehen bleiben. Eines schönen Tages wird es wieder zu Staub. Wenn hier irgend etwas auf der stofflichen Ebene entsteht, dann verschwindet es auch wieder auf die Dauer. Es gibt ein »Vorher« und ein »Nachher«. Sobald Raum auftritt, erscheint auch die Zeit. Und diese beiden Begriffe, »Raum« und »Zeit«, treten zum erstenmal bei den Ophanim in Erscheinung. Bei den Cherubim haben diese Begriffe noch keinen Sinn, aber bei den Ophanim werden sie Wirklichkeit.

Nun haben Sie bestimmt alle gemerkt, daß die Zeit etwas Besonderes an sich hat.

Auf den ersten Blick verläuft sie wie eine gerade Linie. Aber wenn wir genau hinsehen, bemerken wir, daß auf jeden Sonntag wieder ein Sonntag folgt, daß auf jedes Frühjahr wieder ein Frühjahr folgt, daß in unserem Leben bestimmte Phasen immer wiederkehren. Im Grunde verläuft die Zeit kreisförmig oder vielleicht spiralförmig, denn man kommt nie beim selben Punkt wieder heraus.

Auch im Gefühlsleben können wir den Kreis deutlich vor uns sehen. Jeder, der eine Person durch den Tod verloren hat, wird wissen, daß man in den Wochen, die an den Tod der geliebten Person erinnern, mehr leidet als sonst. Wenn Ihre Mutter im Juni gestorben ist, sind Sie im Dezember weiter von ihrem Tod entfernt als im Juni ein Jahr später.

Vielleicht ist es deshalb sehr sinnvoll, daß die Engelhierarchie, die mit Raum und Zeit zu tun hat, als rundes Gebilde versinnbildlicht wird.

Somit haben also die Throne ein ungeheuer wichtiges Arbeitsgebiet. Sie tragen möglicherweise dazu bei, daß das, was als Idee bei ihnen einströmt, in wirkliche Materie verdichtet wird, genauso, wie wir die Idee eines Fohlens zu einem Fohlen aus Ton verdichten (allerdings ist der Ton in unserem Fall bereits verdichtet). Und sobald irgendwo Materie existiert, kann man auch von der Anziehungskraft dieses Stoffes sprechen, von Schwerkraft. Sehen Sie nun, wo uns das alles hinführt?

Die modernste Naturwissenschaft lehrt uns, daß eine enge Verbindung zwischen drei Begriffen besteht, und zwar zwischen unserer äußeren Erscheinungswelt, dem Schwerkraftfeld und der Zeit.

Sie haben natürlich gehört, daß die Materie aus kleinsten Teilchen, nämlich Atomen, besteht. So ist man zur Zeit der Meinung, daß auch das Licht aus sehr kleinen Teilchen, den Quanten, besteht. Und man ist noch weiter gegangen. Man sagt, daß auch die Schwerkraftwellen aus sehr kleinen Teilchen bestehen, die man mit dem Wort »Tachyonen« bezeichnet. Und zur Zeit glaubt man, daß diese Tachyonen die eigentlichen Bausteine der materiellen Schöpfung seien, die eigentlichen Bausteine auch der Atome.

Aber welch eine seltsame Welt ist es, die da durch die moderne Naturwissenschaft beschrieben wird, wenn sie sich mit diesen sehr kleinen Teilchen beschäftigt. Es wird davon ausgegangen, daß diese Teilchen sich sehr schnell bewegen und daß die Zeit zusammengedrückt wird, wenn ihre Bewegung sich beschleunigt und daß die Zeit ausgedehnt wird, wenn die Bewegung langsamer wird.

Für uns ist das natürlich ganz unvorstellbar, obwohl wir genau wissen, daß uns die Zeit manchmal lang, manchmal kurz vorkommen kann, je nachdem, ob wir uns für etwas interessieren, oder ob wir uns langweilen.

Die moderne Naturwissenschaft betrachtet also die Zeit nicht als etwas Ungreifbares, Abstraktes, sondern als etwas sehr Konkretes, und damit ist sie eigentlich zum alten hebräischen Denken zurückgekehrt, in dem die Zeit genauso konkret war wie Wasser.

Ich will damit sagen, daß die moderne Naturwissenschaft eine unmittelbare Beziehung zwischen Schwerkraft, Zeit und dem Bereich herstellt, den wir als unsere Erscheinungswelt wahrnehmen, und daß ferner die Ophanim oder »Throne« der Ort in der Schöpfung sind, wo diese drei Dinge zum erstenmal zum Vorschein kommen, also räumliche Anordnung, Schwerkraft und Zeit.

Ich mache Sie darauf aufmerksam, daß diese Dinge unsere logischen Begriffe übersteigen. Die Verzweiflung der modernen Naturwissenschaft besteht darin, daß sie ihre eigenen Entdeckungen nicht mehr verstehen kann. Sie übersteigen die Vorstellungskraft unseres menschlichen Gehirns. Deshalb ist auch jede Vorstellung, die man sich machen möchte, unzutreffend. Ich stelle es mir halt so vor, daß die gewaltigen Schöpfungswellen, nachdem sie die Seraphim und Cherubim passiert haben, sich bei den Ophanim verdichten; die Ophanim wiederum verursachen Wirbel im Schöpfungsstrom, und diese Wirbel verdichten sich in dem darunter gelegenen zweiten Himmel und dann noch einmal in dem darunter liegenden ersten Himmel, bis sie dann in einer außerordentlich schnellen Wirbelbewegung in unserer Welt ankommen. Und das sind dann die Atome, von denen wir wissen, daß sie im Grunde aus einer äußerst schnell wirbelnden Energie bestehen, auch wenn die Materie uns fest und unbeweglich vorkommt.

Ich bin mir wohl bewußt, daß ich mit all diesen Dingen den Leser sehr auf die Probe gestellt habe. Aber wir befinden uns hier eben in einem schwindelerregend hohen Gebiet. Im Grunde müßten wir uns ganz schnell mal von der Schwerkraft lösen, die nicht unseren Körper, sondern auch unsere Gedanken festhält. Zur Zeit spricht man viel über die Anti-Schwerkraft, und man spekuliert darüber, daß die fliegenden Untertassen sich mit ihrer Hilfe fortbewegen. Wir brauchen eine ganze Menge Anti-Schwerkraft, um unsere Gedanken zum dritten Himmel zu erheben.

Helfen uns die Ophanim nun auch wirklich? Oder sind sie mit dem Schöpfungsgeschehen so sehr verbunden, daß sie zu hoch für uns sind? Nun, ich glaube, daß sie gerade sehr innig mit uns verbunden sind. Unser stofflicher Körper besteht aus schnell wirbelnden Atomen, also sind wir bis in die Tiefe unserer Materie mit den Ophanim verbunden. Aber es ist auch möglich, daß jemand wie Moray, dessen Streben darauf zielte, das Schwerkraftfeld zur Gewinnung von sauberer und billiger Energie einzusetzen, diese Eingebung von den Ophanim hatte. Vielleicht ist jeder Mensch, der versucht, die Materie dieser Welt so gut wie möglich einzusetzen, eine Verbindung mit diesen Engeln eingegangen. Der Kampf gegen die umweltbelastende fossile Energie und die noch gefährlichere Atomenergie kann nur von denen gewonnen werden, die die Verbindung mit jener Engelhierarchie hergestellt haben, die am Beginn der Materie steht.

Nun muß ich Sie wieder um ein wenig Geduld bitten. Sie werden jetzt nämlich ein weiteres hebräisches Wort lernen: Neben dem Wort »ophan« gibt es noch ein anderes Wort für »Rad«, das auch bei Ezechiel vorkommt. Es ist das Wort »galgal«. Es hat im Hebräischen eine Doppelbedeutung, nämlich »Rad« und »Pupillen«. Durch die Pupille des Auges gelangt das Bild der Außenwelt auf unsere Netzhaut. Aber wenn wir so denken, gehen wir von uns selbst aus, die wir das Bild empfangen. Stellen Sie sich nun einmal vor, daß die »galgal«, die Pupillen, da im höchsten Himmel ein Abbild von Gottes Augen sind, die er auf die Schöpfung gerichtet hält. Aber das geschieht nicht nur zu dem Zweck, das Bild der Schöpfung auf sich wirken zu lassen und sagen zu können »sie ist gut«. Vielmehr wird durch diese Pupillen auch die Welt nach außen projiziert, wie wir auch einen Film durch eine Linse projizieren.

Dann wären die »Throne« eigentlich Gottes Augen. Und merkwürdigerweise haben die Menschen immer an dieses große Auge Gottes gedacht, das auf die Schöpfung blickt. In manchen großen Kirchen ist ganz oben ein riesengroßes Auge gemalt, das nach unten blickt.

Betrachten wir nun noch einmal, was wir über die drei höchsten Hierarchien herausgefunden haben. Dann sehen wir eine Aufgabenverteilung:

Die *Seraphim* schicken die Trägerwelle aus, die mit ihrer Vibration den Grundton dieser Welt bildet.

Die *Cherubim* modulieren ihn und schaffen auf der Trägerwelle eine Symphonie.

Die *Ophanim* konzentrieren die Symphonie zur sichtbaren Schöpfung. Und das geschieht nicht in eigener Regie, sondern in stetiger inniger Verbindung mit dem Schöpfer selbst, so daß man sagen kann: Gott denkt, und es ist; Gott spricht, und es erscheint.

Meine Besprechung der Ophanim wäre nicht vollständig, wenn ich nicht anmerken würde, daß das Wort »galgal« (Pupille) mit dem Wort »gilgul« verwandt ist. Und das bedeutet *die Wiederkehr von bestimmten Dingen*. Im alten hebräischen Denken kannte man so etwas wie Reinkarnation. So sagte man, daß Abraham eine Reinkarnation oder »gilgul« von Adam gewesen sei. Aber das war durchaus nicht so bequem wie der Reinkarnationsgedanke, den man in der heutigen populären Literatur antrifft: Demnach könnte ich zum Beispiel die Reinkarnation eines tibetanischen Mönches sein, der wiederum die Reinkarnation eines atlantischen Priesters war.

Im hebräischen Denken konnten nämlich verschiedene Teile eines Menschen an verschiedene Stellen zurückkehren: der Kopf der einen Person zum Körper einer anderen Person, die Seele des einen zum Körper des anderen; und auf diese Weise ist das, was bei mir eine Einheit bildet, schnell über mehrere Menschen verteilt. Ein etwas bedrängender Gedanke, aber man muß ihn auch nicht wörtlich nehmen. Wahrscheinlich ist etwas ganz anderes damit gemeint. So etwas wird erzählt, um dem Zuhörer etwas einzuschärfen, daß nämlich die ganze Menschheit eine Einheit bildet, auch wenn sie räumlich und zeitlich, also geographisch und geschichtlich noch so sehr voneinander entfernt ist. Manche übersetzen deshalb auch gerne das Wort »Adam« mit »Menschheit«. Wir alle sind untereinander und mit unseren Ahnen viel inniger verbunden, als wir auf den ersten Blick vielleicht denken mögen.

Und denken Sie daran, daß drei von den vier Gesichtern der Cherubim Tiergesichter sind. Ist das nicht ein Hinweis darauf, daß wir, außer mit unserer eigenen Gattung, auch mit dem ganzen Tierreich innig verbunden sind? Werden wir nicht mit der Nase darauf gestoßen, *daß die ganze Schöpfung eine Einheit ist,* was die neue Wissenschaft der Ökologie in den letzten zehn Jahren mühsam zu begreifen beginnt?

Und betrachten Sie nur einmal unsere Zivilisation: Eine Zivilisation, die die Atome, die Bausteine der Materie, gewaltsam auseinanderreißt, um Energie zu gewinnen. Vielleicht verletzen wir damit die Ophanim? Vielleicht erscheint das Bild der »Räder« deshalb so oft in den Wolken, als Warnung sozusagen, damit wir so nicht weitermachen...

Alle diese Gedanken mußten wir im Zusammenhang mit

den drei höchsten Engelhierarchien entwickeln. Und das ist nur ein Bruchteil davon, was wir noch weiter in Gedanken fortführen könnten.

Das ist schon etwas, diese Welt in Gottes Schatten. Stellen Sie sich einmal lebhaft vor, daß Ihre Familie, Ihr Haus, Ihr Planet, Ihr Sternenhimmel, Ihre Sonne und Ihr Mond und nicht zuletzt auch Sie selbst verschwinden würden, wenn die Cherubim und Seraphim auch nur eine Minute das »Heilig, Heilig, Heilig ist der Herr der Heerscharen« nicht erklingen ließen oder die Ophanim kurz mal die Augen schlössen.

Im Grunde ist die »Welt in Gottes Schatten« eigentlich viel weniger entfernt, als man glauben sollte. Sie selbst leben in Gottes Schatten. Die Kunst besteht nur darin, sich das unablässig zu vergegenwärtigen.

Jetzt können wir die ganze Struktur der Hierarchien noch einmal aufstellen.

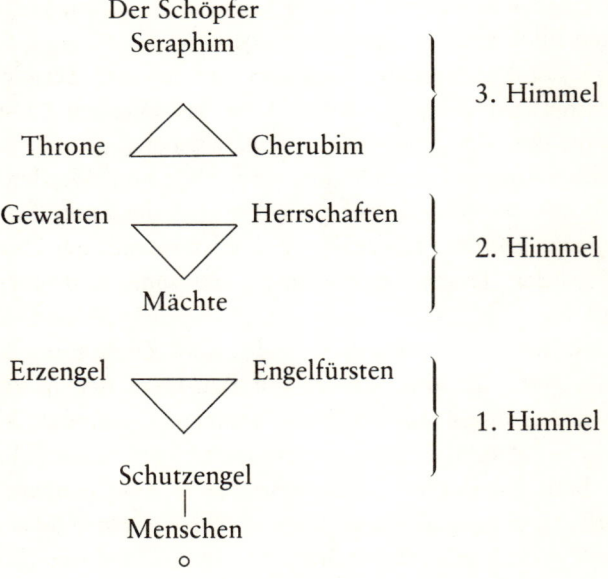

180

Über dieses Zehnerschema ließe sich noch viel mehr sagen, aber das würde den Rahmen dieses Buches sprengen. Allerdings möchte ich zwei Anmerkungen hinzufügen: In der Rangordnung der bewußten Wesen sehen wir den Menschen auf der untersten Stufe stehen. Er ist also nicht der Endpunkt des Bewußtseins, wie manche Evolutionisten denken. Das ist er nur hier auf Erden. Das hebt ihn natürlich ein wenig von seinem Thron, aber er ist ganz offensichtlich etwas anderes: *nämlich die zehnte Engelhierarchie.* Der Anlage nach ist der Mensch ein Engel, und je eher er dies erkennt, um so besser ist es für uns alle.

Vielleicht könnte ein Mensch sagen: »Aber ich will gar kein Engel sein!« Das bewiese gerade, daß er zu den bewußten Wesen gehört. Er kann »nein« sagen. Wenn ein Engel seinen Auftrag ablehnt, dann wird er zu einem gefallenen Engel. Wir brauchen also nicht lange zu suchen, um herauszufinden, zu welcher Kategorie wir als Menschen gehören: zu den erhabenen oder den gefallenen Engeln. Aber wenn jemand gefallen ist, dann kann er auch wieder aufstehen. Deshalb ist die Lage zwar ernst, aber nicht hoffnungslos.

Die zweite Anmerkung bezieht sich auf den Gottesbegriff. In intellektuellen Kreisen gilt es zur Zeit als Zeichen von geistiger Tiefe, wenn man Gott als »erhabenen Gedanken« oder als das »rein Seiende« bezeichnet. Ich glaube, daß das danebengegriffen ist. Gott als einen erhabenen, abstrakten Gedanken zu bezeichnen, ist eine Entweihung. Das ist nicht »hochgeistig«, es ist schlicht und einfach verdreht und sehr irdisch, genau wie eine wissenschaftliche Formel irdischer Natur ist. Zwar steht geschrieben, daß niemand Gott jemals gesehen hat, aber das heißt nicht, daß er keine Gestalt hat. Es hat ja auch niemand jemals einen anderen Menschen wirklich gesehen. Dieser andere Mensch wird von seiner Gestalt verdeckt, und nur in ganz besonderen Augenblicken ist der wahre Mensch erkennbar, oder Sie hören ihn ab und zu an seiner Stimme oder sehen ihn in einer Gebärde. Das Innere eines Menschen bleibt im Verborgenen, und so ist es auch bei Gott.

Wenn Gott dem Menschen erscheint, dann wählt er als Hülle für Seine unbegreifliche Erhabenheit die Einfachheit der menschlichen Gestalt. Wenn Gott uns erscheint, dann kommt Er als der leidende Diener einer Menschheit, die auf ihr Verderben zuläuft. Im Alten Testament erscheint Er dem Adam, indem er im Paradiesgarten wandelt. Dem Abraham erscheint er als der geheimnisvolle Priesterkönig Melchisedech. Die Juden erwarten Ihn als den König Messias. Im Neuen Testament erscheint Er als Jesus Christus. Er, den die Christen zum zweitenmal erwarten, ist derselbe, den die Juden zum erstenmal erwarten. Er erscheint als liebevoller, freundlicher, einfacher Mann, der nicht anders aussieht als Adam selbst, das heißt die Menschheit. Und als Adam von dem verbotenen Baum gegessen hat, ruft Gott nicht etwa tobend und polternd: »Was hast du denn jetzt wieder angestellt?«, sondern er fragt bescheiden: »Adam, wo bist du?« (Als ob Er das nicht wüßte).

Als Jonas auf Gott wütend ist, weil Er Ninive nicht vernichtet hat, und er, Jonas, sich mit seinen Untergangspredigten lächerlich gemacht hat, sagt er leise: »Stimmt es wirklich, daß du böse bist?« Aber er sagt nicht: »Jonas, hör auf zu quengeln!« Oder denken Sie an Hiob, der zu Gott sagte: »Ich rufe Dich zum Gericht, damit Du gegen Dich selbst bezeugst, daß Du mich ungerecht behandelt hast.«

Und dann läßt Gott Hiob die Wunder seiner Schöpfung sehen. »Das ist unfair von Gott,« findet Jung, »Hiob hat keine Antwort erhalten«. Aber nicht doch: Hiob erhielt seine erste Ökologiestunde und erkannte, daß es viel größere Zusammenhänge gab, als er jemals wahrgenommen hatte, und daß seine kleinen Leiden auf wunderbare Weise in diese Zusammenhänge paßten.

Denken Sie an Abraham, der eine Art »Kuhhandel« mit Gott anfing, um Sodom und Gomorrha vor dem Untergang zu retten. »Wenn auch nur fünfzig Gerechte in dieser Stadt sind, willst Du sie dann untergehen lassen? Doch sicher nicht?« Und Gott geht auf diesen Kuhhandel ein. Abraham handelt bis auf zehn Gerechte hinunter. Vielleicht hat es Gott gerade Spaß gemacht, zu sehen, wie Abraham sich für diese beiden Städte einsetzte – so ähnlich, wie ein Vater an seinem Sohn Spaß haben kann.

Ist es nicht profan, sich Gott in menschlicher Gestalt vorzustellen? Keineswegs! Gott als gestaltlose Abstraktion – das ist profan. Wenn wir alle Engelfürsten, all die Pracht und Herrlichkeit gesehen haben, steht da nur noch ein Mensch voller Liebe mit ausgebreiteten Armen. Es ist zu einfach, um wahr zu sein, so simpel, so naiv. Vielleicht dachte Luzifer aus diesem Grunde, daß er Gott besser absetzen würde. Vielleicht fühlen sich deshalb viele Menschen mehr von den nicht-biblischen Religionen angezogen. Die spornen die Menschen wenigstens an, immer höher zu klettern, und sie versprechen ihm immer tiefere Einweihungen in immer größere Geheimnisse, die für das normale Volk nicht zugänglich sind. Und am Ende steht dann ein Gott, der nur noch abstraktes Licht ist, sozusagen ein Grinsen ohne Kater, um mit »Alice im Wunderland« zu sprechen. Wenn Sie diese Kindergeschichte nicht kennen: Alice sah einen großen grinsenden Kater auf einem Baum sitzen; dann verschwand er, und zurück blieb nur sein Grinsen.

Im Grunde ist Gott, wenn er als einfacher Mann erscheint, auch eine ziemliche Beleidigung für all die eifrigen Kletterer. Stellen Sie sich jetzt vor, daß Sie hundert Leben lang die ungeheuerlichsten Entbehrungen auf sich genommen haben, um einen unendlich hohen Turm zum Himmel zu ersteigen. Im ersten Leben kaufen Sie sich von einem einfachen Pförtner eine Eintrittskarte zu diesem Turm, und dann steigen und steigen Sie nur noch. Und schließlich sind Sie in Ihrem hundertsten Leben oben angekommen. Sie öffnen das Paradiesestor und sehen zu Ihrer

Freude einen großen Engel, der feierlich spricht: »Ich werde dich persönlich vor Gottes Angesicht bringen«. Und dann nimmt er Sie zu einem Teich mit, und an dessen Ufer, auf einer Bank, sitzt der einfache Pförtner, der Ihnen in Ihrem ersten Leben die Eintrittskarte verkauft hat. Sie denken: »Wie kommt denn der hierher? Das muß doch ein Irrtum sein!« Dann sagt der Pförtner zum Engel: »Danke, Gabriel, du kannst ihn jetzt mir überlassen«. Er wendet sich jetzt Ihnen zu und sagt freundlich: »Wo bist du denn so lange geblieben? Ich sitze hier schon neunundneunzig Leben und warte auf dich!«

Werden Sie sich dann nicht verulkt fühlen? Hatten Sie nicht etwas Höheres, Besseres, Würdigeres erwartet als diesen Pförtner? – nach all der Mühe? Wenn Sie so ein Kletterer sein sollten, dürften Sie für einen einfachen menschlichen Gott nicht viel empfinden.

Ich selbst bin kein Kletterer, denn ich kriege leicht Schwindelgefühle. Deshalb freue ich mich darüber, daß der himmlische Pförtner zu uns heruntergekommen ist und eine andere Route zum Paradies anbietet. Einen Weg für Menschen wie ich, mit wenig Heiligkeit und viel Höhenangst. Es ist für mich wirklich unmöglich, einen abstrakten Gott zu lieben. Ich kann ja auch nicht den Satz des Pythagoras lieben. Aber einen Gott, der in unbegreiflicher Bescheidenheit als Mensch erscheint, ja, Ihn kann ich sehr lieben.

Ich glaube, daß wir den Satz, daß wir als Ebenbild Gottes geschaffen sind, viel wörtlicher nehmen dürfen, als es zumeist geschieht. Wenn wir tatsächlich als Sein Ebenbild geschaffen sind, dann sagt das nicht nur etwas über uns, sondern auch über Ihn aus. Es sagt uns, wie Er aussieht, wenn wir Ihm begegnen, und es erklärt auch, warum die meisten Himmlischen wie Menschen aussehen. Die Menschengestalt ist Gottesgestalt. Welchen Weg Sie auch gehen, den der Kletterer oder den der Menschen mit Höhenangst: Schließlich, wenn Sie alle Großen des Himmels und der

Erde passiert haben, kommen Sie nach einem oder nach hundert Leben bei der Einfachheit Gottes an, und dann stehen Sie vor der Wahl: Wollen Sie Ihm gleichen und in alle Ewigkeit einfach und dienend bleiben, oder wollen Sie dem Urvater aller gefallenen Engel ähnlich werden und im Reich der Verzweiflung einen hohen Platz einnehmen. Die Basis des Verhältnisses zwischen Schöpfer und Geschöpf ist der freie Wille. Deshalb nimmt Er uns gegenüber auch die einfache Form an. Wenn wir Ihn auch nur den Bruchteil einer Sekunde so sehen würden, wie Er von innen ist, dann wären wir im selben Augenblick von diesem Licht verzehrt. Für uns schwache Menschen ist Gottes Menschwerdung ein unvorstellbarer Segen.

Da Gott auch eine Seite des »verzehrenden Feuers« hat, »bedeckt« Christus Gott. *In Christus beschützt uns Gott vor sich selbst.*

Jetzt haben wir alle Himmel durchlaufen und sind bis zum Anbeginn durchgedrungen. Zuerst sahen wir Menschen, die zum Himmel, zum Schutzengel und zu dem, was dahinter liegt, aufblickten. Und nun, am Ende des Weges, sehen wir eine menschliche Gestalt, die ganze Ozeane von Liebe ausstrahlt. Anfang und Ende schließen sich. Der entfernteste Himmel ist der nächste. Die Cherubim mögen im höchsten Himmel wohnen, aber wenn Ihr Herz gut ist, dann wohnt Gott in ihm.

Aber da es in diesem Buch um Engel geht, muß ich jetzt die Frage stellen: Wie muß dann unser Verhältnis zu den Engeln sein, wenn Gott Selbst der Führer und Begleiter der Menschen zu sein scheint? Es gibt den Spruch, daß Gott Mütter schuf, weil Er nicht überall gleichzeitig sein kann. Das ist natürlich ein Riesenunsinn. Denn gerade das kann Er ja und noch dazu zu allen Zeiten, die die Welt erlebt hat. Es ist nicht der Sinn der Sache, daß wir die Engel an Gottes Stelle setzen wollen, daß wir zu ihnen beten, sie verehren und sie als unsere eigentlichen Helfer in Not und Gefahr betrachten. Das sind sie sicher nicht. Sie sind Bewohner der Geisteswelt; genau wie wir sind auch sie Diener Gottes. Sie können ausgeschickt werden, um Botschaften zu übermitteln oder zu helfen. Ihre Aufgabe ist es, Prozesse zu regeln und zu steuern. So heißt es zum Beispiel im Buch Zohar, daß es einen besonderen Engel namens Sangariah gibt, der für all diejenigen auf Erden zuständig ist, die das Fasten auf sich genommen haben (Buch IV, 207 a). Es ist eher so, daß wir auf unserem Weg zu Gott mit Engeln zusammentreffen werden. Die führende Hand, die hinter ihnen steht, ist die eines Gottes, der so bescheiden ist, daß wir dazu neigen, Ihn zu übersehen. Er ist ein Mann, der während seines Erdendaseins von Sich bezeugte: »Ich bin sanftmütig und von Herzen demütig« (Matthäus 11:29).

Kann das möglich sein? Kann Gott einfach freundlich und liebevoll sein? Müßten wir nicht eigentlich vor Bewunderung über diese andere Seite von Ihm, der Milchstraßensysteme und Atome erschafft, überwältigt sein? Dann würden wir Ihn um dieser Seiner Werke willen über alles bewundern, aber noch nicht lieben. Aber man kann Ihn lieben, weil Er so ist, wie Er ist, weil Er einfach ist, weil Er den Willen hat, Sich auch für das geringste Seiner Geschöpfe einzusetzen. Als guter Hirte, der auszieht, um auch nur ein einziges verlorenes Schaf zu finden, steht Gott uns näher, als wenn wir Ihn als den Baumeister bewundern, der allen Sternen ihren Platz angewiesen hat.

Können Sie sich noch an den Film »Grazige Weiden« (Saftige Wiesen) erinnern, an jenen Traum eines kleinen Negerjungen in der Sonntagsschule? Sein Blick schweift nach draußen zu den weißen Wolken. Auf den Wolken sitzen große Neger mit weißen Flügeln und fischen. Überall laufen schwarze Engel herum. Alles ist einfach wunderbar. Und irgendwann stehen dann alle auf. Es bildet sich ein Bogen aus Wolken, und Gott Selbst kommt heran. Er hat einen etwas engen, abgetragenen Anzug an und trägt einen leicht ramponierten hohen schwarzen Hut auf seinem grauen Kraushaar. Es ist der alte Pfarrer der Sonntagsschule, denn so stellt der kleine Junge sich Gott vor.

Jetzt, fünfzig Jahre, nachdem ich diesen Film gesehen habe, glaube ich, daß dieser kleine Negerjunge mehr von Gott begriffen hat, als mancher Guru, der einen abstrakten Gottesbegriff lehrt.

Ein Gott also, der genauso einfach und liebevoll wie ein alter Sonntagsschullehrer ist? Ist das nicht zum Lachen? Ja, lachen Sie nur, besonders dann, wenn es ein Lachen der Erleichterung sein sollte. Es ist einfach zu verrückt! Sie brauchen nicht mehr zu meditieren, nicht mehr nach Indien zu fahren oder orangefarbene Kleider anzuziehen; sie brauchen nur einen Gott zu lieben, der als Mensch mit Ihnen mitreist und mitleidet, und ferner alle Menschen in Ihrem Umkreis, weil Er diese Menschen Seine Kinder nennt.

Tja, ein Holländer muß halt immer eine Predigt halten. Jetzt sind wir ganz oben auf diesem Kirchturm. Vorsicht an der Brüstung, die nicht stabil ist. Über uns die Unbegreiflichkeit des Schöpfers, unter uns die Hierarchien. Neben uns der Führer. So gesehen, ist die Sache ganz in Ordnung. Aber warum ist dann soviel schiefgelaufen?

Das ist das Thema des folgenden Kapitels.

Der Kampf im Himmel

Alte Geschichten erzählen von einem gewaltigen Kampf, der im Himmel stattgefunden haben soll. Unter der Leitung Luzifers soll ein Teil der Engel gegen den Herrn der Heerscharen rebelliert haben. Er wurde daraufhin durch die Engel, die Gott treu blieben, unter der Leitung Michaels aus dem Himmel geworfen. Dieses Thema hat den menschlichen Geist immer wieder beschäftigt. Brueghel der Ältere hat diesen Kampf in allen Details gemalt.

Dante siedelt Luzifer im tiefsten Höllenabgrund an, nicht in der Feuerhitze, sondern in klirrender Eiseskälte. Der Seher Lorber wiederum sagt es ganz anders: Bei ihm ist zu lesen, daß Luzifer das erste lebende Geschöpf Gottes war, der beabsichtigt hatte, auf harmonische Weise das ganze Weltall mit ihm zu bevölkern. Als er fiel, verwandelten sich seine Mitläufer und er selbst in Materie. Und im Grunde ist die ganze Materie, die wir überall im Weltraum wahrnehmen können, nichts anderes als zu Materie geronnene, gefallene Engel. Das Tragische daran – ich zitiere noch immer Lorber – war, daß auch all jene Geister, die zu Luzifer gehörten, ebenfalls zu Materie erstarrten, obwohl eigentlich geplant war, daß sie dermaleinst eine selbständige Existenz als freie Geister haben sollten. Demnach besteht der Erlösungsplan daraus, diese Myriaden von Geistern aus der erstarrten Materie zurückzugewinnen. Und zu diesem Zweck gibt es einmal in ihrer Existenz einen Augenblick, wo sie als freie Menschen umhergehen und eine bewußte Wahl treffen müssen ... für die alten gefallenen Engel oder für den Herrn, der sie erlösen will.

Das ist eine merkwürdige Vorstellung, aber ich nenne sie hier, um zu zeigen, daß sich Menschen immer wieder Gedanken über die Macht der gefallenen Engel gemacht haben.

Rudolf Steiner hat eine andere Theorie über die Materie, derzufolge sie die erstarrte Substanz der Ophanim ist, und die Ophanim hätten diese Basis für unsere materielle Existenz dann voller Liebe geopfert.

Die beiden Theorien von Lorber und Steiner sind sich nicht so unähnlich, wie man glauben könnte. Steiner sieht mehr den Beginn der Materie, wie er von den Ophanim ausgehen könnte. Lorber sagt im Grunde, daß die Materie viel härter geworden ist, als bei Beginn des Falles geplant war. Seit man mit den Hilfsmitteln der modernen Raumforschung entdeckt hat, daß zwischen Mars und Jupiter eine Planetenbahn sozusagen nicht besetzt ist und daß in dieser Bahn riesige Materiebrocken um die Sonne kreisen, glaubt man, daraus ableiten zu können, daß an dieser Stelle ein Planet auseinandergeborsten ist. Sofort kamen wieder Spekulationen in Gang, daß an diesem Platz vielleicht der sagenhafte Kampf im Himmel stattgefunden habe.

Es ist natürlich schwierig, darüber ein abschließendes Urteil zu fällen, wenn man selbst nicht dabeigewesen ist. Aber wir können etwas anderes tun: Wir können von unserer heutigen Situation ausgehen, und dann ist eines offenkundig: daß außer hilfreichen Kräften auch solche auf uns einwirken, die gegen uns arbeiten. Das wollen wir zunächst auf der persönlichen Ebene betrachten.

Jeder, der dies liest, wird mir zustimmen, wenn ich sage, daß er oder sie die Dinge, die er oder sie im Leben tun, in guter Absicht tun. Ein Mensch muß ziemlich pervers veranlagt sein, wenn er bewußt Böses tun will. Praktisch ist er dann reif für eine psychiatrische Behandlung.

Trotzdem wird man genauso schnell zugeben, daß von vielen guten Absichten oft recht wenig ankommt. Oft ist es sogar so, daß die Menschen, die sich am meisten lieben, sich gegenseitig am meisten Schmerz zufügen können. Das Christentum hat deshalb immer mit Nachdruck darauf hingewiesen, daß der Mensch ein gefallenes Wesen ist. Es spricht tatsächlich einiges für diese Auffassung, auch wenn man sie nicht aus einem religiösen Blickwinkel betrachtet. Es wird jedem klar sein, daß das Böse die Neigung zur Eskalation hat, ob das nun auf nationaler oder persönlicher Ebene geschieht. Der Mensch, der dieses Böse auslöst, hat es oft bald nicht mehr in der Hand, es nimmt eine eigene Existenz an. Es ist auffallend, daß viele Mörder vor dem Richter erklären, daß sie keineswegs die Absicht hatten, den anderen zu töten. Es ist ferner auffallend, daß ein Streit oft viele andere mit hineinzieht, daß ein Krieg klein beginnt, sich aber trotz aller Bemühungen internationaler Organisationen immer weiter ausbreitet, und daß immer entsetzlichere Waffen eingesetzt werden.

Das Böse führt ein Eigenleben, wenn man ihm die Chance dazu gibt, und was liegt näher als die Folgerung, daß es dann auch eine eigene Existenz hat und lediglich versucht, sich vermittels des Menschen zu verwirklichen.

Es ist auch offenkundig, daß der Fortschritt der Menschheit an jedem Punkt ihrer Entwicklung ernsthaft behindert wird. Das kann man am deutlichsten dort sehen, wo Menschen auftreten, die der Menschheit auf der geistigen Ebene weiterhelfen wollen. Im selben Augenblick tritt fast automatisch die Verfolgung ein. Fast alle Propheten des alten Testaments sind auf gewalttätige Weise ums Leben gekommen, und Jesus Christus, in dem uns dem christlichen Standpunkt zufolge Gott selbst erschienen ist, wurde gekreuzigt. Wenn man in der europäischen Geschichte alle jene betrachtet, die versuchten, den Glauben von materialistischen Einflüssen oder Abgötterei zu reinigen, sieht man, daß sie unerbittlich verfolgt und grausam getötet wurden.

Aber auch auf anderen Gebieten sehen wir diese seltsame

Kraft wirken, die Hindernisse schafft und Verfolgungen einleitet. Neue Durchbrüche in der Medizin werden mit Spott und Hohn weggekehrt, neue Einsichten in der Politik werden unter den Schreibtisch gefegt, neue Erfindungen auf dem Energiesektor werden totgeschwiegen. Es sieht ganz danach aus, als ob Kräfte am Werk seien, die dem Menschen nicht wohlwollend gesinnt sind.

Um bei unserem Bild von den Schatzsuchern auf dem Meeresboden zu bleiben: Es gibt nicht nur hilfreiche Geister, die uns mit Sauerstoff, Information und anderen notwendigen Dingen versorgen, sondern auch bösartige, intelligente Ungeheuer, die in tiefen Grotten auf dem Meeresboden wohnen. Jeden Schatz in der Meerestiefe betrachten sie als ihr Eigentum und jeden Eindringling als willkommene Beute.

An dieser Stelle möchte ich erzählen, wie es mit dieser wundersamen, schadstofffreien Energie weiterging, die Tesla zum erstenmal anwendete und die dann von Reich und Moray aufs neue entdeckt wurde.

Tesla war ein schlauer Fuchs und hielt seine Entdeckung geheim. Aber Reich, der erkannte, welch eine Urkraft er entdeckt hatte – eines schönen Tages verursachte er sogar ein Erdbeben –, publizierte seine Ergebnisse.

Die F.D.A. (Food & Drug Administration), eine der größten bürokratischen Körperschaften der USA, zitierte ihn vor den Richter. Es wurde ein merkwürdiger Prozeß. Reich hatte Energie gewonnen – und zwar eine ganze Menge – ohne fossile Brennstoffe zu verwenden, ohne eine Windmühle laufen zu lassen, ohne irgendein anderes erkennbares Gerät zur Energiegewinnung. Die Energie kam also aus dem Nichts hervor. In seinem Urteil befand der Richter, daß Reich etwas getan hatte, was er eigentlich nicht getan haben konnte, und daß er deshalb ein Betrüger sei. Es wurde ihm zur Auflage gemacht, seine Untersuchungen einzustellen.

Als er dann doch damit weitermachte (eigentlich war er

Psychiater von Beruf), wurde er ins Gefängnis geworfen. Dort starb er Anfang des Jahres 1957. Im selben Jahr konnte es die F.D.A. durchsetzen, daß ein richterlicher Bescheid die Verbrennung von Reichs Büchern und Entdeckungen anordnete. Noch im Jahre 1960 wurden Bücher von Reich in den öffentlichen Müllverbrennungsanlagen von New York City verbrannt (Energy and Character, Jan. 1972).

Diese Geschichte spielt nicht im Mittelalter irgendwo auf einer finsteren Burg, sondern in den Vereinigten Staaten von Amerika im Jahre 1960. Verstehen Sie nun, was ich mit den Kräften, die die Entwicklung behindern, sagen will? Wenn dies alles nicht gut belegt wäre, dann wäre es so unglaubwürdig, daß man sich weigern würde, seine Aufmerksamkeit daran zu verschwenden.

Aber wie erging es dann Moray, der all diese 100-Watt-Lampen vor Zeugen brennen ließ, indem er sein Gerät auf die kosmische Energie einstellte? Wo ist dieses sein Gerät geblieben?

Warum müssen wir uns noch mit unserer Ölkrise herumschlagen? Hatte Moray keine Freunde, die ihm hätten helfen können, sein Gerät in großem Maßstab unters Volk zu bringen? Nein, viele Freunde hatte Moray nicht. Einer von ihnen, Lovesay, versprach, daß er Moray unter allen Umständen helfen würde. Aber mit solchen Äußerungen muß man in dieser Welt vorsichtig sein, denn er hatte nicht damit gerechnet, daß ihn jemand auf noch ungeklärte Weise umbringen würde.

Später schickte die amerikanische Regierung dann einen Mann namens Frazer, der das Gerät monatelang von allen Seiten untersuchte und es dann eines schönen Tages mit einem großen Beil in Splitter zerhackte.

Moray selbst entkam dreimal einem Mordanschlag, da er glücklicherweise besser schoß als seine Angreifer. Er starb nach dem Krieg, tief enttäuscht, daß er der Menschheit keine saubere, billige Energie hatte hinterlassen können.

Bevor wir uns weiter mit diesen gegen uns wirkenden Kräften befassen, möchte ich mit Ihnen einen Augenblick darüber nachdenken, was passieren würde, wenn die Schwerkraftenergie auf unserem Planeten für jeden anwendbar würde. Es würde zu einer ungeheuren Dezentralisierung kommen; viele Steuern würden überflüssig, der Kapitalismus abgeschafft werden, da jeder Kapitalist wäre. Aus dem selben Grund würden auch Sozialismus und Kommunismus abgeschafft werden. Es würde eine Situation eintreten, als ob jeder einen reißenden Bergbach neben seinem Haus hätte, aus dem er Energie gewinnen könnte. Und das Verrückte dabei ist: *es gibt diesen Strom.* Es ist die *Schwerkraft.* Und im Prinzip wissen wir jetzt, daß diese Energie verwendet werden kann. Die praktische Anwendung ist nur noch eine Frage der Zeit.

Robert Jungk hat in einem Buch »Der Atomstaat« deutlich gezeigt, daß die Umstellung auf Kernenergie vollkommen folgerichtig zur Bildung von harten autoritären Polizeistaaten führen wird.

Aber wozu würde die Entwicklung dieser Energie führen, wenn man sie in großem Umfang einsetzte? Zu einer menschlichen Freiheit enormen Ausmaßes und einem politischen Zustand auf diesem Planeten, wo der schlimmste Kampf höchstens um den Weltfußballcup tobt? Oder werden die Menschen dann aus Langeweile morden? Oder um wieder eine neue, irrsinnige Ideologie zu verteidigen?

Sollte vielleicht nur ein neuer Mensch mit dieser neuen Energie umgehen können? Daß eine saubere, kostenlose Energie für alle frei zugänglich sein soll, übersteigt unser Vorstellungsvermögen hinsichtlich der Konsequenzen eines solchen Zustandes. Aber deshalb habe ich diese Geschichten hier auch nicht wiedergegeben. Wie die Menschheit so ein Geschenk gebrauchen wird, liegt an ihr selbst. Daß es ein Geschenk ist, ist vollkommen offenkundig. Die Luftverschmutzung würde verschwinden, ebenso der Fluch des hohen Zinssatzes, die unerträgliche Bürokratie und noch viel mehr. Welche Rationalisierung kann man noch erfinden, um den Menschen zu unterdrücken, wenn er mit der vorhandenen Energie zufrieden ist, genauso, wie auf fernen Inseln die Eingeborenen mit dem Fisch und den Kokosnüssen zufrieden sind, von denen sie leben?

Ich betrachte Tesla, Reich und Moray also als positiv inspirierte Menschen, und es ist offenkundig, daß die, die Reich ins Gefängnis brachten und seine Bücher verbrannten, und jene, die Morays Gerät zerstörten und auf ihn schossen, negativ inspirierte Menschen waren.

Eine Inspiration ist nicht etwas, das ein Mensch hat, weil er so vortrefflich begabt ist, vielmehr »in-spiriert« er es, atmet es im buchstäblichen Sinne des Wortes ein; die Inspiration strömt ihm also zu. Man könnte sagen, daß es böse Mächte gibt, die am liebsten die ganze Menschheit vernichten würden, oder noch besser, sie in die Sklaverei führen möchten, in diesem Leben genauso wie nach unserem Tod. Sie inspirieren die Menschen zu entsetzlichen Entdeckungen wie Wasserstoffbomben und Nervengasen, Polizeistaaten und Konzentrationslagern; und wo sie nur irgendeine Chance sehen, arbeiten sie allen guten Impulsen entgegen. Das wären dann Impulse wie die Entdeckung von umweltfreundlichen Energiequellen, ökologischen Einsichten, toleranten politischen Systemen und so viele andere Möglichkeiten, um die Menschheit aus der Sackgasse zu holen.

Die bösen Inspirationen kommen nicht von abstrakten Kräften. Vielmehr werden sie durch gefallene Engel erzeugt, die angesichts der Menschen von großer Wut erfüllt sind; denn sie sind selbst gebunden und mißgönnen daher dem anderen die Freiheit. Wie eine Art dunkles Spiegelbild der himmlischen Hierarchien breiten sich die gefallenen Engelhierarchien unter uns aus. Inspirationen strömen uns von oben und von unten zu.

Wer ist eigentlich Luzifer, der alte Feind des Menschengeschlechtes mit seiner Schar gefallener Engel? Im hebräischen Denken werden er und seine Scharen die »Schalen« genannt, weil sie aus dem Kern gefallen sind. Sie sind ganz und gar an den äußeren Rand geraten.

Meiner Ansicht nach achtet man nicht genügend darauf, daß der alte Feind des Menschengeschlechts einst ein Cherub gewesen ist.

Wieder ist es Ezechiel, der in seinem achtzehnten Kapitel eine Beschreibung dieses Wesens gibt. Zwar sieht es ganz so aus, als schreibe Ezechiel über den König von Tyrus, aber es kommt ja öfter vor, daß die alten Texte wichtige Informationen in solchen irdisch-realistischen Beschreibungen verstecken. Vor unseren Augen erscheint ein »beschützender« Cherub im Garten von Eden. Er ist mit prächtigenEdelsteinen geschmückt, voller Weisheit und Schönheit, vollkommen in all seinem Tun. Und dann plötzlich kommt es zu einer unvorstellbaren Katastrophe: Er fällt – und zwar liegt das an seinem Hochmut.

Der Vollständigkeit halber möchte ich hier übrigens noch hinzufügen, daß der böse Geist im apokryphen Buch Bartholomäus als der erste der geschaffenen Erzengel bezeichnet wird; vor seinem Fall hieß er Sataniel, und nach seinem Fall Satanus. (Das ist verständlich, wenn man weiß, daß die Nachsilbe »el« ›Gott‹ bedeutet).

Ist der Böse nun ein gefallener Cherub oder ein gefallener Erzengel? Wir wissen es nicht, und es gehört auch zum Charakter der bösen Macht, daß selbst ihre Herkunft nicht klar ist. Das Böse ist oftmals durch seine Unklarheit charakterisiert.

Wenn wir in den alten Legenden und Geschichten lesen, daß im Himmel einst ein ungeheurer Streit stattgefunden hat, dann müssen wir erkennen, daß damit ewig gültige Prinzipien dargestellt werden. Die Heere von Michael und Luzifer stehen sich immer noch gegenüber, denn in den himmlischen Gefilden herrscht ein ewiges Jetzt. Der Kampf zwischen diesen Heeren im Himmel ist also eigentlich noch nicht vorbei, sondern – wenn wir uns die Weltgeschichte genau ansehen – dauert er noch immer an. Es gibt Jahrhunderte, in denen der Kampf etwas ruhiger ist, und dann gibt es wieder Zeiten, in denen sich Michael und Luzifer wieder so richtig in den Haaren zu liegen scheinen. So eine Zeit ist auch die unsrige, und da geht es nun darum, Farbe zu bekennen, zu wissen, von wem man die Inspiration bekommen will. Will man die reine Bergluft Michaels oder den Leichengeruch von Luzifer. Neutralität kann es – wie auch Herr Cohen uns lehrte – in dieser Zeit nicht mehr geben.

Es ist übrigens nicht einmal so einfach zu erkennen, aus welchem Bereich eine Inspiration kommt. Gehört dieser Geist zum Himmel oder zur Hölle? Die inspirierenden bösen Geister sind äußerst negativ und gefährlich und geben sich doch gerne als Wohltäter der Menschheit aus.

Und wer ist es nun, der die Inspiration aufnimmt, auf sie hört? Eines ist mir klar geworden: Die Personen, die in hohen Positionen sitzen, sind nicht diejenigen, die gegen die Sklaverei der Menschheit kämpfen. Oft sind es kleine Gruppen wohlmeinender Menschen ohne Macht, die nur irgendwie getrieben sind. Sie gehen freundschaftlich miteinander um, auch wenn sie aus den verschiedensten Gesellschaftsschichten kommen. Sie brauchen keine Gläubigen – im orthodoxen Sinn dieses Wortes – zu sein. All jene, die versuchen, die Menschheit zu versklaven, sehen anders aus.

Jung nennt einige Merkmale: im Kontakt mit enthusiastischen Verteidigern menschlicher Werte sind sie gelangweilt, kühl, arrogant, ärgerlich, ohne irgendeine Spur von Wärme oder Freundlichkeit.

Böse Geister bedienen sich rationaler Argumente, am besten mit frommen Worten verziert. So war der Ausgangspunkt für den Bau der ersten Atombombe in den Vereinigten Staaten das durchaus vernünftige Argument, daß auch Hitler auf diese Idee kommen könnte. Nach dem Krieg stellte sich heraus, daß Hitler tatsächlich auf diese Idee gekommen war, aber die Kernforscher, die in seinem Auftrag standen, hatten den Plan sabotiert. Eine vollkommen logische Argumentation der amerikanischen Regierung führte zu einer Entfesselung der Hölle. Es ist ein ungeheurer Fehler zu glauben, daß die bösen Geister nicht auch gläubig sein könnten. Glauben Sie an den Einen Gott? Daran tun Sie gut, aber auch die bösen Geister tun das, und sie zittern, sagt Jakobus (2:19).

Der Atheismus ist nur eine Übergangsphase; für die bösen Geister bringt er nicht viel. Es ist die Phase der Ablösung vom Himmel. Aber das eigentliche Ziel der bösen Inspiration ist die Anbetung des Falschen.

Zum Glück ist es möglich zu erkennen, woher der Wind weht. Die Hölle will immer herrschen. Sobald Sie Herrschsucht mit einer sogenannten erleuchteten Idee gepaart sehen, müssen Sie mißtrauisch werden. Anstatt daß das Proletariat befreit wird, entsteht die Diktatur des Proletariats, anstelle einer kooperativen Vereinigung ein Establishment. Noch einfacher gesagt: höllische Inspiration führt früher oder später zu gegenseitigem Mißtrauen und Haß, und schließlich zu Unterdrückung und Mord. Himmlische Inspiration führt zu gegenseitigem Vertrauen und Liebe. Wir sind keine willenlosen Opfer dieser himmlischen Chöre und höllischen Kakophonien, die sich über und unter uns ausbreiten. Wir haben die Freiheit zu wählen, und das ist eines der größten Wunder der Schöpfung. Das einzige, was wir nicht sagen sollen, ist: »Ich befasse mich damit nicht.« Wenn wir so sprechen, befaßt sich dieser Bereich mit uns, und oft auf recht handgreifliche Weise.

Man muß schon wirklich wählen, und zwar bewußt. Unsere Freiheit liegt darin, daß wir zum Guten oder Bösen ja oder nein sagen können. Aber sie besteht nicht darin, sich dieser Wahl zu entziehen.

Aber es ist überaus wichtig, daß die Wahl, wenn wir ja

sagen, nicht im Sinne einer sklavischen Unterwerfung erfolgt. Wenn wir ja zum Himmel sagen, tun die Engel ihr Möglichstes, um uns in unseren Beschlüssen Freiheit zu geben. Das ist das Verrückte! Wir bleiben die handelnden Personen und können unsere Beschlüsse in Freiheit fassen.

Wenn wir dagegen ja zur bösen Inspiration sagen, dann wird die Hölle alles daransetzen, uns zu unterwerfen und zu einem »inspirierten« Sklaven zu machen. Aus diesem Grunde kann man ganz deutlich erkennen, daß manche religiösen Sekten die Anbetung böser Geister betreiben. Die Sektenmitglieder sind willenlose Sklaven in den Händen ihrer Führer geworden, die buchstäblich alles von ihren Anhängern fordern können, bis zur Prostitution oder zum Selbstmord. Glaube ist niemals blind, Aberglaube immer.

Dazu gibt es eine seltsame Parallele beim Krebsproblem. Es ist entdeckt worden, daß viele Krebspatienten eine bestimmte Charakterstruktur haben. Sie sind freiwillig zu Sklaven ihrer Umgebung geworden, und diese Umgebung läßt sich das gerne gefallen. Die Mutter wird zum Sklaven für alle, selbst für ihre bereits verheirateten Kinder. Ein Mann versklavt sich seinem Geschäft, und er ist der einzige, der aufgrund seiner niemals versiegenden Arbeitswut alles weiß; er ist einfach unersetzlich. Wenn sich aber Mutters Ehemann einen Seitensprung erlaubt, oder das Geschäft des Mannes plötzlich schlechtgeht, stürzt die Welt dieser Menschen in sich zusammen. Alles, wofür sie gelebt haben, ist verschwunden, es ist nicht mehr der Mühe wert, dieses Leben zu leben. Die Widerstandskraft versagt, und der Krebs beginnt zu wachsen.

Diese Menschen muß man lehren, daß sie die Führung ihres eigenen Lebens niemals aus der Hand geben dürfen, daß sie nicht gelebt werden dürfen, egal durch wen oder was, sondern daß sie selbstbewußt leben müssen. Auch für sie gibt es ein Stück Freiheit. Daß die Mutter den Kochtopf in Gottes Namen einmal Kochtopf sein läßt und statt dessen tut, was sie gerne tut, und daß ein Mann seinem Hobby wieder einmal mehr Zeit widmet – auch das sind Aspekte der Freiheit.

Geht das nicht in Richtung Egoismus? Nein; eine solche Entwicklung führt zu mehr innerer Freiheit. Und das geht nicht gegen Gottes Absichten, wie wir manchmal meinen mögen, wenn wir gläubig sind. Der Nachdruck liegt so sehr auf der Liebe zum Nächsten, daß man vergessen hat, daß geschrieben steht: »Liebe deinen Nächsten *wie dich selbst!*« Sie gehören auch selbst dazu.

Wir müssen uns hier in der Liebe üben; das ist eine der großen Zielsetzungen dieses Übungsplaneten, der Erde heißt. Aber wir müssen uns auch in der Freiheit üben, denn Liebe und Freiheit gehören zusammen.

Es ist der Himmel, der uns zu dieser Freiheit stimuliert, und es ist die pervertierte Inspiration, die fortwährend zu Sklaverei drängt. Am liebsten ist ihr freiwillige Sklaverei, denn dann gibt es hinterher keinen Ärger mit Rebellionen.

Das ist der Kampf im Himmel, der in uns allen stattfindet, der Kampf um unseren Willen, der in dem Maße freier wird, wie wir uns nach oben richten, und unfreier, je mehr wir uns nach unten orientieren.

Ich möchte noch einmal Morays Ausspruch zitieren: »Das Universum gleicht einem ungeheuren Radiosender.«

Großartig. Wenn das so ist, dann ist es nicht nur die Menschheit, die als Empfänger auftritt, sondern die Sendestation ist auch bemannt. Und ich meine das ganz buchstäblich.

Jetzt möchte ich auch noch davor warnen, den Kampf im Himmel als die Begegnung zweier Heere zu betrachten, die voll und ganz aneinander gebunden sind und auf dem Schlachtfeld der menschlichen Seele ewig kämpfen. Man verfällt dadurch leicht in ein Weltbild, wie es in Persien existiert hat, in dem die Geister des Lichtes und der Finsternis gleich stark sind und keiner jemals den Sieg erringt.

Im Grunde wurde es bereits überwunden, noch bevor die persische Vorstellung den Höhepunkt ihrer Entwicklung erreicht hatte, nämlich in einem der ältesten Bücher der Bibel: im Buch Hiob. Da sieht man Gott selbst gelassen mit dem Gegner Satan sprechen. Und der schafft es sogar, Gott so weit zu bringen, daß er ihm, dem Satan, erlaubt, eine ganze Reihe von Katastrophen über den armen Hiob kommen zu lassen.

So stellt sich dann heraus, daß diese Welt, die uns so gespalten scheint, in Gott doch eins ist. Selbst der Teufel hat darin seine Aufgabe. Vielleicht ist es eine recht tragische. Vielleicht ist das der Grund, daß Michael, wie wir erwähnten, keine Beschuldigung gegen ihn auszusprechen wagte. Einem gefallenen Familienmitglied gibt man keinen Fußtritt hinterher. Durch diese fortwährenden Hindernisse werden hier auf Erden doch letztlich nur tüchtige Erfolge verbucht. Muskeln werden gestärkt, Kräfte werden gestählt, man bekommt Rückgrat.

Selbst dieser Erzfeind hat in dem großen Gesamt eine Aufgabe zu erfüllen, vielleicht sogar, ohne daß er es weiß... obwohl wir natürlich seine Intelligenz nicht unterschätzen dürfen. Ohne Unterlaß testet er das menschliche Material, genau wie in einer Stahlfabrik die Festigkeit des Stahl getestet wird, bevor er verkauft wird.

Es ist unsere Aufgabe, dem Satan mit unserer Kraft zu widerstehen. Aber hüten wir uns davor, allzu voreilige Beschuldigungen gegen ihn vorzubringen, wie wir es auch bei Michael gesehen haben, überschütten wir ihn nicht mit Flüchen. Selbst er ist ein Geschöpf Gottes, und wir können annehmen, daß Gott selbst im bezug auf diese gefallenen Engel die Übersicht nicht verloren hat.

Jasminduft

Jetzt kehren wir auf unsere alte Erde zurück. Zu Ihnen und mir selbst. Ich nehme an, daß Sie genauso wie ich zu den vermuteten 98½ Prozent Personen unseres Volkes gehören, die noch nie einen Engel gesehen haben. Was für eine praktische Hilfe können Sie dann aus diesem Buch beziehen? Ich finde, so ein Buch hat nur dann einen Sinn, wenn es praktische Hilfestellungen geben kann. Wir Menschen sind schon viel zu weit auf unserem Weg in eine ungeheure Katastrophe, als daß wir noch Zeit hätten, über Engel zu schwatzen.

Werden die 98½ Prozent von einem Buch wie diesem nicht sagen, daß es auf reiner Spekulation beruht, daß es auf mittelalterliche Märchen zurückgreift, die mit ein paar Fällen aus der ärztlichen Sprechstunde untermauert werden?

Und werden nicht all diejenigen, die von Bibel und Christentum nicht so viel halten und sich vielmehr von östlichen Religionen angezogen fühlen, ein sehr starkes Gegenargument anführen können, nämlich, daß Engel in anderen Religionen nicht vorkommen?

Für den letztgenannten Punkt habe ich schon eine Erklärung. Der westlichen Zivilisation liegt die jüdisch-christliche Weltanschauung zugrunde, und die beruht auf dem Glauben an *einen* Gott. Sobald dieser Begriff wegfällt, geschieht etwas Merkwürdiges. Dann sieht man, daß die Engelscharen im Volksglauben eine andere Rolle übernehmen. Sie verschieben sich in der Rangordnung und werden zu Göttern.

Und dies gilt sowohl für die Gefallenen wie auch die

nicht gefallenen Engel. Nehmen Sie nur mal, um in unserer Kultur zu bleiben, die altgriechische Götterwelt. Denken Sie an den alten Zeus mit seiner launenhaften Art, der sich obendrein nicht gescheut hat, alle möglichen Abenteuer mit Menschenfrauen einzugehen. Ist das nicht eine deutliche Beschreibung eines jener gefallenen Engel, von denen die biblischen Geschichten berichten? Jene Engel, die ihren himmlischen Aufenthaltsort verließen und mit menschlichen Frauen Riesen zeugten (Genesis 6:1–4).

Ich glaube, daß die Götter der verschiedenen Völker mit den Engelfürsten im Christentum identisch sind und daß die Devas Indiens die Engel des Westens sind. Die Namensgebung ist anders, das Wesen ist identisch.

Hier muß ich noch etwas hinzufügen.

In unserer Welt wirkt ein auffallendes Gesetz, das sicher auch mit dem Einfluß von Engeln zu tun hat. Es ist schwer, es genau zu benennen, aber die Wirkung sieht folgendermaßen aus: Man konzentriert seine Aufmerksamkeit auf einen bestimmten Gegenstand, und nach einiger Zeit werden einem von der Außenwelt her alle möglichen Informationen zugetragen, die diesen Gegenstand näher erklären. Irgendwelche Leute schicken Ihnen ganz unerwartet ein Buch, das damit zu tun hat; eine Zeitung, die zufällig an der Bank, auf der Sie sitzen, vorbeiweht, enthält einen sehr wichtigen Bericht darüber; auf einer Party fällt eine Bemerkung, die plötzlich neue Einsichten vermittelt. So geschah es, daß ich einige Wochen, nachdem ich diese Zeilen geschrieben hatte, ein Buch geschenkt bekam. Es heißt »Angels«, wurde von Peter Lamborn Wilson verfaßt und enthält wunderschöne Illustrationen mit Abbildungen der verschiedenen Engelhierarchien.

Dieses Buch zeigt überdeutlich, daß in allen uns bekannten Zeiten, bei allen Völkern der Welt Engel eine wichtige Rolle als Vermittler zwischen Himmel und Erde gespielt haben. Später kam der Engelglaube durch den Einfluß des

Rationalismus zum Stillstand. Jetzt gewinnt diese Lehre offensichtlich wieder mehr Boden. Das hängt mit der Zeit zusammen, in der wir leben. In ihr sehen wir eine deutliche Veränderung der menschlichen Werte und Interessen; die geheimnisvolle Seite des Lebens zählt wieder mehr.

Aber nochmals: was haben Sie davon? Können Sie etwas damit anfangen oder ist es eben nur schön zu wissen? Wieder mal was anderes! Aber wir sollten, glaube ich, schon etwas Praktisches damit anfangen können.

Wir leben in einer Zeit, die sich von allen früheren Zeiten unserer Geschichte unterscheidet, mit Ausnahme vielleicht jener Zeit, die der Sintflut vorausging. Wie wohl jeder weiß, besitzen wir die Waffen, um den größten Teil des Lebens auf diesem Planeten auszulöschen. Diese Waffen stehen auf beiden Seiten des eisernen Vorhangs beziehungsweise des Bambusvorhangs und warten nur darauf, bis der Erstbeste oder -schlechteste auf den Knopf drückt.

Viele Menschen sind sich deshalb darüber einig, daß sich etwas verändern muß. Und nach langem Suchen und Forschen kommen immer mehr Menschen dahinter, daß man in dem uns bedrohenden Zusammenspiel der Kräfte nur eines versuchen kann zu verändern: das ist der Mensch selbst. Die größte Gefahr sind nicht die Wasserstoffbomben für sich genommen, sondern der Mensch, der nicht davor zurückschreckt, sie zu gebrauchen.

Seit den zwanziger Jahren wurden deshalb viele Experimente durchgeführt, um zu sehen, ob der Mensch nicht ein etwas besseres Glied der Schöpfung werden könnte. Eine ganze Reihe von Hobbypsychologen mit guten – manchmal auch weniger guten – Absichten haben sich mit Begeisterung auf diese Aufgabe gestürzt und Dinge wie Sensitivity-Training, Scientology, Transzendentale Meditation und andere mehr oder weniger malerische Zweige der Gruppenpsychologie betrieben, wobei man recht gut darauf achtete, aus den Anhängern freundliche, lammfromme Mitläufer zu machen. Gurus bieten ihren Anhängern – egal, ob sie nun Orange tragen oder nicht – eine Erlösung Marke Eigenbau an und führen sie dabei manchmal in eine geistige Sklaverei, die abgetakelte Jammergestalten aus ihnen macht.

Auch in der Politik sehen wir noch immer, wie das vollkommen veraltete kommunistische System die Fahne der Befreiung aus aller Not vor sich herträgt. Wer wirklich wissen will, was Kommunismus ist, der soll einmal mit Niederländern sprechen, die Nahrungsmittel in das arme Polen bringen.

Auch der reisende Lehrer Krishnamurti reitet darauf herum, daß der Mensch verändert werden muß, aber bewußt oder unbewußt beschränkt er sich so sehr auf dieses innerlich Leerwerden, daß er eben Leere anstatt Erfüllung zurückläßt. Krishnamurti ist ein wundervoller Mensch, aber er gibt keine Lösungen, er weicht dem Problem aus.

In diesen achtziger Jahren des zwanzigsten Jahrhunderts können wir feststellen, daß wir bei der Demontage der Zeitbombe Mensch gescheitert sind und daß die Gefahr besteht, daß in absehbarer Zeit nicht nur zwischen Mars und Jupiter, sondern auch zwischen Venus und Mars die Bruchstücke eines zerstörten Planeten herumfliegen ... eine düstere Erinnerung an den Ort, wo einst die schöne azurblaue Erde kreiste.

Hier und da beginnt sich allerdings die Tendenz abzuzeichnen, daß die Menschheit immer dringlicher nach einem starken Mann rufen wird, so daß es zu einer Weltdiktatur kommen könnte. Dann bricht zwar nicht der Planet in Stücke, aber die Menschheit wird auf einen Ameisenhaufen reduziert, und das ist nicht der Sinn ihres Aufenthalts auf Erden. Vielmehr hat sie als Aufgabe, eine Gemeinschaft zu bilden, in der Liebe herrscht, eine Liebe, die sich über alle Mitmenschen und die unter uns liegenden Reiche erstreckt: das Tierreich, das Pflanzenreich und das Reich der Minerale. Der Auftrag der Menschheit ist Brüderlichkeit, nicht

Unterwürfigkeit und Herrschsucht. Ihr himmlischer Auftrag, und zwar für jeden einzelnen Menschen, ist es, zu Gott zurückzukehren, zu einem Gott, der von uns erwartet, daß wir bescheiden dienen und Wärme und Liebe ausstrahlen. Und das ist in einer Diktatur natürlich nicht möglich, denn da regiert die Angst.

Eine Diktatur ohne Terror ist ein Ding der Unmöglichkeit, wie man auch leicht aus der Geschichte entnehmen kann. Träume über eine gerechte Diktatur sind genauso absurd wie Träume über eine jungfräuliche Hure. Eine Diktatur von planetarischem Ausmaß ist eine unvorstellbare Katastrophe, wenn man es von der geistigen Ebene aus betrachtet.

Aber wenn wir angesichts der herrschenden Zustände zugeben müssen, daß wir es allein nicht schaffen und eine Weltdiktatur eine schlechte Alternative ist, was dann?

Dann können wir nur noch zugeben, daß wir Hilfe brauchen. Und das ist das Allerunangenehmste, was dem Menschen mit all seiner Arroganz passieren kann. Stellen Sie sich eine Partei vor, die mit ihren Wahlslogans die Wähler zu gewinnen sucht, daß eine solche Partei plötzlich zugeben würde: »Wir haben nicht die geringste Ahnung, wie wir diese Probleme wirklich lösen können.« Oder stellen Sie sich vor, daß ein mächtiger Diktator plötzlich sagt: »Weiß vielleicht jemand aus dem Volk eine Lösung dieser Probleme? Ich selbst sehe in diesem Augenblick keinen Ausweg.« Oder daß ein bedeutender Professor aus einem Krebsinstitut einmal damit aufhört, immer schönere Heilungsstatistiken in die Welt hinauszuschicken, statt einzugestehen: »Es sterben immer mehr daran!« Haben Sie sich solche Situationen schon einmal vorgestellt? Dann wissen Sie vielleicht, was daran nicht stimmt. Der Mensch beißt sich lieber die Zunge ab, als daß er zugeben würde, daß er mit einem Problem nicht fertig wird, vor allem, wenn er in einer hohen Position sitzt.

Und doch brauchen wir dringend Hilfe von draußen, denn wir haben als Menschheit bewiesen, daß wir es allein nicht schaffen. Das ist eine echte Falle: Die Menschheit saust auf den Abgrund zu und braucht Hilfe, um nicht hineinzufallen. Die Führer der Menschheit mit ihrer Basis (und das sind wir) geben nicht zu, daß sie es nicht schaffen, sondern sie behaupten, daß sie mit ausreichenden Steuergeldern jedes Problem lösen könnten. Die Katastrophe scheint unvermeidlich zu sein.

Demgegenüber steht die Tatsache, daß unser himmlisches Gefolge wahrscheinlich sehr gut weiß, wie wir unsere Probleme lösen müssen und uns mit guten, hilfreichen Impulsen überströmt.

Dem steht wieder gegenüber, daß auch sehr viele schlechte Inspirationen auf die Menschen losgeschickt werden und daß die Menschen dazu neigen, auf die schlechten Inspirationen zu hören, weil sie ja Genuß versprechen. Niemand würde auf schlechte Inspirationen hören, wenn sie nicht das eine oder andere Lustgefühl in uns ansprechen würden. Es gibt in manchen frommen Kreisen Personen, die der Meinung sind: »Wenn sich die Menschen nur an die zehn Gebote halten, dann wird schon alles wieder richtig.« Das stimmt natürlich. Wenn unsere Gesellschaft wirklich wieder auf dem Boden der zehn Gebote stehen würde, dann wären wir schon ein ganzes Stück weiter. Aber das ist nicht so. Und dazu kommt, daß wir mit einer Reihe von sehr komplizierten Problemen konfrontiert sind, weil unsere menschliche Gesellschaft so vielschichtig geworden ist, daß wir die praktischen Probleme der Gegenwart nicht ohne weiteres mit den zehn Geboten lösen können. Die zehn Gebote könnte man mehr als die Gesetzesbasis ansehen, aber ihre Ausführung muß speziell für unser zwanzigstes Jahrhundert formuliert werden, und das ist noch nicht geschehen. Dadurch kommt eine große Verwirrung zustande.

Ich möchte dazu ein praktisches Beispiel nennen. Jahrelang ist die Homöopathie gerade bei der christlichen Bevölkerung der Niederlande sehr beliebt gewesen, da diese Medikamente meist direkt aus Gottes Natur genommen werden. Aber da hat sich in den letzten fünf Jahren ein Umschwung bemerkbar gemacht. Plötzlich kommen Christen in die Sprechstunde, die keine hohen Potenzen haben möchten, denn das sei okkult. Auch wollen sie keine Medikamente von Wala oder Weleda, denn »die Anthroposophen säen ihre Pflanzen zu einem bestimmten Mondstand«, und das sei heidnisch. Aber meistens übersehen diese guten Leute, daß sie ohne irgendwelche Skrupel Hormonpräparate schlucken, die aus dem Urin von trächtigen Stuten hergestellt wurden, und das weicht bestimmt sehr von den mosaischen Ernährungsgesetzen ab. Oder sie nehmen einen Tranquilizer, wenn sie überspannt sind, während die Bibel doch ganz deutlich sagt: »Seid wachsam!«

Hier kann man sagen, daß das grundlegende Gesetz zwar richtig ist, daß aber in dieser unserer Zeit, wo sich so schnell so vieles verändert, daß man kaum mitkommt, die Anwendung dieses Gesetzes recht unklar ist.

Praktisch lassen uns die zehn Gebote auch dann im Stich, wenn es um die Lösung von Problemen wie der Energiekrise, der Umweltverschmutzung, der Geldentwertung, der Überbevölkerung geht, um nur vier »heiße Eisen« zu nennen.

Es gibt allerdings auch Ausführungsrichtlinien der zehn Gebote in der Bibel, nämlich die 248 Dinge, die man tun soll und die 365 Dinge, die man nicht tun darf. Aber auch hier finden sich keine Anweisungen für die Bewältigung der gegenwärtigen Schwierigkeiten. Sie wurden für eine agrarische, nicht industrialisierte Bevölkerung geschrieben und müßten für unsere Zeit »übersetzt« werden, um bei der Lösung unserer Probleme zu helfen; aber nicht buchstäblich übersetzt, sondern vielmehr gedeutet im Sinne einer Traumdeutung.

Wenn man von einem bestimmten Symbol die aus der Entstehungszeit stammenden Eigenschaften wegnimmt und dafür Merkmale einsetzt, die unserer Zeit entsprechen, dann erst kann man daraus Folgerungen ziehen.

Ein Beispiel: die mosaischen Ernährungsgesetze sagen uns ganz genau, was rein und was unrein ist. Aber wenn sich jemand in unserer Zeit genau daran hält, wird er sich trotzdem Zivilisationskrankheiten zuziehen, wenn er sich mit raffiniertem Zucker, Weißbrot, Fleisch aus der Dose und ähnlichem ernährt, Getränke mit künstlichen Farb- und Geschmacksstoffen zu sich nimmt und Zigaretten raucht (die in der Bibel nirgendwo erwähnt werden).

Die Begriffe »rein« und »unrein« müssen also neu definiert werden. Für sich genommen sind sie gut und richtig, aber in dieser Zeit ist eine Setzung neuer Werte fällig, da wir viel unreiner sind, als die in alten Zeiten Lebenden, wo es lediglich reine und unreine Tiere gab, aber noch keine der rund zweitausend neuen und größtenteils krebserregenden Stoffe in der Umwelt.

Und das ist zweifellos widersinnig. Viele Christen schauen mit Argwohn auf die Reformhäuser, obwohl gerade da Nahrungsmittel verkauft werden, die Moses nicht verschmäht hätte. Aber in Reformhäusern findet man oft auch Reklame für diese oder jene östliche Meditationstechnik oder Weltanschauung, und dann glauben diese Christen, daß diese reine Nahrung in religiöser Hinsicht vielleicht doch nicht so lupenrein sei.

So entsteht die seltsame Situation, daß gerade die, die sich für bibelfest halten, sich um das höchst Unreine scharen und daß oft diejenigen, die sich für die Bibel nicht interessieren, Methoden, Nahrungsgewohnheiten und Medikamente anpreisen, die in ihrem Wesen mit der Heiligung unseres Planeten zu tun haben.

Die evangelische Hausfrau kauft für ihre Familie Lebensmittel, die von Pestiziden und Zusatzstoffen nur so strotzen, wogegen viele Guruverehrer ihren letzten Pfennig ausgeben, um ungespritzte Nahrung essen zu können und ihren Körper rein zu halten.

Das erinnert an die Kinderbücher, bei denen man immer wieder andere Köpfe auf verschiedene Körper setzen konnte: den Kopf eines Bürgermeisters auf den Körper eines Clowns, den Kopf eines schnurrbärtigen Polizisten auf den Körper einer Ballettänzerin und so weiter.

Deshalb besteht in unserer Zeit die schreiende Notwendigkeit, neu zu definieren, wie in den drei Bereichen von Geist, Seele und Körper die Werte zu setzen sind, worum es wirklich geht und wie wir diese Werte auf unsere Gesellschaft anwenden können. Viele dieser Werte kennt man natürlich, aber sie sind alle so unsystematisch verteilt, daß niemand genau weiß, woran er ist.

Ein evangelischer Pfarrer sagte einmal zu mir: »Die evangelische Kirche ist mit der Jeneverflasche aufgewachsen« (und dann schenkte er sich selbst ein Gläschen ein). Die Frage ist, womit der neue Mensch aufwachsen soll. Mit Whisky? Oder Obstsaft?

Jetzt möchte ich ein paar Dinge wiederholen:

1. In der Welt der Engel gibt es genügend Hilfe für alle Probleme der Menschen.
2. Die Welt will, daß wir uns unter Gottes Leitung stellen.
3. Es strömen uns immer neue Ideen zu, sowohl in positivem wie auch in negativem Sinn.
4. Als Menschen müssen wir immer wählen zwischen dem Strom, der von oben kommt, und dem Strom, der von unten kommt. Aber wir sollen nicht glauben, daß wir diesen Strom erzeugen. Wir können empfangen und wählen, aber nicht schaffen.
5. Die Probleme in der Welt sind für die normale Kraft des Menschen unlösbar geworden und führen offensichtlich in eine Katastrophe von planetarischem Ausmaß.

6. Die führenden Personen der Menschheit, die Macht-haber, sind nicht gewillt, in diese fatale Entwicklung wirklich konstruktiv einzugreifen. Sie sind mit Taubheit oder Blindheit geschlagen, oder sie denken: Nach mir die Sintflut!
7. Die Personen ohne Führungspositionen, die nicht über Macht verfügen, also Sie und ich, möchten gerne eine Veränderung initiieren, aber sie haben nicht die Macht dazu.

Wenn wir diese sieben Punkte betrachten, sieht es aus, als ob die Situation ausweglos sei, ausweglos und unlösbar. Dennoch gibt es Menschen, die über vollkommene Bewe-gungs- und Handlungsfreiheit verfügen. Wer ist das? Das sind die Menschen gemäß Punkt Sieben. Wir, und damit meine ich die normalen Bürger ohne Machtpositionen, müssen um Hilfe bitten. So einfach ist das.

Aber wie soll man das ausführen? Ich kann mich doch schlecht auf eine große Straße setzen und einen Verkehrs-stau bewirken, und wenn die Polizei dann fragt: »Was machen Sie da?« antworten: »Ich bitte um Hilfe gegen die Atombewaffnung.« Das wird nichts bringen, und die ato-mare Aufrüstung geht weiter.

Versuchen wir einmal zusammenzustellen, wie wir mit dem Himmel in Kontakt treten können, denn vom Himmel muß die Hilfe kommen. Dabei gehe ich natürlich davon aus, daß wir wirklich Hilfe brauchen.

Meine Zusammenstellung wird nicht vollständig sein, aber einige Möglichkeiten will ich anführen:

Das Gebet

Im Gebet gibt der Mensch zu, daß er nicht sein eigener Herr, sondern ein Geschöpf ist, und daß er seinen Schöpfer um Rat fragen kann.

Prinzipiell gehört es zum Gebet, daß es gut und deutlich formuliert sein muß. Dann sieht man von Mal zu Mal Wunder geschehen. Voraussetzung ist, daß Sie keinen Augenblick daran zweifeln dürfen, daß Ihnen geholfen wird. Sie müssen sogar schon, bevor Sie die Hilfe überhaupt erfahren haben, dafür danken.

Ich frage die Leute öfters mal nach ihren zwischenmenschlichen Beziehungen. »Wie ist das Verhältnis mit Ihrem Mann?« »Wie ist das Verhältnis mit Ihren Kindern?« Manchmal frage ich im selben Ton: »Wie ist Ihr Verhältnis zu Gott?«

Die meisten Leute sehen mich dann bestürzt an: »Wie meinen Sie das?«

»Na ja, haben Sie Kontakt mit Gott?«

Dann sagen sie: »Aber ist das denn möglich?«

»Sie könnten ja einmal beten.«

Dann sagen viele: »Das habe ich früher schon getan, aber ich habe nie eine Antwort bekommen. Irgendwann habe ich dann damit aufgehört.«

Das ist ein wichtiges Problem. Früher dachte ich, daß die Personen, die sich so äußerten, tatsächlich keine Antwort bekamen, aber allmählich bin ich zu einem anderen Schluß gekommen. Die Leute glauben nur, daß sie keine Antwort bekommen haben, aber das ist oft auf Unachtsamkeit oder Vergeßlichkeit zurückzuführen. Stellen Sie sich vor, Sie hätten ein Problem und erklärten es in Ihrem Gebet. Erwarten Sie dann keine unmittelbare Antwort! Schreiben Sie genau auf, worum Sie gebeten haben und beobachten Sie dann erwartungsvoll, was geschieht. Lesen Sie einen Monat später Ihre Frage noch einmal durch. Dann stellt sich oft heraus, daß das Problem gelöst ist. Aber das ging so unauffällig und freundlich vonstatten, daß Sie ganz vergessen haben, für diese Lösung dankbar zu sein. Sie haben dieses Ereignis einfach vergessen.

Antworten auf Gebete kommen oft erst nach einiger Zeit, und wenn Sie nicht wachsam sind, bemerken Sie das gar nicht.

Aber es gibt auch große, tragische Probleme wie die unheilbare Krankheit einer geliebten Person oder die Abkühlung einer Liebesbeziehung. Selbst wenn dann jemand mit aller Kraft ein Wunder erwartet, wird so ein Gebet oft nicht erhört. Was ist der Grund? Hat der Betreffende nicht richtig gebetet? Oder war sein Anliegen zu unwichtig? Oder gar sündig?

Das kann großes Leiden bedeuten. Wenn Sie Ihr Herz im Gebet ausgießen und Ihr Problem vorbringen, heißt das nicht, daß es auf die von Ihnen erwartete Art gelöst werden wird. Aber oft bekommt ein Mensch, dessen Gebet nicht erhört wurde, etwas anderes, eine unerklärliche zusätzliche Hilfe, einen inneren Frieden.

»Wie muß ich denn beten?« fragen die Leute. Oder sie sagen auch: »Damit kann ich den großen Gott doch nicht belästigen!« (Als ob der jemals in Eile wäre).

Die Christenheit hat schon zweitausend Jahre das Vaterunser gebetet. Wenn jemand nicht weiß, wie er beten soll und deshalb gar nicht erst damit beginnt, so kann er dieses Gebet sicherlich lernen.

Im Vaterunser gibt es eine merkwürdige Formulierung: »Vergib uns unsere Schuld, wie auch wir vergeben unsern Schuldigern.« (Matthäus 6:12). In meiner Praxis habe ich oft festgestellt, daß Gebete dann nicht »aufsteigen«, wenn die Leute einen Groll in ihrem Herzen tragen. Dann ist die Verbindung mit dem Himmel tatsächlich unterbrochen. Und wenn sie diesen Groll dann aufgeben, kommt die Verbindung mit Gott wieder oder auch zum erstenmal zustande. Im Grunde ist dieses Vaterunser voller Wunder. Man könnte darüber ein eigenes Buch schreiben. Ich möchte hier auch auf den merkwürdigen Satz verweisen: »Führe uns nicht in Versuchung...«.

Ist es möglich, daß Gott einen Menschen in Versuchung führt? Meint er es dann nicht gut mit uns? Trotzdem verstehe ich diesen Satz schon irgendwie. Stellen Sie sich einen Menschen vor, der in seinen eigenen Augen äußerst rechtschaffen ist. Er hält sich genau an die zehn Gebote und tut noch viel darüber hinaus. Er hat nur ein Problem: Personen gegenüber, die sich nicht an die Zehn Gebote halten, ist er intolerant. Und je älter er wird, desto intoleranter wird er. Er seufzt über die Schlechtigkeit der Welt, predigt sogar dagegen mit aller Kraft. Im Grunde versteht er die mittelalterliche Inquisition recht gut. Eines Tages kommt eine solche Person dann ins Stolpern, vielleicht durch einen Seitensprung, einen Bruch mit dem Elternhaus oder eine Geldangelegenheit. Aber die schöne Fassade ist zerbröckelt. Vielleicht ohne daß es jemand weiß, ist dieser rechtschaffene Mensch eben einfach »ausgerutscht«, was anderen Menschen auch passieren kann. Was geschieht jetzt? Ein solcher Mensch wird dann plötzlich milde. Zwar glaubt er noch immer an die zehn Gebote, aber er erhebt sich nicht mehr über den schwachen Mitmenschen. So hat Gott ihn also in Versuchung geführt, damit eine bestimmte Problematik in seinem Charakter zutage treten und überwunden werden kann.

Wenn Sie also beten: »Führe mich nicht in Versuchung«, dann sagen Sie im Grunde: »Laß es nicht nötig sein. Laß mich das Problem rechtzeitig sehen, damit ich es nicht auf die schmerzhafte, harte Art lernen muß.«

Also: Wenn Sie das Beten nicht mehr gewöhnt sind, fangen Sie wieder damit an und schreiben Sie sich auf, worum Sie gebetet haben. In diesen Dingen ist unser Gedächtnis recht schwach. Oder, wenn Sie noch nie gebetet haben, beginnen Sie damit ganz einfach, beten Sie jeden Tag und achten Sie darauf, wieviel feiner und duftender Ihr Leben dadurch wird. Dann werden Sie sich weiterentwickeln gemäß Ihrer Bestimmung.

Gebete erinnern mich manchmal an Feuerwerksraketen. So eine Rakete steigt auf, ein Stern geht von ihr aus, und jeder Strahl dieses Sterns teilt sich in sieben weitere Strahlen. Bei den ganz teuren Raketen kann der ganze Vorgang sogar noch ein zweites Mal ablaufen. So ist es oft auch mit Gebeten. Man bittet um etwas ganz Einfaches, und es kommt eine Kettenreaktion zustande. Mein Gebet wirkt auf das Leben meines Sohnes, sein Leben beeinflußt sieben weitere Leben, und diese Leben wiederum wirken auf sieben weitere Leben. Und das kann jahrelang so weitergehen. Wenn man sich das vergegenwärtigt, bringt man den Mund nicht mehr zu vor Staunen. Dann sind die wirklich großen Beter nicht mehr so fern von Ihnen, wie Sie zuerst dachten, denn es ist nicht die Kraft unseres Gebetes, sondern die Kraft Gottes, die das Gebet in Erfüllung gehen läßt und Wunder zustande bringt.

Im folgenden zwei Geschichten über solche Wunder:

Eines der berühmtesten Gebete dieses Jahrhunderts kam von dem amerikanischen General Patton. Nach dem großen Durchbruch in der Normandie hatten sich die Heere der Alliierten über Europa ausgebreitet und standen nun an den deutschen Grenzen bis nach Arnhem hinauf. Aber es gab einen gefährlich dünnen Abschnitt in ihren Linien, und als es so stark zu schneien begann, daß die Luftmacht der Alliierten nicht aufsteigen konnte, griff der deutsche General von Rundstedt in den Ardennen an, um Antwerpen zurückzuerobern. Während der Weihnachtsoffensive 1944 war das Schicksal der alliierten Streitkräfte in der Schwebe, und alles hing vom Wetter ab. Aber die Wetterberichte blieben düster.

214

Da geschah es, daß Patton wütend in sein Beratungszimmer kam und zum Erstaunen seines Stabes ein offenes Wort mit Gott zu sprechen begann: »Ich brauche vier Tage schönes Wetter,« sagte er, »sonst kann ich nicht für die Folgen garantieren.«

Dieses Gebet ließ er auch auf dreihunderttausend Weihnachtskarten drucken.

Da zerriß der Wolkenvorhang, die alliierte Luftmacht konnte aufsteigen und die deutsche Offensive wurde erstickt. Patton vergaß nicht, seinem Herrn von Herzen zu danken, als er in Anwesenheit seines Stabes auf der Landkarte zeigte, wie die deutsche Offensive aufgehalten wurde. Das gute Wetter dauerte vier Tage.

Stand also Gott auf der Seite der Alliierten? Wer die Fotos von den Konzentrationslagern gesehen hat, die bei der Eroberung Deutschlands gefunden wurden, wird nicht daran zweifeln, daß Gott tatsächlich Partei ergriffen hat.

Ein etwas näherliegendes Beispiel:

Die alte Tante Corrie ten Boom, die Missionsarbeit leistete, wohnte einmal im Haus eines invaliden Freundes in Florida. Da wurde die Warnung durchgegeben, daß ein Orkan mit einem dieser freundlichen Mädchennamen – Elly, Frieda oder so ähnlich – im Anzug sei. Nach den Schätzungen würde dieser Wirbelsturm genau über das Haus ihres Freundes hinwegbrausen. Dann dürfte von dem Haus nicht mehr viel übrigbleiben.

Tante Corrie begann zu beten, und der Orkan zögerte und kam zum Stillstand. Sie betete weiter, und der Orkan hob sich nach oben, drehte rechts ab und verschwand nach Norden, wo er sich auf dem offenen Meer verteilte.

Wenn jemand also voller Vertrauen betet, kann er Wunder erwarten. Persönlich habe ich davon soviel erlebt, daß die Kraft des Gebetes für mich überhaupt keine Frage ist. Über dieses Thema sind viele hervorragende Bücher geschrieben worden, so zum Beispiel die Bücher von Francis

McNutt oder Kathryn Kuhlmann. (Für den, der mehr darüber wissen will).

Über das Gebet sagt Hans Schroeder etwas Merkwürdiges: »Wenn wir beten,« sagt er, »betet unser Schutzengel immer mit. Er fügt sozusagen seine eigene Duftnote hinzu, damit es leichter zu Gott aufsteigen kann. Unser Schutzengel hofft, daß wir zu Gott beten. Denn das Glück eines jeden Engels ist es, zu Gott aufzublicken. Aber da er uns ja den ganzen Tag nicht aus den Augen lassen darf und wir uns meistens nur um unsere weltlichen Geschäfte kümmern, kommt er fast nicht dazu, zum Herrn aufzublicken; und das verursacht ihm großen Schmerz.«

Ich kann nicht überprüfen, ob das stimmt, aber ich halte es für sehr wahrscheinlich, daß ein betender Mensch nicht nur selbst Segen empfängt, sondern daß er auch seinen Engel damit beglückt.

Der Traum

Es gibt für den Menschen noch einen anderen Ort, der ihn mit dem Himmel verbindet. Er ist zwar viel unsicherer als das Gebet, viel launenhafter, aber dennoch sehr wichtig. Diesen Ort betritt jeder jede Nacht, obwohl sich nicht alle dessen bewußt sind. Es ist die Sphäre des Traumes.

Jeder Mensch träumt fünfmal pro Nacht, ob er sich nun daran erinnert oder nicht. Das sind also in Holland 5 x 14 Millionen, also 70 Millionen Träume pro Nacht. Eine überwältigende Anzahl! Jährlich werden also in Holland 25 550 Millionen oder gute 25 Milliarden Träume produziert.

Diese Träume sind nicht nur persönliche Ausflüge in ein Reich der Phantasie, sie enthalten auch oft sehr wertvolle Hinweise.

1981 habe ich 168 Träume aufgeschrieben, und als ich dieses Material am Ende des Jahres ordnete, stellte sich heraus, daß sich vierzehn Träume exakt realisiert hatten. Einer von zwölf Träumen enthielt also einen genauen Hinweis über die Zukunft.

Bei einigen Träumen war das schon offensichtlich, als ich sie aufschrieb. Andere Träume konnte ich erst hinterher als prophetisch erkennen.

So sah ich einmal eine gute Freundin mit aufgedunsenem Gesicht und geschwollenem Auge. Diesen Traum konnte ich nicht interpretieren, aber wie sich später herausstellte, war das auch nicht möglich, denn einige Monate später sah sie dann wirklich so aus, da sie eine Autotüre ins Gesicht bekommen hatte. Am fünfzehnten März 1981 sah ich eine große Wunde auf meiner Hand, aus der Blut strömte. Aber erst am 2. Mai 1982 verletzte ich mich mit einem Beil an der Hand. Die Wunde war genauso groß wie in meinem Traum, nur war sie etwas anders plaziert.

Manchmal interpretiert man Träume symbolisch, doch dann stellt es sich heraus, daß es anders ist:

Am 30. Januar 1981 träumte ich, daß einer von uns im Segelboot fuhr und eine falsche Ausfahrt wählte, die in einen Kanal führte. Das Boot machte eine Runde durch Wasserlinsen, fuhr zwischen grünen Strünken hindurch und legte dann rechts am Kai an. Am selben Tag interpretierte ich diesen Traum dahingehend, daß dieses Familienmitglied bei der Abfassung eines unangenehmen Briefes noch etwas manövrieren müßte: und ich war auf diese klare Interpretation recht stolz. Am 15. Juli spielte sich dieser Traum jedoch ganz buchstäblich in Friesland ab. Nur das mit den Strünken stimmte nicht; das waren Wasserpflanzen.

Manchmal erfüllt sich ein Traum gleich auf mehreren Ebenen gleichzeitig:

Am 9. März 1981 träumte ich, daß das Haus meiner Mutter am Zusammenfallen war. Das Dach war weg, überall lagen Bretter. Ich sah darin den baldigen Tod meiner Mutter, und der erfolgte tatsächlich innerhalb von drei Monaten. Allerdings hatte ich nicht erwartet, daß sich ihr Haus, wie sich herausstellte, tatsächlich in so schlechtem Zustand befand und daß ich im Jahre 1982 einen Teil des Traumes in der Wirklichkeit sehen würde, nämlich den Zerfall des Hauses und überall herumliegende Bretter. 1983 bewahrheitete sich der zweite Teil dieses Traumes: es mußte das Dach erneuert werden.

Manchmal taucht der Traum in ein Problem hinein und kommt mit einer glasklaren Diagnose wieder an die Oberfläche.

So träumte ich einmal, daß ich eine fasrige Frucht in der Hand hatte. Ich schälte sie und sah innen ihr rotes, feingefasertes Fruchtfleisch. Als ich aufwachte, zeichnete ich die Frucht genau nach und hatte den Eindruck, daß ich eine Gebärmutter gezeichnet hatte. Einige Tage später mußte ich eine Patientin kürettieren; ich war um sie besorgt, da der

Facharzt Krebs vermutete. Aufgrund dieses Traumes habe ich damals gleich aufgeschrieben, daß man bei ihr wahrscheinlich keinen Tumor finden würde, denn die Gebärmutter sah normal aus. So war es dann auch.

An diesen Beispielen können Sie sehen, daß die Träume viel Wahres, auch über unser normales alltägliches Leben enthalten. Obwohl in den Träumen also ungeheure Möglichkeiten liegen, werden sie kaum angewandt, außer auf der Couch des Psychoanalytikers.

Das Gebiet, in dem wir uns während unserer Träume bewegen, ist gar nicht so privat, wie wir vielleicht denken mögen. So berichtet das Brain-Mind-Bulletin vom 13. September 1982 das folgende Experiment:

In Virginia, USA, hat eine Gruppe von Menschen ein Traumexperiment mit erstaunlichem Ergebnis durchgeführt. Die Personen hatten sich miteinander verabredet, sich unter bestimmten Umständen in der Traumwelt zu treffen. Unter den Teilnehmern befand sich ein Student, ein Mathematikprofessor, ein Pfarrer, eine medizinisch-technische Assistentin und andere. »In einem unserer Träume haben wir uns in einem Bus getroffen«, erzählte einer der Teilnehmer. »Fast alle waren gekommen.« Das Kuriose war, daß auch die anderen zehn Mitglieder der Gruppe das bestätigten. Einer von ihnen hat sogar eine Zeichnung des Geschehens angefertigt. Für manche Menschen ist es schockierend, daß sich ein anderer an einen Traum erinnern kann, bei dem man selbst eine Rolle spielt. Dennoch ist es möglich.

Man kann somit Träume beeinflussen, indem man vor dem Schlafengehen bestimmte Vorsätze faßt. Weiterhin kann man im Traum auch mit anderen Menschen zusammen etwas unternehmen.

Die Traumgruppe aus den Vereinigten Staaten setzte sich jeweils zur Hälfte aus normalen Träumern und luziden Träumern zusammen. Ann Faraday hat in ihren recht guten

Traumbüchern auch über dieses Phänomen geschrieben. Es ist schwierig, das jemandem zu erklären, der es nicht selbst erlebt hat. In einem luziden Traum verliert sich der Schlafende nicht im Traumgeschehen, sondern verfügt über ein helles Tagesbewußtsein, deshalb auch über Handlungsfreiheit. Ich werde versuchen, dies an einem Beispiel zu verdeutlichen:

Ich träumte, daß ich über eine große Straße flog. Aber da ich viel fliege, ist das nichts Besonderes. Die Straße kenn ich gut; sie ist nicht weit von meinem Wohnort entfernt. Rechts von ihr ist Wald, links Wiesenland, das bei den Dünen endet.

Jenseits der Straße stand ein uraltes Tor aus verwitterten Steinen, auf denen eine Inschrift in altgriechischer Sprache eingraviert war. Plötzlich fiel mein Blick auf meine Hände. Und von diesem Augenblick an war ich vollkommen wach, obwohl ich mich mitten im Traum befand. Ich konnte gehen, wohin ich wollte. Die Farben, die ich sah, waren viel heller und intensiver als im Wachzustand. Ich wußte die ganze Zeit, daß ich träumte und innerhalb meines Traumes frei war. Erst viel später las ich in den Büchern von Castaneda, daß der alte indianische Schamane ihm rät, während eines Traumes auf seine Hände zu schauen, da man dann den Zustand der Luzidität erreicht.

Das Erlebnis eines luziden Traumes ist etwas Wundervolles. Man ist vollkommen klar, glücklich und von seinem schweren Körper befreit. Vermittels der Gedanken kann man die Umgebung in hohem Maße beeinflussen. So versuchte ich, mir selbst zu beweisen, daß ich tatsächlich träumte, indem ich meinen einen Arm verlängerte, um einen Gegenstand mitten aus einem Teich zu holen. Als ich ihn ergriffen hatte, sagte ich triumphierend: »Ja, ich träume tatsächlich«. Denn die Verlängerung eines Armes ist im normalen Tagesbewußtsein natürlich unmöglich.

Mir ist klar, daß Freudianer diesen Traum sofort sexuell

interpretieren werden, aber das ändert nichts an der Tatsache, daß ich vollkommen klar und bewußt »anwesend« war, bewußter, als ich es meist tagsüber bin.

In dem Buch »Angels« steht, daß jeder Mensch einen unsichtbaren Doppelgänger hat, eine Art himmlischen Zwilling. Es ist der Engel, zu dem man werden kann, mit dem man – wenn man zu der himmlischen Gemeinschaft gehört – nach dem Tod eins wird. Während solcher luziden Träume kommt diese Einheit mit dem himmlischen Doppelgänger für kurze Zeit zustande. Es ist ein wundervolles Erlebnis.

Ich könnte mir vorstellen, daß luzide Träumer miteinander vereinbaren könnten, daß sie ein bestimmtes Problem mit in ihren Traum nehmen – genauso, wie Menschen zusammen um etwas beten können. So eine Traumgruppe könnte dann hinterher ihre jeweiligen Lösungen miteinander vergleichen. Ich bin davon überzeugt, daß dabei sehr originelle Entdeckungen zutage treten könnten. Der Himmel hilft uns gerne. Von uns wird lediglich erwartet, daß wir einen guten Kontakt herstellen. Es ist wichtig, daß der Auftrag, den man im Gebet oder in einem Traum erhält, auch ausgeführt wird. Auf diese Weise entsteht dann eine Art »Blutzirkulation mit dem Himmel«. Man bittet um Anweisungen und bekommt eine Antwort; man handelt entsprechend dieser Antwort und erhält bei der Ausführung weitere Hilfe. Wenn man nur hört, aber nichts tut, verstopft man die Kanäle.

Dabei muß man allerdings ein paar einfache Kriterien beachten:

1. Man muß darauf achten, ob der Auftrag vom Himmel kommt.

2. Man muß zusehen, daß er bei der Ausführung nicht durch häßliche Impulse verdorben wird, die die ursprünglich gute Inspiration in ihr Gegenteil verkehren.

Den ersten Punkt erkennt man folgendermaßen:

Alle Aufträge vom Himmel werden immer dazu anregen, die Liebe zu Gott und den Menschen zu vermehren. Sie werden also niemals dazu drängen, die Herrschaft zu ergreifen oder sich einzumischen. Die höllischen Geister, die schlechte Inspirationen mit guten mischen, sind oft sehr raffiniert: Sie verpacken ihre Herrschsucht in so schöne Parolen, daß selbst die Besten darauf hereinfallen können.

Was den zweiten Punkt betrifft, so möchte ich dazu zwei Beispiele anführen, wie Gedanken, die an sich gut sind, in der Folge pervertiert werden können. Die Beispiele nehme ich aus meinem eigenen Fachbereich, da ich selbst damit konfrontiert war.

Erstes Beispiel: Der gute Impuls: Man ist gerade bei der Verabschiedung eines Gesetzes, das den Hausärzten zur Auflage macht, von Zeit zu Zeit an Fortbildungskursen teilzunehmen. Hervorragend: die Hausärzte bleiben auf dem laufenden, und das kommt allen zugute.

Aber der Pferdefuß ist nicht zu übersehen. Es gibt nämlich eine ziemlich weitreichende Koppelung zwischen dem chemisch-pharmazeutischen Denken in der Medizin und dieser medizinischen Fortbildung. Das heißt, daß wieder so eine staatliche Institution daherkommt, die darauf achtet, daß alle Ärzte schön brav der offiziellen Linie folgen. Glauben Sie nur nicht, daß zu dieser Fortbildung auch Naturheilkunde, Homöopathie oder sonstige sanfte Heilmethoden gehören. Allem Anschein nach wird dies mehr eine Fortbildung in der offiziellen Doktrin sein. Dieses Gesetz sieht freundlich aus, kann aber sehr leicht dazu verwendet werden, alle Originalität bei den Ärzten abzutöten und sie der Einmischung von Beamten auszusetzen, deren Horizont recht beschränkt ist.

Daß ich nicht übertreibe, sieht man daran, daß bereits versucht wurde, die heilkräftigen homöopathischen Arzneimittel aus dem Leistungskatalog der Krankenversicherungen zu streichen. Eine Geldfrage war das sicherlich nicht, denn sie sind billiger als die meisten chemischen Mittel. Vielmehr sah es so aus, als sollte über die Köpfe der Betroffenen hinweg ein Handelskrieg ausgetragen werden.

Zweites Beispiel: Der Gesetzesentwurf »B.I.C.« zu den Berufen der individuellen Gesundheitsfürsorge. Auf der zweiten Seite wird hochtrabend erklärt: »In breiten Kreisen huldigt man der Auffassung, daß man dem Patienten die Freiheit lassen müsse, im Hinblick auf seinen Gesundheitszustand dort Hilfe zu suchen, wo er diese zu finden glaubt, und daß der Gesetzgeber von dieser Eigenverantwortlichkeit des Individuums ausgehen muß.«

Wundervoll, werden Sie ausrufen. Endlich kommen sie zur Einsicht!

Wenn Sie aber dieses Gesetz genauer lesen, stellt sich heraus, daß hinter diesen schönen Worten gerade das Gegenteil steckt. Denn der Patient scheint zwar frei zu sein, aber der Arzt wird derartig geknebelt, daß er es sich dreimal überlegen wird, diesen freien Patienten nach dessen Willen zu behandeln.

Der Arzt kann nämlich zu zwanzigtausend Gulden Geldstrafe oder bis zu sechs Monaten Gefängnisstrafe verurteilt werden, wenn er in der Ausübung seines Berufes einen Schaden oder eine erkennbare Möglichkeit des Schadens an der Gesundheit der behandelten Person verursacht (Artikel K 1).

Lesen Sie nicht darüber weg. Er kann auch bei der »Möglichkeit eines Schadens« verurteilt werden. Und wer bestimmt dann, ob die Möglichkeit eines Schadens besteht? Das läuft über die Ärztevertretungen. Und wer sitzt in diesen Organen? Stellen Sie sich vor, daß ein Arzt einen Krebspatienten mit einer alternativen Heilmethode behandelt und aus dem einen oder anderen Grund vor ein Ärztekollegium zitiert wird. Wird er dort durch andere alternativ arbeitende Ärzte beurteilt? Nein, er wird es mit orthodox arbeitenden Ärzten, seinen Gegnern, zu tun haben. Bevor dieses Gesetz überhaupt in Kraft trat, wurde bereits ein alternativ arbeitender Arzt angeklagt, da er ein Kind, das an Krebs erkrankt war, einige Zeit ohne Zytostatika behandelt hat. Das Kind ist am Leben, aber es hat eine »Möglichkeit« gegeben, daß er Schaden verursachen würde.

Mit anderen Worten: Es wird nicht beurteilt, was mit dem Patienten tatsächlich geschehen ist. Vielmehr wird geprüft, ob sich ein Arzt an die offizielle Linie hält.

Früher konnte man noch bei den normalen bürgerlichen Gerichtshöfen in Berufung gehen, aber wenn der Gesetzgeber sich durchsetzen kann, wird das in diesem Gesetz abgeschafft. Das zentrale Ärztekollegium ist dann die höchste Instanz, bei der man in Berufung gehen kann; weiter besteht keine Möglichkeit. Und das sind immer dieselben Leute. Auf diese Weise wird also Ärzten, Krankenpflegern und anderen amtlich zugelassenen Heilberufen ein Grundrecht entzogen. Ein Mörder kann bis zum höchsten Gerichtshof in Berufung gehen, aber wenn das »B.I.G.« angenommen wird, sind alle Ausübenden medizinischer Berufe der Willkür von oftmals neidischen Kollegen ausgesetzt.

Das Wort »B.I.G.« paßt also gut auf dieses Gesetz. Es ist ein übles Machwerk, das da ausgeheckt wird, und das geschieht unter der schönen Parole »Mehr Freiheit für den Bürger«.

Ich erwähne diese Beispiele, da sie so typisch sind für die Behinderungen, die auf dieser Welt immer dann auftreten, wenn ein guter Impuls geboren wird. Dann steht immer schon der Drache da, bereit, ihn zu verschlingen. Aber das macht nichts, wenn wir es nur wissen. Denn dann können wir dafür sorgen, daß dieser Impuls nicht nur geboren wird, sondern auch aufwächst. Fruchtbare Gedanken infizieren auf positive Weise die ganze Umgebung und sickern in das Denken und Handeln einer ganzen Gesellschaft ein.

Außerordentlich treffend wurde dieses Phänomen von Ken Keyes in seinem Buch *The hundredth monkey* beschrieben. Einige Forscher bringen Süßkartoffeln auf die Insel Koshima. Sie werfen sie vor den Affen in den Sand und beobachten, was geschieht. Den Affen schmecken die Kartoffeln, dagegen schmeckt ihnen der Sand, der an den Kartoffeln klebt, nicht so sehr. Da entdeckt ein Affenweibchen, daß man die Kartoffeln in einem Rinnsal waschen kann. Dafür muß man natürlich Frau sein. Sie bringt diesen Trick ihrer unmittelbaren Umgebung bei, so daß es nun zwei verschiedene Arten von Affen gibt: die einen essen gewaschene Kartoffeln, die anderen Kartoffeln mit Sand. Aber allmählich beginnt sich diese Gewohnheit auszubreiten, bis eines Tages ein kritischer Punkt erreicht ist: Innerhalb eines einzigen Tages findet ein qualitativer Sprung in der Affengemeinschaft statt ... Am Abend waschen sämtliche Affen ihre Kartoffeln. Also zuerst die langsame Aufbauphase von einer Äffin bis zu hundert Affen, dann plötzlich ein Sprung von hundert Affen bis zu der gesamten Affengemeinschaft. Die Phase des langsamen Aufbaus dauerte Jahre, der kritische Durchbruch nur einen Tag. Aber dann geschieht das Allerseltsamste: plötzlich und ohne daß ein sichtbarer Kontakt stattgefunden hätte, springt diese Gewohnheit auf Affengemeinschaften über, die auf anderen Inseln leben.

Offenbar kann eine Idee, wenn sie einmal in genügend viele Köpfe eingedrungen ist, plötzlich Allgemeingut werden. Deshalb sollten Sie keine Zweifel hegen, wenn Sie beginnen, vielmehr sollten Sie langsam aber sicher auf den kritischen Punkt hinarbeiten.

In diesem Zusammenhang ist auch das revolutionäre Buch von Rupert Sheldrake »A New Science of Life« (Eine neue Wissenschaft des Lebens) wichtig.

Wenn auf der Erde etwas Neues entsteht, so sagt Sheldrake, wird dadurch eine bestimmte Form des Denkens aufgebaut, so daß sich dieses Neue überall immer leichter durchsetzen kann. Ein einfaches Beispiel:

Die ersten Holländer, die das Fahrradfahren lernten, bauten ein sogenanntes »Fahrradfeld« auf, so daß jede darauffolgende Generation diesen Vorgang leichter lernen kann. Und das bezieht sich nicht nur auf die Holländer, sondern beispielsweise auch auf einen Stamm aus dem Inneren Afrikas, wo man noch nie ein Fahrrad gesehen hat.

Seit Sheldrakes Werk erschienen ist, wird die Vorstellung von einer positiven Ansteckung vermittels sogenannter »Felder« (er nennt sie »morphogenetisch«, also »strukturerzeugend«) durchaus ernst genommen. Daraus folgt eine vollkommen neue Evolutionstheorie.

Übrigens entstehen diese Felder nicht durch uns selbst, obwohl dieses schöpferische Element in uns zuerst zur Wirkung kommt. Steiner zufolge ist es eine der Aufgaben der Schutzengelhierarchie, schöpferische Bilder in unsere Seele zu legen.

Wenn Sie also in Ihrem Gebet oder Ihrem Traum einen positiven Impuls empfangen und weitergegeben haben – wer kann wissen, wie weit die Wirkung sich fortpflanzen wird?

Die Meditation

Auch über Meditation ist – genauso wie über Gebet und Traum – viel geschrieben worden. Ich beabsichtige nicht, dazu noch etwas hinzuzufügen, ich möchte nur etwas zurechtrücken.

Es fällt nämlich auf, daß gläubige Christen der Meditation oft sehr reserviert gegenüberstehen. Sie halten sie für eine östliche Infiltration im westlichen Glaubenssystem.

Andererseits sieht man oft, daß Menschen, die meditieren, auf andere, die beten, etwas herunterschauen, da sie Meditation als eine höhere Form des Gebetes betrachten.

Das ist aber nicht richtig. Wir haben es hier mit zwei ganz verschiedenen Dingen zu tun. Im Gebet sucht man bewußt Kontakt mit Gott. Meditation dagegen heißt, den Geist zur Ruhe bringen. In der Meditation ist der Mensch wie eine Schildkröte, die Kopf und Pfoten einzieht. Die fünf Sinne kommen zur Ruhe, ebenso alle Gedanken, die an diesen Sinnen hängen. »Stillsitzen und nichts tun«, so lautet die Beschreibung der Zen-Meditation.

Im Gebet richtet man sich an den Schöpfer mit Lobpreis, Dank und Bitten. Meditation bringt das Bewußtsein in eine höhere Welt. Im Gebet spricht man mit Ihm, der da wohnt. Wenn man also durch Meditation den Geist zur Ruhe bringt, kann dies das Gebet erleichtern.

Ein interessanter Zweig der Meditation ist die bewußte Visualisation, die in der Heilkunde angewendet wird. Es ist die lebendige Vorstellung eines Heilungsprozesses, der die Heilung fördern kann, oder sogar eines »inneren Ratgebers«.

Den stellt man sich dann als einen alten Mann auf einer Bergwiese vor, der für Menschen mit starker Vorstellungskraft wirklich vorhanden ist und oftmals geistreiche Ratschläge erteilt. Dieser Rat kann so originell sein, daß der

Frager sich wundert, warum er nicht schon früher darauf gekommen ist.

Auch in der Meditation werden offenbar Lösungen für Lebensprobleme gefunden. Entweder das Problem wird weniger wichtig, oder es fällt eine originelle Lösung einfach so »aus der Luft«.

Meditation ist sicherlich eine der wichtigsten Methoden, um den Kanal nach oben zu reinigen. Auf diese Weise öffnet man die rechte Gehirnhälfte und richtet eine Radarantenne zum Himmel.

Es ist erstaunlich, wie sehr die Menschen von heute die Fähigkeit verloren haben, nicht nur die äußere, sondern auch die innere Welt wahrzunehmen. Natürlich ist das in gewissem Maße schon immer so gewesen, aber unser Jahrhundert schlägt in dieser Hinsicht alle Rekorde.

Vielleicht wird jemand einwenden: »Aber ich weiß doch, daß ich fühle, ich merke doch, daß ich denke!« Jedenfalls höre ich diese Antwort des öfteren, wenn ich manchen Leuten sage, daß sie sich ihrer selbst nicht bewußt seien. Meine Gegenfrage lautet dann: »Wissen Sie das wirklich sicher?« Ich möchte es an einem Beispiel verdeutlichen: Ich empfinde ein Gefühl der Enttäuschung. Ich hatte von jemandem Achtung, Ehrerbietung, Anteilnahme erwartet, doch dieser Mensch behandelt mich, als ob ich ein bloßer Irgendjemand sei. Ich fühle mich übergangen.

Ich werde die Person, die sich mir gegenüber so verhält, unsympathisch finden und werde vielleicht sogar versuchen, ihm oder ihr etwas am Zeug zu flicken. Aber all das ist noch kein Bewußtsein von mir selbst; es ist einfach nur ein Gefühl, das mich beherrscht. In diesem Augenblick *bin* ich meine eigene Frustration.

Aber stellen Sie sich vor, daß ich meine Sinnesorgane zur Ruhe bringe, daß ich sie von der Außenwelt abziehe, daß ich sie von dem Menschen, der mich übergangen hat, abziehe. Dann beobachte ich die Frustration, die da in mir liegt, ganz ruhig, gerade so, als ob jemand anders mich ansehen würde. Nur, daß dieser »andere«, der mich ansieht, viel mehr »Ich« ist als derjenige, der da unter dieser Frustration leidet.

Zu diesem bloßen Frustationsgefühl kommt also ein Lichtstrahl von Bewußtsein; und auf diese Weise bleibt es nicht bei der Frustration. Wenn Sie weiterhin ruhig und objektiv hinsehen, beginnt dieses negative Gefühl wegzudampfen, wie ein Nebelstreifen, der von der Sonne beschienen wird.

Es ist also ein großer Unterschied, ob man eine Innenwelt nur *hat,* oder ob man sich dieser Innenwelt bewußt ist. Wenn man sie nur hat, dann schreibt man sie oft der Außenwelt zu, dann ist man beleidigt, enttäuscht, böse, fanatisch und so weiter. Aber wenn man bewußt das Licht in diese Innenwelt einläßt, dann wird das Leben um eine Dimension bereichert. Erst dann wird man wirklich leben.

Genau das ist der Sinn der Meditation.

Gebet, Traum und Meditation können den Menschen des zwanzigsten Jahrhunderts, der so sehr nach außen gerichtet ist, wieder mehr nach innen führen und ihm helfen, den Weg zu den Welten zu finden, von wo uns Hilfe zuströmt. Es ist besser, das nicht allein zu tun. Man bringt leichter die nötige Regelmäßigkeit und Disziplin auf, wenn man eine Gruppe hat, deren Mitglieder sich gegenseitig stimulieren. Das wäre dann ein Gebetskreis, eine Traumgruppe, ein Meditationsclub oder vielleicht eine Mischung aus allen dreien. Von einer solchen Gruppe geht in weitem Umkreis ein wohltuender Einfluß aus. Zum Zustandekommen des Weltfriedens trägt dies nach meiner Meinung mehr bei als eine Demonstration mit Transparenten und Spruchbändern, denn Salz im Essen wirkt intensiver als überkochende Milch.

Ich plädiere für die Einrichtung vieler kleiner, gleichgesinnter Gruppen, die bewußt versuchen, Kontakt mit dem Himmel herzustellen. Die Engel warten nur darauf.

Das Problem ist, daß sowohl die gesamte kommunistische Führungsschicht wie auch der größte Teil der westlichen Technologen keine Verbindung mit dem Himmel haben und deshalb für höllische Inspirationen weit offen stehen. Die Folgen davon sehen wir tagtäglich in unserer Umwelt. Ich möchte mich auf ein Beispiel beschränken.

Zur Zeit ist man ganz versessen auf Babies aus der Retorte. Aber es bleiben halt immer ein paar Embryos übrig, und diese muß man dann wegwerfen. Das ist doch eine Sünde, oder nicht? Könnte man nicht viel eher ein paar feine Experimente damit anstellen?

Wie lang kann man sie am Leben erhalten? Kann ein Kind vielleicht ganz ohne Gebärmutter auskommen? Wie reagiert der Embryo auf Schmerz?

So langsam weiß fast jeder, daß auch mit Abtreibungsembryos, die nicht intelligent genug waren, gleich zu sterben, Experimente angestellt werden.

Sehen Sie, da ist die Hölle am Werk! Das ist der Experte, der Technokrat, der seine Seele an den Teufel verkauft hat; und das geht ja so leicht. Es geschieht durchwegs im Namen einer Wissenschaft, die kein Gewissen kennt. Und es gibt keinen wirklichen Protest dagegen. Hört man davon in den Kirchen? Gibt es auch nur eine Kirche, die ihren Mitgliedern mit dem Ausschluß droht, wenn sie auch nur im weitesten Sinne an diesen Praktiken teilnehmen?

Auf die Entmenschlichung unserer Zeit ist noch keine deutliche Antwort gegeben worden. Zwar geschieht es hier und da in kleinen Gruppen, aber es muß noch besser und genauer formuliert werden.

Wenn sich viele Menschen dafür einsetzen werden, wird eine neue Elite entstehen. Ich weiß, daß dieses Wort gegenwärtig häßlich klingt, denn der Begriff Elite basiert oft auf Geld, Macht und Namen, und in vielen Ländern, vor allem den diktatorisch regierten, ist das noch immer so. Aber ich meine nicht eine Elite dieser Art.

Die richtige Elite muß aus Menschen bestehen, die jede Ausübung von Macht radikal ablehnen, Menschen, die bereit sind, zum Heile unsere Planeten mit dem Himmel zusammenzuarbeiten. Es wird also eine gewisse Selektion stattfinden müssen, die an sich ganz einfach ist. Die neue Elite wird man nach der Antwort auf die Frage beurteilen können: Gehört jemand zum Himmel oder zur Hölle? Hier müssen wir Himmel und Hölle auch wieder genau definieren, da es sonst wieder zur gegenseitigen Verketzerung kommen könnte, und dann ginge das alte Spiel wieder von vorne los. Zum Himmel gehört alles, was diesen Planeten und seine Bewohner schöner, gesünder und glücklicher macht. Zur Hölle gehört alles, was diesen Planeten häßlicher, unglücklicher und unfreier macht. Natürlich wird die böse Inspiration alles daran setzen, innerhalb der Gruppenmitglieder Uneinigkeit zu stiften.

Ich möchte noch etwas weiter darauf eingehen, was mit einer Gruppe von Menschen geschehen kann, die sich mit dem Himmel zu verbinden sucht. Wenn es gelänge, die falsche Information zu erkennen, und der Versuch, Zwietracht zu säen, erfolglos bliebe, wäre eine solche Gruppe dann auf Rosen gebettet? Nein, dann kommt der Angriff von außen. Stellen wir uns eine Gruppe vor, die Impulse aus dem Himmel empfangen hat und nun versucht, diese Impulse auf der Erde zu verwirklichen. Was geschieht mit ihr?

Zuerst wird sie totgeschwiegen. Wenn das nichts hilft, wird sie lächerlich gemacht. Wenn das nicht möglich ist, sagt man ihr »Unwissenschaftlichkeit« nach. Und wenn auch das nicht gelingt, wird der eigentliche Angriff gestartet, der meistens hinter einer feierlichen Maske vonstatten geht.

Das geschieht überall da, wo eine Gruppe von Menschen innovative Ideen einbringt. Mein Thema waren zwar die

Gebetes- oder Meditationsgruppen, aber eigentlich trifft das auf jede Gruppe von Menschen zu, der das Schicksal unseres Planeten und unserer Menschheit wirklich am Herzen liegt und die sich uneigennützig dafür einsetzen will.

Ich möchte ein aktuelles Beispiel anführen:

Je mehr man die Erde betrachtet, um so mehr muß man zu dem Schluß kommen, daß dieser Planet nicht bloß ein bewachsenes Stück Stein ist, das im leeren Raum umhersaust. Bei längerer Betrachtung entwickelt man ein deutliches Gefühl dafür, daß dieser Planet ein lebendes Wesen ist. Zwar ist er anders beschaffen als wir, aber er hat ganz bestimmt sein eigenes Leben. Wenn wir über die großen Regenwälder sprechen, dann nennen wir sie oft die »grünen Lungen« unseres Planeten. Und wir sprechen über seine großen »Wasseradern«. Wenn man im Flugzeug über die Erdoberfläche fliegt, sieht man die Flüsse ganz deutlich als lebende Adern. Der Planet atmet, hat einen Blutkreislauf und seine eigene Körperwärme.

Denken Sie nur einmal an den Rhythmus von Ebbe und Flut. Ist das nicht ein wunderbarer Ausdruck für das Leben der Erde? Ich weiß natürlich, daß der Mond diese Gezeiten verursacht, aber das ist auch wieder so eine typisch materialistische Erklärung, die uns auf halbem Wege stehen läßt. Es ist sehr gut, diese Zusammenhänge zu kennen, aber man verliert dadurch den Blick auf das Wunder.

Wie ein riesenhaftes Tier liegt das Meer und atmet. Sechs Stunden einatmen, und die Flut kommt heran; sechs Stunden ausatmen, und die Ebbe stellt sich ein. Hier in Holland haben wir uns an dieses Phänomen gewöhnt, aber schauen Sie sich einmal die Gezeiten in der Bretagne an: Zuerst haben Sie endlose Strände vor sich, auf denen sich hier und da kleine bewachsene Hügel erheben, dann sehen Sie die Flut aus der Ferne heranrollen. Sie kriecht über all diese Kilometer Strandfläche, und nach einigen Stunden sieht man nichts mehr davon.

Was ist das für eine mächtige Bewegung? Wenn alles, was wir mit unseren Sinnesorganen wahrnehmen können – abgesehen von der materiellen Oberfläche –, auch eine tiefere Bedeutung hat... was ist dann der innere Sinn dieser Bewegung? Wir haben es mit einem rhythmischen Steigen und Sinken des Wasserspiegels zu tun.

Vor einiger Zeit stand ich mit meiner Frau an der großen Schleuse von Ijmuiden und sah zu, wie ein Tankschiff aus Panama geschleust wurde. Der Wasserstand war niedrig, und nachdem die Schleusen zum Meer hin geschlossen waren, mußte das Schiff einige Zeit steigen, um den höheren Pegel des Nordseekanals zu erreichen und nach Amsterdam durchfahren zu können.

Und während ich da in aller Ruhe stand und zusah, erkannte ich plötzlich, daß dieses Geschehen eine genaue Abbildung der Gezeiten unseres Bewußtseins war.

Wenn wir morgens wach werden, kriechen wir sozusagen aus dem großen Meer des Unbewußten aufs Land. Unser Bewußtsein wird wach. Unser Schiff fährt auf einem Kanal, der sich durch höher gelegenes Land zieht. Wir sind aufs Land »geschleust« worden. Aber das ging nicht plötzlich. Zwischen Wachen und Schlafen gibt es immer einen Übergangszeitraum, wo wir uns in einer Art psychischer Schleuse befinden.

Am Abend wird unser Schiff zum Meer zurückgeschleust. Nach einem kurzen Aufenthalt im »Zwischenreich« schlafen wir wieder ein. Die verschiedenen Pegel des Wasserstandes verweisen symbolisch auf verschiedene Schichten des Bewußtseins.

Es ist gut, daß es die Schleusen in Ijmuiden gibt. Wenn die nicht wären! Bei Flut würde das zu tief liegende Land überflutet werden. Auch dafür gibt es eine Entsprechung beim Menschen. Es gibt Personen, bei denen etwas an der Schleuse fehlt oder bei denen die Schleuse überhaupt nicht vorhanden ist. Diese Menschen werden durch ihre unbewußten Inhalte hemmungslos überschwemmt. Das nennt man Geisteskrankheit. Dann gibt es auch Personen, bei denen sich das lebendige Unbewußte zu weit zurückgezogen hat. Das Land liegt salzig und trocken unter einer unfreundlichen Sonne. Sie sind sich fortwährend ihrer selbst bewußt, aber auf negative Weise. Das bezeichnet man dann als Depression.

Aber nicht nur die großen Rhythmen von Tag und Nacht können wir in uns wahrnehmen. Auch untertags unterliegen wir ständigen Veränderungen unseres Bewußtseinsniveaus. Unser Bewußtsein hat keine starre, ebenmäßige Oberfläche, sondern strömt hin und her. Mal ist es hell und klar, dann wieder stumpfer, mal fröhlich, dann wieder ernst.

Betrachten wir nun noch einmal die Erde als einen einzigen großen Organismus. Betrachten Sie den steigenden und sinkenden Wasserspiegel, das unablässige Freiwerden und wieder Überschwemmtwerden des Landes. Sollte auch die Erde ein wechselhaftes Bewußtsein besitzen, genau wie wir? Sollten wir diesen Wechsel äußerlich an den Gezeiten wahrnehmen können?

Das sind nur einige spielerische Vorstellungen, aber auf diese Weise möchte ich die Lebendigkeit unseres Planeten etwas mehr in den Erfahrungsbereich des Lesers rücken.

So stelle ich mir manchmal vor, wenn ich in einem kahlen Winterwald spazierengehe, daß ich ein mikroskopisch kleines Tierchen bin und daß die kahlen Bäume, die ich über mir gegen den kahlen Winterhimmel abgezeichnet sehe, die Haare der Erde sind.

Um noch einmal auf die Ozeane zurückzukommen: Sie sind ein wahrer Lebensbrunnen; sie wimmeln geradezu von Leben, von niedrigen Stufen des Lebens wie den wunderschönen kleinen Korallenfischen oder dem unberechenbaren Plankton bis zu jenen Formen des Lebens, die fast so intelligent wie wir sind. Man denke nur an die Wale.

Die meisten Menschen denken nicht oft an das Leben des Meeres, aber es gibt eine kleine Gruppe, die eine echte Liebe für die Ozeane hegt. Es sind die Greenpeace-Leute. Mit ihren kleinen Booten fahren sie direkt vor die Dampfer hin, die die Ozeane mit Atomabfall vergiften. Oder sie setzen sich für ihre Brüder, die Seehunde und Wale ein. Sie werden verhaftet, da sie versuchen, das Abschlachten dieser freundlichen Tiere fotografisch festzuhalten.

Dabei haben die Greenpeace-Leute nichts davon. Ganz offensichtlich verfolgen sie weder politische noch ökonomische Ziele. Dafür kriegen sie jede Menge Ärger und Widerstände. Aber offensichtlich sind sie so eine Einheit, daß sie durch ihre Feinde nicht infiltriert werden konnten, und sie haben trotz aller Enttäuschungen ihren Enthusiasmus bewahrt. Und was geschieht?

Es kommt zur physischen Gewalt. Das Boot wird gestoppt; Menschen werden verhaftet.

Und dann sieht man hin und wieder, daß sie sich wunderbarerweise doch durchsetzen können, daß ihr moralisches Gewicht den Gegner zu Fall bringt. Menschen, die lediglich mit ihrem Enthusiasmus und Filmkameras bewaffnet sind, überwinden Menschen, die mit Helikoptern und Maschinengewehren bewaffnet sind. Man kann sich fast vorstellen, daß die Erde erleichtert aufatmet angesichts der Tatsache, daß sich wenigstens noch irgend jemand für sie einsetzt. Vielleicht haben auch alle Planeten ihren Engel, der sie beschützt und der in bestimmten Augenblicken sagt: »Greenpeace-Leute, jetzt steh' ich euch bei. Ich liebe meine Ozeane, meine Seehunde und Wale. Und weil einige es gewagt haben, es mit den Mächten der Ausbeutung aufzunehmen, werde ich an eurer Seite stehen. Ich werde daran arbeiten, die Entschlossenheit des Feindes von innen her aufzubrechen.«

Gibt es Hinweise darauf, daß es so einen Planetenengel gibt? Ganz intuitiv würde ich sagen, daß es die Frauengestalt ist, die ab und zu erscheint und auch in diesem Jahrhundert für Wunder gesorgt hat, zum Beispiel in Fatima.

Ich weiß nicht, zu welcher Hierarchie so ein Planetenengel gehört. Vielleicht weiß es einer meiner Leser. Auf jeden Fall aber weiß ich, daß die Gewalt, die von außen her auf kleine wohlmeinende Menschen eindringt, oftmals auf wunderbare Weise auf den Angreifer zurückfällt. Oft geschieht das auf eine Art und Weise, die logisch nicht zu erklären ist. Überall, wo neue Impulse entstehen, steht auch der Drache bereit, sie zu verschlingen. Man könnte sogar sagen: Wenn der Drache nicht angreift, bin ich dann wirklich auf dem richtigen Weg?

Licht aus dem Himmel wirft Schlagschatten auf der Erde. Wer das nicht weiß, läßt sich entmutigen.

Nur sollen wir nicht denken, daß wir es allein schaffen. Wir müssen Hilfe von dort holen, wo sie immer schon hergekommen ist: aus dem Himmel.

Es wird sich als unmöglich herausstellen, Materialismus mit Materialismus zu bekämpfen. Das hieße Macht gegen Macht stellen, SS 20 gegen Cruise Missiles. Das führt zu einer immer entsetzlicheren Entmenschlichung. Nur durch himmlische Inspiration ist Hilfe und Rettung möglich.

An dieser Stelle muß ich auf einen Gedanken eingehen, der bei bestimmten größeren christlichen Gruppen in Amerika und Europa ziemlich verbreitet ist. Dieser Gedanke lautet: Wir leben in einer Endzeit, die von allen Propheten vorhergesagt wurde. Unterdrückung und Terror werden immer mehr zunehmen. Hungersnöte, Epidemien und Kriege werden immer heftiger werden. Erdbeben werden immer rascher aufeinander folgen. Auch ein Atomkrieg wird uns nicht erspart bleiben. Einer der grausamsten Diktatoren der Weltgeschichte, der sich zunächst als Friedensfürst ausgibt, wird nach der Macht auf diesem Planeten greifen und viele ermorden. Wenn es dann nicht mehr schlimmer werden kann, kommt Jesus Christus wieder zurück und errichtet

236

eine absolute theokratische Macht, deren Zentrum in Jerusalem liegen wird. Die Zeit der Unterdrückung ist vorüber, die Feinde der Menschheit werden mit eiserner Faust in Schach gehalten, und ein tausendjähriges Reich des Friedens bricht an.

Über dieses Programm wurden bereits viele Bücher geschrieben. Einer der bekanntesten Autoren zu diesem Thema ist Hal Lindsay. Die Autoren berufen sich dabei auf biblische Prophezeiungen, auf die prophetische Rede von Jesus Christus und auf die Geheime Offenbarung des Johannes. Aber eigentlich sagt man damit, daß es nutzlos ist, gegen eine solche Übermacht zu kämpfen. Vielmehr müßten wir uns abschotten, um so gut wie möglich die Unterdrückung zu überstehen, bis der Herr wiederkehrt.

Eine bestimmte Gruppe dieser Christen ist der Meinung, daß sie noch vor Beginn der Schwierigkeiten von dieser Erde in den Himmel aufgenommen werden, um dann von oben her zu sehen, wie der Rest der Menschheit sich abkämpft. Ganz aus menschlicher Sicht argumentiert glaube ich, daß diese Auffassung eine Gefahr birgt: genau wie im Reinkarnationsgedanken des Ostens macht sie den Menschen tendenziell passiv, wo er sich eigentlich mit den augenblicklichen Umständen auseinandersetzen müßte.

Die einen sagen: »Wenn der Herr wiederkehrt, wird er das schon wieder ins Lot bringen.«

Die anderen sagen: »In diesem Leben gelingt mir das nicht mehr, also werde ich eben ein späteres Leben darauf verwenden.«

Ob die oben erwähnten Bibelinterpretationen überhaupt zutreffend sind, darüber möchte ich mich nicht äußern. Wenn man um sich blickt, sieht man beunruhigende Zeichen, die die Vermutung nahelegen, daß einige Prophezeiungen in unserer Zeit tatsächlich wahrgeworden sind.

Aber ich will an dieser Stelle nur über die Wirkung dieser Haltung auf die Menschen sprechen. Manchmal könnte man nämlich die Wirkung folgendermaßen beschreiben: »Versuchen wir, daß wir noch möglichst viele Menschen dem Herrn zuführen, bevor die Finsternis einbricht. Die Säuberung der Erde müssen wir dann Ihm überlassen.« Im Grunde ist das die alte Vorstellung der Kirche, daß es wichtiger sei, Seelen zu gewinnen, als hier auf Erden zu leben.

Aber stellen Sie sich einmal vor, daß die Königin zu Ihnen auf Besuch kommt. Ihre Sekretärin ruft Sie an und teilt Ihnen mit, daß die Königin nächste Woche zu Ihnen zum Essen kommen will.

Was würden Sie tun? Was würden Sie praktisch tun? Ich glaube, daß das Haus fein herausgeputzt wird. Dieser neue Eßtisch, der schon lange fällig war, wird jetzt gekauft. Jener abgeschilferte Fleck auf dem Fensterrahmen im Eßzimmer wird schön sauber übermalt. Die Hausfrau kauft nun doch den neuen Rock, der sie so verführerisch anblickte. Die Kinder werden zu ihrem Entsetzen auf die richtigen Eßmanieren gedrillt und sogar zum Friseur geschickt.

Kurz und gut: dieser kleine Anruf löst eine Welle von Aktivität aus, damit die Königin würdig empfangen werden kann. Vielleicht sagt nun jemand: »Die Königin ist mir egal«. Dann wählen Sie jemand anders, den Sie bewundern, zum Beispiel Johan Cruyff oder Joop Zoetemelk oder Mick Jagger von den Rolling Stones.

Es ist gleichgültig, wer es ist, es muß nur jemand sein, dessen Besuch Sie für eine große Ehre halten. Es muß darauf hinauslaufen, daß Sie sagen: »Er kommt! Er kommt selbst! Er sucht mich persönlich auf!«

Wenn große christliche Gruppen glauben, daß ihr König kommen wird, warum steigen sie dann nicht auf die Barrikaden, um ihr Haus zu reinigen? Warum sind es nicht sie, die gegen die Umweltverschmutzung auf dem Energiesektor, in der Landwirtschaft und das Gift in der Nahrung protestieren? Dieser Planet ist unser Haus, und es ist so schmutzig, daß es zum Himmel stinkt. Seelische Hygiene genügt nicht mehr; wir müssen daran mitarbeiten, diese Erde wirklich zu reinigen.

Die Christen, die gegenwärtig auf den Messias warten, sagen im Grunde: »Seid guten Mutes und fürchtet euch nicht. Wenn der Herr kommt, wird Er sein Haus schon reinigen.«

Behandelt man so einen König? Wohl kaum. Keine messianische Erwartung kann uns der Pflicht entheben, mit Einsatz aller Kräfte die Dinge wieder in Ordnung zu bringen. Daß wir dabei um den Beistand einer »himmlischen Putzkolonne« bitten, ist erlaubt. Aber es ist nicht erlaubt, Däumchen zu drehen und zu warten, bis alles für uns getan wird.

Aber was nun diese messianische Erwartung selbst betrifft: Auch im Jahr Tausend herrschte sie bei den damaligen Christen. In angstvoller Spannung erwartete man damals das Ende der Welt.

Jetzt sind wir fast im Jahr Zweitausend angelangt, und mit etwas mehr Anlaß erwarten wieder viele das Ende der jetzt bekannten Welt und die Rückkehr von Jesus Christus.

Gibt es irgendeinen Grund zu glauben, daß Er, dem alle Engelhierarchien demütig dienen, vorhat, zurückzukommen?

Während ich dieses Buch schrieb, schenkte mir jemand ein Buch, das zweite, das merkwürdigerweise »einfach so« wie vom Himmel fiel. Es kam aus Schweden. Der deutsche Titel heißt: »Sie erlebten Christus«. Die Autoren sind Hillerdal und Gustafsson.

Vermittels einer Anzeige in einer großen Stockholmer Zeitung forderten diese zwei Theologen Personen auf, die während ihres Lebens eine Christusbegegnung gehabt hatten, von ihrer Erfahrung zu berichten. Diese Anzeige stand am 24. Dezember 1972 in der Zeitung.

Daraufhin gingen Ströme von Briefen ein, aus denen her-

vorging, daß viele Menschen ein Erlebnis mit dem wieder-
auferstandenen Herrn gehabt hatten.

Die Entsprechungen dieser Untersuchung mit der meini-
gen sind erstaunlich. Auch hier waren es ganz normale
Menschen, Männer und Frauen, die oftmals während einer
Zeit geistiger oder körperlicher Not diese außergewöhnli-
che Begegnung gehabt hatten. Diese veränderte ihr Leben
und ihre Lebenshaltung grundlegend. Trotzdem hatten viele
niemandem davon erzählt. Aus Angst, für verrückt gehalten
zu werden, hatten sie dieses Erlebnis für sich behalten.

Wenn man so ein Buch liest und es mit der eigenen Untersuchung vergleicht, fragt man sich schon, was es damit auf
sich hat. Wäre eine solche Untersuchung vor hundert Jahren
durchgeführt worden – hätte sie dann wohl dasselbe Resultat erbracht? Ich glaube nicht. Man braucht nur die Literatur des vorigen Jahrhunderts zu lesen, um zu sehen, daß
damals eine ganz andere Atmosphäre herrschte. Zwar kam
auch damals Fantastisches, Außergewöhnliches zur Sprache,
wie man an Jules Verne sehen kann, aber das geschah mehr
in dem Sinn, daß durch die hohe Entwicklung der Technik
unglaubliche menschliche Leistungen zustandekamen. Dagegen habe ich die Vorstellung, daß zur Zeit etwas anderes
abläuft, und ich möchte darauf im nächsten Kapitel näher
eingehen.

Eines jedenfalls ist sehr wichtig, wenn man eine Brücke
zwischen Himmel und Erde sein will: mit beiden Beinen auf
dem Boden bleiben! Sonst können verrückte Dinge passieren. Vor einigen Jahren war ein Missionar bei einem Missio-
narskollegen in Afrika zu Gast. Eines Morgens wurde er
sehr früh wach; das Haus war noch totenstill. Plötzlich
hörte er eine merkwürdig eindringliche Stimme sagen: »Pray
for the peace of Jerusalem«. (Bete für den Frieden von
Jerusalem).

Der fromme Mann hatte noch nie eine Stimme aus dem
Himmel gehört und war innerlich tief bewegt, einen so

240

deutlichen Auftrag bekommen zu haben. Er stieg aus dem Bett, kniete nieder und sandte ein feuriges Gebet für den Frieden von Jerusalem zum Himmel.

Beim Frühstück erzählte er dann seinem Gastgeber voller Freude, daß er zum ersten Mal in seinem Leben eine Stimme direkt aus dem Himmel gehört hatte. Sein Gastgeber fragte nach dem Inhalt dieses Auftrags, und als er den Bericht gehört hatte, zog er einen Vorhang zur Seite, hinter dem ein Treibhaus sichtbar wurde, das sich unmittelbar unter dem Schlafzimmer seines Gastes befand. In einem großen Käfig saß dort ein alter Papagei, der die beiden Herren mit schräg geneigtem Kopf weise anblickte und dann sagte: »Pray for the peace of Jerusalem«.

Damit will ich sagen, daß man bei einer Mitteilung aus dem Himmel seinen gesunden Menschenverstand nicht ablegen sollte.

Dieser Missionar wurde das Opfer eines Papageis, aber man kann auch leicht sein eigenes Opfer werden. Es gibt eine ungeheure Vielfalt von Möglichkeiten, wie man sich selbst an der Nase herumführen kann. Man stellt eine Frage, und es kommt die Antwort, die man selbst gerne hören will. Dann ist Vorsicht geboten, denn wenn der Himmel Ihnen etwas sagt, dann ist die Mitteilung meist entweder so originell, daß Sie selbst nicht draufgekommen wären, oder aber so unangenehm, daß Sie es am liebsten nicht gehört hätten. Dann müssen Sie etwas tun, wovon Sie in Ihrem Herzen wissen, daß es gut ist, in der äußeren Wirklichkeit jedoch das Letzte, was Sie hätten tun wollen.

Hellseher von etwas niedriger Qualität neigen oft dazu, die Wunschträume eines Klienten aufzufangen und dann als Information eines »hohen Lichtgeistes« dem Klienten durchzugeben, der dann fröhlich und beschwingt nach Hause geht, nicht ohne einen kräftigen Batzen Geld hinterlassen zu haben.

So habe ich einmal ein Ehepaar erlebt, wo der Mann

römisch-katholisch, die Frau protestantisch war. Ein ganzes Eheleben lang lag dieser Unterschied bleischwer zwischen ihnen. Endlich starb der Mann, und kaum zwei Monate später erzählte mir die Frau strahlend, daß ihr Mann bei einer spiritistischen Seance erschienen war und ihr gesagt hatte, daß ihre Glaubenshaltung die richtige gewesen sei.

Solche Fußangeln und Fallstricke warten auch auf Sie, wenn Sie sich Ihrem inneren Gehör überlassen, um auf diese »stille, leise Stimme« zu warten. Wenn Sie aber sagen: »Wenn ich bete, höre ich nichts; träumen tu ich nie, und wenn ich versuche zu meditieren, springt mein Geist wie ein unruhiger Vogel von Ast zu Ast.«

Gerade dann besteht für Sie die Möglichkeit, den Himmel und die Engel auf der Erde zu treffen, denn auch auf dieser Erde kann man das Überirdische erleben. Wenn Sie viel in die Wolken blicken, sehen Sie manchmal, wie sich eine geheimnisvolle Pforte öffnet. Dann blicken Sie in eine Grotte, die tiefblau, orange und gelb leuchtet. Es ist kaum glaublich, daß man so etwas sehen kann, es ist wie die Andeutung einer Himmelspforte.

Hören Sie den Vögeln zu. In den Klängen einer Amsel, die im Frühjahrsregen singt, hören Sie ein Echo der Engelschöre.

Manchmal fühlen Sie den Himmel, wenn Sie sacht über das Haar eines kleinen Kindes streichen. Ihre Fingerspitzen können Ihnen Geschichten erzählen.

Am deutlichsten aber erscheint dieser überirdische Charakter in den Düften, die die Natur uns schenkt. Jeder weiß, daß der Geruchssinn wie kein anderes Sinnesorgan lang vergessene Erinnerungen wachzurufen imstande ist. Es ist ein sehr subtiles Organ, das im Grunde die unsichtbare Welt wahrnimmt. Man spricht nicht umsonst von Melissengeist und Salmiakgeist. Im Geruch nehmen wir unmittelbar ein Stück Geist wahr. Was riechen wir eigentlich? Ich denke manchmal, daß wir eine Andeutung der Engelhierarchien selbst wahrnehmen, denn auch die Düfte sind hierarchisch geordnet. Jeder wird mir beistimmen, wenn ich sage, daß der Duft einer Rose höher steht als der Geruch von Hundekot. Es liegen Welten zwischen diesen beiden Gerüchen, aber ich glaube, daß selbst wohlriechende Düfte noch in sich geordnet sind.

Ein weiteres Beispiel wäre die Tonleiter. Von einer Note C zu einer höheren Note laufen die dazwischenliegenden Töne von unten nach oben.

Oder die Farben des Spektrums: die langsameren Schwingungen von Rot gehen in die schnelleren des Gelb und die sehr schnellen von Blau über. Auch hier könnte man von einer Oktave sprechen, die von unten nach oben läuft.

Bei Gerüchen ist das schwieriger zu bestimmen, da wir sie nicht wie Töne oder Farben mit einer Schwingungszahl ausdrücken können. Man muß sich mehr auf das Gefühl verlassen, und das kann natürlich subjektiv gefärbt sein. Aber wollen wir es doch einmal probieren.

Ein Sommertag in den Dünen. Ein ganz besonderer Duft liegt in der Luft. Es ist der warme würzige Duft des Thymians. Er verleitet einen dazu, sich bequem auszustrecken und ein wenig zu dösen. Der Thymian schmiegt sich auch selbst der Erde an. Den Duft des Lavendels kennen wir gut aus den sonnendurchstäubten Hügeln Südfrankreichs. Wenn man diesen Duft riecht, wird etwas Warmes, Fröhliches in einem wach. Dieser Duft regt dazu an, durch die umgebende Landschaft zu schweifen.

Lavendel und Thymian sind für mich sehr intensiv mit der Erde verbunden. Sie lassen mich die Erde liebhaben. Der Thymian hilft bei der Auflösung von irdischem Schleim, zum Beispiel in Hustentees. Lavendel als Teebeimischung schenkt einen tieferen Schlaf. Es sind Pflanzen mit himmlischen Gerüchen, und doch liegen sie noch nahe der Erde.

Wenn man sich das so vorstellt, dann müssen diese beiden Gerüche wohl aus dem ersten Himmel kommen. Vielleicht hat wirklich jeder Erzengel seine eigene wundervolle balsamische Luft.

Könnte das der Grund dafür sein, daß die Aromatherapie – beruhend auf Arzneimitteln, die aus ätherischen Pflanzenölen hergestellt sind – solch erstaunliche Resultate erbringt? Weil sie vielleicht die Gesundheit unmittelbar vom Himmel zur Erde führen?

Auch der Geruch der Pappel, die in unseren Dünen so oft vorkommt, ist freundlich und heilsam. Es ist ein Frühlingsduft. Er hat nicht dieses Lastende, Warme des Sommers, sondern regt zur Aktivität an. Der Atem wird tiefer, der Schritt länger, man reckt den Kopf höher; es ist, als ob man aus dem Winterschlaf erwacht und neue Schöpfungskraft in sich fühlt.

Mit Sicherheit ist das ein »höheres« Gefühl als das von Thymian oder Lavendel. Es kommt aus dem schöpferischen Himmel. Vielleicht ist es tatsächlich der Duft der Kyriotetes, der Engel der Gnade.

Etwas ganz Besonderes ist das Harz dieses Baumes. Die Bienen stellen daraus einen Stoff her, der Propolis heißt. Damit befestigen sie ihre Waben; Spalten und Risse werden damit abgedichtet, Raubinsekten einbalsamiert. Aber der Mensch verwendet es als Heilmittel, und man kann manchmal erleben, daß mit diesem Stoff Wunder geschehen. Ich habe selbst gesehen, daß sogar Multiple-Sklerose-Patienten mit Hilfe dieses Stoffes Besserung erzielten. Das muß ein Zeichen dafür sein, daß ein mächtiger schöpferischer Engel hinter dem balsamischen Duft dieses Harzes steht.

Ein weiteres Beispiel wäre der Jasmin. Erst steht noch ein grüner Strauch in Ihrem Garten, an dem nichts Besonderes wahrzunehmen ist. Doch kurz darauf trägt er schon ein wundervolles weißes Hochzeitskleid, das jeden Tag schöner wird. Am Ende denkt man: schöner kann es nicht werden; jetzt ist es schon so schön, daß es fast weh tut. Aber dann ist der Strauch am nächsten Tag noch schöner, weil ein weißes Blütenkleid das Grün überzieht, das einen schon fast schwindlig werden läßt. Niemand bleibt davon unberührt. Auch der verstockteste Miesmacher bleibt stehen und sagt kopfschüttelnd (weil er nun einmal alles mißbilligend angeht): »Der sieht aber gut aus.«

Es kommen auch Leute in meine Sprechstunde, die gelbe Nasen haben, weil sie eben noch schnell an der mit Blütenstaub bedeckten Blütenkrone gerochen haben.

»Er muß unbedingt wieder geschnitten werden«, sagt meine Frau, aber ich schiebe es immer wieder hinaus.

Jasminduft ist einer der feinsten Düfte, die ich kenne. Wenn man tief einatmet, riecht man ihn nicht. Man muß ganz vorsichtig daran riechen, so, als ob man eigentlich gar nicht riechen wollte. Dann fühlt man sich in seinem ganzen Wesen von einem kaum beschreibbaren Verlangen durchzogen. Es ist wie ein Windhauch der Ewigkeit. Riechen wir da grade mal etwas von der »Welt in Gottes Schatten«? Flatterte gerade ein Seraph vorbei?

Man sollte wirklich einmal die Blumendüfte entsprechend den Engeln, die dahinter stehen, einteilen. Ich glaube, daß die alte Welt damit viel weiter gewesen ist, daß man damals Düfte bewußt verwendete, um den Geist für die höheren Regionen zu öffnen. Es fällt auch auf, daß die Wörter für »Geist« und »Geruch« im Hebräischen fast identisch sind: »Ruach« und »Reach«.

Die Koppelung der Welt des Geistes (und der Engel) mit den Düften war früher selbstverständlich, ist heutzutage aber leider aus unserem Bewußtsein verschwunden. Wir denken überhaupt nicht darüber nach, daß das, was wir riechen, vielleicht etwas ganz Besonderes sein könnte.

»Riech mal, wie gut sie riecht« sagen wir von einer Hyazinthe. Oder: »Mmmm, riech mal an diesem Flieder.« Stellen Sie sich einmal vor, daß wir da Engel riechen, daß diese Blumen und Sträucher die Luft der Engel wiedergeben, genauso wie der Mond das Licht der Sonne reflektiert. Dann könnten wir im Sommer bei einem nach Thymian riechenden Dünenkessel sagen: »Bleib stehen, sei ganz still, ich rieche den Engel Uriel!« (Uriel deswegen, weil er der Engel des Ostens ist und der Ostwind bei uns im Sommer die Wärme bringt).

Oder da unten in Aix-en-Provence, im fernen Süden von Frankreich, könnten wir den Duft der Lavendelfelder riechen und sagen: »Heute ist Michael aber wieder der Erde nahe.«

Vielleicht erscheint Ihnen das alles ein wenig naiv, aber es ist noch nicht lange her, daß die Natur für den Menschen noch voller geistiger Naturwesen war. Es ist schlimm, daß die Fähigkeit, ihre Gegenwart zu spüren, verlorengegangen ist, denn dadurch haben wir auch unsere Ehrfurcht vor der Erde verloren. Wir sehen unsere Umwelt nur noch als Objekt, das so intensiv wie möglich genutzt – sprich ausgebeutet – werden muß. Unsere Naturbetrachtung ist nicht mehr einfühlend, sondern äußerlich und entfremdet; wir sehen sie ablaufen wie einen Kinofilm. Wir sind eindimensional geworden, wir sind die Bewohner von »Flachland« geworden.

In Wirklichkeit spielen die tieferen Dimensionen, die Engelscharen, fortwährend in unsere Wahrnehmung hinein. Was ich hier darstelle, ist keine Nostalgie nach einer Zeit, die nie wieder zurückkommt. Vielmehr ist es die Prophezeiung einer Zeit, die vor der Tür steht. Die Macht des Materialismus ist fast schon vorüber. Neues steht vor dem Durchbruch, ähnlich wie eine schwangere Frau, die bereits die ersten Wehen fühlt. Dann werden die Menschen wie aus einem Traum erwachen. Wo eine uralte Steineiche stand, werden sie noch immer denselben Baum stehen sehen, aber sie werden auch die Ophanim sehen, die in den Ästen auf und ab klettern.

Vor ihrem inneren Ohr wird der Westwind mit den Klängen der Engelchöre rauschen, allen voran Rafael, der heilende Engel aus dem Westen. Und sie werden eine überwältigende Freude verspüren, wenn sie ihren eigenen Engelfürst in der Nähe wissen, wenn er sich durch den Duft einer Mimose zu erkennen gibt.

Wenn wir vielleicht die Engel als Blütendüfte wahrnehmen, so ist es für Gott gerade umgekehrt. Gott erlebt die Handlungen eines Menschen, der gut lebt, als einen wohlriechenden Duft. Ein Mensch bringt ein echtes Opfer, um jemandem zu helfen, und Gott schnauft tief ein und sagt: »Welch eine wohlriechende Tat rieche ich da!« Hier riechen wir vielleicht Schweiß oder Blut, aber in den himmlischen Gefilden weht ein intensiver Blumenduft heran. So spornt der Duft eines Flieders oder eines Jasmins uns an, zu einem wohlriechenden Duft im Himmel zu werden, damit nicht alles von einer Seite kommt, sondern ein Gleichgewicht hergestellt wird.

Auch hier hat der Mensch wieder die Wahl. Weiße Schwäne, schwarze Schwäne, wer will mit nach Engel-land fahren? Was möchten Sie lieber sein: eine Stinkmorchel oder eine Rose? Wählen Sie, jetzt ist es noch möglich; es ist nie zu spät, nicht einmal auf dem Sterbebett.

Das ist das Besondere an unserer Erde. Die Wahl bleibt bis zum letzten Augenblick offen, buchstäblich bis zum letzten Atemzug. Es ist eine Welt der Gnade, in der wir leben, eine Welt, in der der Jasminduft an den Klippen hochsteigt, selbst wenn ein vorbeifahrender Lastwagen ihren Garten mit Auspuffgasen vollpumpt.

Wir leben in einer Welt, die sich jeden Sommer herausputzt wie eine Braut, die auf ihren Bräutigam wartet. Und wir Menschen sind kein Mist auf den Feldern der Zukunft. Dieser nicht ganz gescheite Kommunist, der diesen Ausspruch getan hat, muß in einer recht grimmigen Stimmung gewesen sein, als er das niederschrieb. Nein, wir sind Hochzeitsgäste, fröhliche Festgänger in einem Meer von Düften, wache, muntere Menschen auf einer Gartenschau mit blühenden Bäumen und Sträuchern.

Wie können wir damit beginnen, die neue Welt vorzubereiten? Dadurch, daß wir es uns jetzt schon ein wenig festlich machen und unseren Lobpreis mit dem Duft von Geißblatt und Lindenblüten an einem warmen, monddurchfluteten Sommerabend vermischen.

Auf Rammkurs mit dem Himmel

Nach der Lektüre des vorigen Kapitels denken vielleicht manche Leute, daß ich den Rat erteile, den Verstand ganz auszuschalten und vollkommen intuitiv zu leben. Aber das stimmt nicht. Mir fällt nur auf, daß viel psychische Energie verlorengeht, zum Beispiel durch vage Tagträume. Denken Sie nur an den Film »Walter Mitty«, wo der Hauptdarsteller nichts anderes tut, als sich in allen möglichen erträumten Heldenrollen zu bespiegeln. Daraus ist ein toller Film entstanden, aber wenn man genau hinsieht, läuft in einem solchen Tagtraumleben nichts ab.

Dagegen werden viele Nachtträume umsonst geträumt, da die Leute sie am Morgen abschütteln. Das rastlose Leben ruft; es bleibt keine Zeit, einmal darüber nachzudenken, ob in dem Traum eine Botschaft enthalten war. Schade, denn oft ist eine solche Botschaft vorhanden und kann den ganzen Tag verändern, da sich Träume häufig auf den folgenden Tag beziehen. Bei vielen Menschen liegt auch die Fähigkeit zum Gebet oder zur Meditation brach, weil sie es einfach nicht gelernt haben, daß man sich auch nach innen wenden kann. Sie lassen sich durch die Welt ihrer Sinnesorgane so sehr faszinieren, daß ihre Innenwelt schattenhaft bleibt. Wie ist das Fazit? Sehr wichtige Fähigkeiten, die sich zum Beispiel in Traum, Gebet und Meditation äußern, werden zur Zeit nicht gebraucht. Die Tagträumer züchten so eine Art Ersatzbefriedigung; sie ernähren sich von psychischen Bonbons. Vielleicht schmeckt das ganz gut, aber die Zähne gehen dabei kaputt. Übertragen auf unser Thema heißt das, daß wichtige Fähigkeiten verkümmern.

Ich plädiere dafür, daß wir diese Kraftquellen wieder einschalten, und zum Glück sehen wir zur Zeit, daß das Interesse der neuen Generation sich immer mehr den inneren Bereichen zuwendet.

Es gibt eine deutliche Parallele zwischen den physischen und psychischen Energiequellen, die gegenwärtig allmählich zutage treten.

An den neuen Gebetsgruppen, dem neuen Interesse an der Meditation und den Träumen sehen wir tatsächlich, daß die Menschen danach streben, diese Energiequellen des Geistes bewußt anzuzapfen. Der unerschöpfliche Strom der psychischen Energie, von der noch viel zu viel wegläuft, wird hier und da bereits kanalisiert und gebraucht.

Die Schwerkraftenergie, die gewissermaßen in der Reichweite eines jeden Menschen liegt und zur Zeit einfach noch »wegläuft«, wartet nur auf die Maschinen, die uns diese unerschöpflichen und umweltfreundlichen Energiequellen erschließen.

Aber sowohl für die geistigen als auch die irdischen Energieströme werden wir hart arbeiten müssen.

Gerade habe ich gesagt, daß psychische Energie oft in vagen Tagträumen wegläuft. Aber auch meditative Energie hat in unserer Zeit alle Chancen, ungenutzt wegzufließen.

Meditation heißt, den Geist leer machen, nicht denken, ganz konzentriert und bewußt zu sein. Eine Karikatur dieses Zustandes ist das Fahren auf der Autobahn mit hoher Geschwindigkeit. Wer das tut, befindet sich in einer Art unbewußter Meditation. Wenn Tagträume Traumbonbons sind, so ist dieses schnelle Autofahren Meditationskaugummi.

Dann gibt es auch ein Pseudogebet. Was ist Beten? Es ist die vollständige Hingabe an das Höhere. Und was ist die gegenwärtige Karikatur des Gebetes? Es ist die Faszination, mit der man am Fernsehbildschirm klebt. Das könnte man als den Genuß von Gebetslollipops bezeichnen.

250

Nein – es geht darum, daß wir unsere Träume überdenken, daß wir einen spontanen Tagtraum scharf analysieren, um uns selbst kennenzulernen, daß wir unseren Geist nicht zur Ruhe bringen, um ihn durch überhöhte Geschwindigkeit zu betäuben, sondern daß wir weiter meditieren, einfach, um geistig klar zu sein. Unsere Anbetung sollten wir auf den richten, der angebetet werden muß.

Aber glauben Sie nicht, daß ich etwas gegen das Fernsehen oder das schnelle Fahren per se hätte. Ich möchte nur darauf hinweisen, daß sie da, wo sie die Menschen versklaven, Meditation und Gebet ersetzt haben. Gerade auf diese Weise schaltet man den Verstand ab. Und wie ich bereits sagte: ich plädiere nicht dafür, den Verstand auszuschalten, sondern ich empfehle, neue Ideen aus dem schöpferischen Gebiet zu empfangen und sie dann durch das Sieb des Verstandes passieren zu lassen.

Und hier ist auch der Unterschied zu denen, die versuchen, ihr Bewußtsein mit Hilfe von Drogen zu erweitern. Zwar erzeugen Drogen ein starkes bildnerisches Vermögen, aber gleichzeitig führen sie dazu, daß man die Fähigkeit zur kritischen Betrachtung der eigenen Bilder verliert. Auf diese Weise reduziert man sich auf eine widerkäuende Kuh, oder man wird zum Lotophagen, wie Odysseus sie auf seinen Reisen angetroffen hat. So kommt man nicht vorwärts. Der Gebrauch von Drogen ist eine Masturbation des kreativen Vermögens und bleibt unfruchtbar. Aber eine Kreativität, die durch das Sieb des Verstandes geht und sich mit der Handlung verbindet – eine solche Kreativität kann buchstäblich Berge versetzen.

Ich denke, daß es in dieser Zeit schon etwas leichter sein könnte, mit dem Himmel in Verbindung zu treten, als zum Beispiel im vorigen Jahrhundert. Und jetzt muß ich eine Idee hinzuziehen, die nicht von mir stammt, die ich aber für richtig halte, nämlich, daß der Abstand zwischen Himmel und Erde nicht immer gleichbleibt, sondern periodischen

Schwankungen unterliegt. Natürlich ist der Gebrauch des Wortes Abstand merkwürdig, da doch zumindest eines der beiden Elemente, deren Abstand gemessen wird, von geistiger Art ist. Aber man muß darunter mehr den psychologischen Begriff von »Abstand« verstehen.

Aus unserem Sprachgebrauch kennen wir den »psychologischen Abstand« recht gut. Hören Sie mal auf die folgenden Sätze:

»Von dieser Vorstellung bin ich weit entfernt.« – »Sie verhielt sich etwas distanziert.« – »Ich habe das Gefühl, daß Sie versuchen, von mir Abstand zu halten.«

Um diese Art des Abstandes geht es.

Es gibt Zeiten, wo der Himmel oben und die Erde unten ist, wo jeder sozusagen seinen eigenen Gang geht. »Gott ist in seinem Himmel, und mit der Welt ist alles in Ordnung«, lautete ein bekannter Ausspruch aus der Blütezeit des Britischen Empire.

Ich habe zum Beispiel den Eindruck, daß in der Mitte des vorigen Jahrhunderts ein großer Abstand zwischen Himmel und Erde bestand. Es ist undenkbar, daß am »verguldavondje«, jener Szene aus der *Camera Obscura,* plötzlich ein Engel erschienen wäre. Dieses Buch ist ja wirklich typisch für das Holland aus der Mitte des vorigen Jahrhunderts. (verguldavondje = wörtlich »Vergoldabend« ist der Vorabend des Sankt-Nikolaustages, an dem früher die Konditormeister die Kinder ihrer Kunden einluden, um auf die fertigen Lebkuchenfiguren goldene Etiketten zu kleben.)

Stellen Sie dem nun ein Buch gegenüber, das typisch für die Mitte unseres Jahrhunderts ist: Paul Gallicos *Snowgoose.* Die *Camera Obscura* stammt aus dem Jahre 1839, die *Schneegans* spielt während der Schlacht um Dünkirchen im Jahre 1940. Aber in dem letzteren Buch hört man fast schon das Rauschen der Engelflügel.

In diesem Jahrhundert scheinen sich Himmel und Erde einander wieder mit einer solchen Beschleunigung, zu nähern, daß sich dieser Vorgang von anderen Zeiten, wo dasselbe geschah, unterscheidet. Es hat solche Zeiten gegeben. Ich komme noch darauf zurück. Aber was wir jetzt erleben, ist so tiefgreifend, daß ich keine historische Zeit angeben könnte, wo dasselbe geschah. Es sieht so aus, als ob der Himmel auf Rammkurs mit der Erde liegt.

Und wer nicht weiß, was ein Rammkurs ist:

Wenn zwei Schiffe sich auf zwei gedachten Geraden fortbewegen, die sich an einem bestimmten Punkt schneiden, und weiterhin die Geschwindigkeit dieser Schiffe gerade so hoch ist, daß sie beide im selben Augenblick am Schnittpunkt ankommen, dann bezeichnet man das als »Rammkurs«. Auf einer küstennahen Wasserfläche gibt es einen einfachen Trick, um herauszufinden, ob ein Schiff mit einem anderen auf Rammkurs liegt. Man muß nur auf die Kaimauer hinter diesem anderen Schiff blicken. Wenn sich das Schiff, bezogen auf diese Mauer, vorwärtsbewegt, dann wird es den Punkt vor Ihnen erreichen. Wenn sich dagegen die Kaimauer nach vorwärts bewegt, so daß sich das andere Schiff nach rückwärts zu bewegen scheint, dann wird es den Schnittpunkt nach Ihnen erreichen. Wenn dagegen die Kaimauer, bezogen auf das Schiff, stillzustehen scheint, dann liegen Sie mit diesem Schiff auf Rammkurs, und wenn Sie mit unveränderter Geschwindigkeit weitersegeln, dann werden Sie unweigerlich mit ihm zusammenstoßen. Auf dem offenen Meer, wo man keine Kaimauer als Hintergrund hat, funktioniert dieser Trick natürlich nicht.

Leider können wir diesen Test auf die jeweiligen Kurse von Himmel und Erde nicht anwenden. Der Himmel ist für uns unsichtbar, und erst recht der Hintergrund, gegen den sich der Himmel verschieben sollte.

Stellen Sie sich vor, daß meine Äußerung richtig ist, daß wir tatsächlich auf Rammkurs mit dem Himmel liegen. Was dürfen wir erwarten?

Jetzt muß ich mein Gleichnis von den zwei Schiffen noch

etwas deutlicher ausführen. Die beiden Schiffe fahren durch die Nacht. Das Himmelsschiff ist hell erleuchtet und mit zwei riesigen Scheinwerfern ausgestattet. Das irdische Schiff führt nur ein schwaches Topplicht. In dem Maße, wie sich die beiden Schiffe einander nähern, wird das irdische Schiff mehr und mehr beleuchtet. Und die Folge davon wäre dann, daß die Welt, die wir jetzt unsichtbar nennen, im menschlichen Bewußtsein immer deutlicher sichtbar wird. Erst bricht sie nur bei einem, dann bei immer mehr Menschen, schließlich bei Tausenden gleichzeitig durch, wie auch jetzt hin und wieder Tausende von Menschen gleichzeitig die fliegenden Untertassen wahrnehmen.

Aber wir dürfen auch annehmen, daß da, wo das Licht auf das Takelwerk des irdischen Schiffes trifft, die Schlagschatten immer stärker werden. Auf das Durchbrechen des Lichtes und die stärker werdenden Schlagschatten möchte ich noch etwas weiter eingehen.

Was den Durchbruch des Lichtes anbelangt, so sprechen die schwedische und meine eigene Untersuchung Bände. Wir haben es hier mit einem Phänomen zu tun, das wir sehr ernst nehmen müssen. Von meinen vierhundert Versuchspersonen haben mindestens neunundneunzig unmittelbare übersinnliche Erfahrungen gehabt. Auch auf die schwedische Annonce hin ist ein Strom von Briefen eingegangen. Der Kontakt mit dem Himmel scheint jetzt schon recht intensiv zu sein, auch wenn wir es nicht merken. Allerdings wird darüber noch ängstlich geschwiegen.

Und was die stärker werdenden Schlagschatten anbelangt: es ist offensichtlich, daß außer dem Himmel auch die Hölle am Durchbrechen ist. Es stehen Waffensysteme bereit, deren Entsetzlichkeit sich dem menschlichen Vorstellungsvermögen so sehr entzieht, daß man in nonchalanten Ausdrücken darüber spricht, als ob es sich um gewöhnliche altertümliche Kanonen handelte. Auch treten jetzt neue Formen des Verbrechens auf, die in der menschlichen

Geschichte ohne Beispiel sind: Denken Sie an den Terrorismus. Auch früher gab es natürlich Terror, aber er wurde gegen die ausgeübt, die man für Feinde hielt. Im Terrorismus unserer Zeit aber ist die Hölle ganz buchstäblich auf Erden durchgebrochen. Da explodiert eine Höllenmaschine mitten auf einem Markt, wo heitere Menschen ihre Einkäufe machen, oder bei einer friedlichen Parade in einem englischen Park.

Manchmal denke ich: Das ist so schlimm, daß selbst der Satan davon noch etwas lernen könnte.

Und dabei ist dieser Terrorismus noch der »heiße Teufel«. Er wird von wüsten Fanatikern, großenteils psychopathisch degenerierten Personen betrieben.

Aber viel beklemmender ist der »kalte Teufel«, der aus wissenschaftlicher Neugier mordet. Das ist der Arzt, der Dissidenten in psychiatrischen Staatskliniken Injektionen mit verrücktmachenden Substanzen verabreicht und das Ergebnis mit kühlem Interesse betrachtet. Das ist der Wissenschaftler, der einen lebenden menschlichen Fötus für interessante Experimente verwendet und dann, wenn er abends nach Hause kommt, seinen Kindern über den Kopf streicht. Das ist der Psychologe, der mit Hilfe eines raffiniert ausgeklügelten psychologischen Foltersystems von grauenhafter Bestrafung und winziger Belohnung den politischen Gegner in einen sklavischen Mitläufer verwandelt.

Das ist der neue Verbrechertyp des zwanzigsten Jahrhunderts. Es sind entsetzliche Menschen, da sie bei allen ihren Taten eiskalt bleiben. Wie recht Dante doch hatte, als der den innersten Höllenkreis als Eiskumpen zeichnete:

Der Oberherr des qualdurchströmten Teiches
Hob bis zur halben Brust sich aus dem Gletscher.
(Übersetzung von Konrad Falke: Dante, *Die göttliche Komödie*.Wiesbaden 1970).

Wenn Himmel und Erde auf Rammkurs liegen, sieht man auf Erden bei den Menschen, wie die Geister sich scheiden. Die teuflischen werden noch teuflischer, die engelartigen werden mehr, wie sie als Menschen eigentlich sein sollten: warm und freundlich. Die Personen, die weder zur einen noch zur anderen Seite gehören, werden immer weniger. Der eine wird sein Herz auf die eine Seite einstimmen, der andere auf die andere Seite. Eine schweigende Mehrheit gibt es nicht.

Hat es auch andere Zeiten gegeben, da Himmel und Erde sich einander so sehr näherten, daß der eine mit Gewalt im anderen zum Druchbruch kam?

Ich denke sofort an die Zeit des Exodus. Damals geschahen in Ägypten ungeheure Wunder, die als die zehn Plagen bekannt sind. Ein noch größeres Wunder war der Durchzug durch das Rote Meer und die Übergabe der Gesetzestafeln auf dem Berg Sinai. Kurz vor dem Auszug aus Ägypten wurde damals ein ganzes Volk unterdrückt und seine männlichen Nachkommen ermordet. Himmel und Hölle waren gleichzeitig sichtbar.

Trotzdem war das, wenn man die Weltgeschichte betrachtet, nur eine Momentaufnahme, die sich hauptsächlich in Ägypten abspielte. Ich sage »hauptsächlich«, da Velikovsky mit gutem Grund vermutet, daß es zu dieser Zeit auch anderswo in der Welt wichtige Ereignisse gegeben hat.

Aber heute sieht es so aus, als ob wir auf einen frontalen Zusammenstoß lossteuern. Es steht uns etwas ganz anderes bevor als ein Atomkrieg. Es steht uns der Durchbruch der bisher unsichtbaren Welt bevor.

Eines der Zeichen dafür ist beispielsweise eine besonders interessante Entwicklung, die seit etwa fünfzehn Jahren in Gang gekommen ist: man befaßt sich wieder mit dem Tod. Das große Tabu wurde durchbrochen; Personen wie Dr. Elisabeth Kübler-Ross und andere Forscher beschäftigen sich mit dem Prozeß des Sterbens und stoßen wie von selbst auf das, was nach dem Tod geschehen wird. Sie entdecken, daß der Tod nicht das Ende des Bewußtseins, sondern ein Übergang ist. Die Menschen haben das immer gewußt, aber dieses Wissen ging im Materialismus verloren. Jetzt kommt es unwiderstehlich wieder zurück.

Ein weiteres Signal für den Durchbruch des Himmels ist die zunehmende Zahl von Personen, die an psychischen Störungen leiden. Die ruhige, gleichmäßige Radiosendung des normalen Bewußtseins wird bei diesen Menschen fortwährend durch diese hereinbrechenden Welten gestört. Und da sie darauf nicht vorbereitet sind, reagieren sie ängstlich, depressiv, paranoid und beginnen, sich merkwürdig zu verhalten. Vor allem bei jungen Menschen sehen wir das häufig. Die Zahl der Studenten, die psychologische Hilfe brauchen, ist erstaunlich groß. Das ist ein auffallender Unterschied zu der Zeit, als ich selbst noch Student war, also vor fünfunddreißig Jahren. Dabei war das noch eine Generation, die gerade erst den Krieg überstanden hatte.

Durch den Druck des herannahenden Himmels ist die menschliche Seele heftigen Unregelmäßigkeiten unterworfen. Viele Frauen empfinden das sehr deutlich. Sie wagen sich nicht mehr auf die Straße, fühlen sich in Geschäften, auf Plätzen oder Straßen oder im Bus bedroht. Und wenn man sie dann fragt, wovor sie denn Angst haben, sagen sie, daß sie fürchten, bewußtlos zu werden oder tot umzufallen. Das ist nichts anderes als die Angst, daß die unsichtbare Welt in einem unerwarteten Augenblick einfach mal durchbricht. Diese Menschen glauben zwar, daß die Bedrohung von außen kommt, aber in Wirklichkeit lauert sie den Menschen von unerwarteter Richtung her auf, nämlich von der »Innenseite« des Lebens.

Brauchen wir uns vor dem frontalen Zusammenstoß mit dem Himmel eigentlich zu fürchten? Einerseits glaube ich es, andererseits auch wieder nicht. Das hängt nämlich von unserer Einstellung ab. Wir müssen erkennen, daß der Himmel es gut mit uns meint, daß wir uns aber vor den Schatten in acht nehmen müssen, die das näherkommende Licht in uns erzeugen kann. Dadurch, daß beim Näherkommen des Lichtes paradoxerweise die Gefahr steigt, daß Menschen hier auf dieser Erde unberechenbar reagieren, wird die Situation sehr explosiv. Außerdem gibt es immer Menschen, die sich lieber der Dunkelheit als dem Licht anschließen, die Krieg führen wollen, die diesen Planeten noch schnell in ihre Gewalt bringen wollen, bevor das Licht durchbricht. Sie wollen ihn in eine rauchende Wüste oder einen Kerker für Milliarden verwandeln, so daß der Himmel, wenn er schließlich herangekommen ist, niemanden mehr vorfindet, der ihn willkommen heißt. Denn wenn irgend etwas in unserer Zeit deutlich sichtbar ist, dann ist es die Eile der höllischen Kräfte. Die Bösen stolpern beinahe über ihre eigenen Füße, um die Zustände auf Erden möglichst bald endgültig zu beherrschen. Deshalb wird zur Zeit auch nicht mehr normal auf die alte Art und Weise gemordet. Das kommt zwar auch noch vor, aber für das zwanzigste Jahrhundert ist es nicht typisch. Typisch für unsere Zeit ist der Völkermord, die Ausrottung ganzer Völker, so, als ob man eine Kaninchenplage bekämpfen würde. Im kleinen geschieht das bei den unglücklichen Indianerstämmen am Amazonas, im großen zum Beispiel durch die Sowjets in Afghanistan. Die Bösen müssen sich beeilen. Nur die Harten, Bitteren, Eiskalten dürfen übrigbleiben. Die Freundlichen, die mit der Natur verbunden sind und in ihren alten Traditionen wurzeln, sollen vollständig vom Erdboden verschwinden.

Dadurch wird die Aufgabe für jeden, der guten Willens ist, am Ende des zwanzigsten Jahrhunderts offenkundig. Hier schließt sich der Kreis: Es ist genau dieselbe Aufgabe, die dem Menschen gestellt wurde, als er noch im Paradies lebte. Dort, im Garten Eden, wurde ihm gesagt, daß er diesen Garten bearbeiten und behüten sollte.

Der Ausdruck »bearbeiten« heißt auf Hebräisch »awoda«. Das bedeutet »arbeiten«, und zwar im Sinne von »dienen«. Wenn jemand ein kleines Stückchen Erde vor dem Gift zu bewahren weiß, auch wenn es nur sein eigener Garten ist, dann entspricht seine Tätigkeit in unserer Zeit dem Ausdruck »awoda«.

Wenn jemand in seiner Stadt, Gemeinde oder Region für den Umweltschutz kämpft oder sich für das Meer, das uns umgibt, einsetzt, dann verrichtet er »awoda«. Das ist somit kein unerreichbares Ziel, sondern eine praktische Möglichkeit, die jedem offensteht. Auch wer an seiner eigenen Seele arbeitet und sie reinigt, verrichtet »awoda«.

Heute wissen wir, daß eine so schwere Krankheit wie Krebs manchmal dadurch verursacht werden kann, daß in unserer Seele tiefliegende Rachegedanken gegen einen unserer Elternteile zurückgeblieben sind. Oder auch dadurch, daß eine Wut in der Tiefe fortwuchert, wo es niemand sehen kann, oft auch nicht die Person, die diese Wut unterhält und sich einredet, daß alles vollkommen in Ordnung sei. So eine Person muß erkennen, daß in ihrem Leben Haß vorhanden ist. Manchmal lebt die gehaßte Person auch noch, so daß Haß und Wut immer weiter genährt werden. Eine meiner Patientinnen, die an Brustkrebs erkrankt war, sagte: »Die Brust, die ich verloren habe, habe ich auf dem Altar meiner Mutter geopfert.«

Wenn so jemand erkennt, daß in seiner Seele eine giftige Pflanze wächst, dann kann eine einfache Übung bereits helfen. Man stellt sich jeden Tag für eine kurze Zeit vor, daß der Mensch, dem der Haß gilt, etwas Gutes, Freundliches, Beglückendes erlebt. Dann werden sich der Zorn und der Haß langsam verflüchtigen, man wird sogar selbst in dem Glück, das man dem anderen wünscht, schwelgen. Es werden uns keine unerreichbaren Ziele gesetzt.

Es ist ein Irrtum zu glauben, daß die Probleme, mit denen die Erde konfrontiert ist, so groß sind, daß wir ihnen hilflos gegenüberstehen. Die Probleme, die wir in großem Maßstab auf der ganzen Welt sehen, sind dieselben, die wir in kleinem Umfang auch in unserem eigenen Leben wahrnehmen können. Und da, in Ihrer eigenen Seele, in Ihrem eigenen Garten beginnt »awoda«. Da beginnt die Reinigung unseres verschmutzten Planeten. Und wenn nur genügend Menschen damit anfangen, dann wird sich das summieren. Dann verändert sich etwas im Schöpferischen Himmel. Dann wird man sehen, wie nach einiger Zeit die positive Rückmeldung auf unserer Erde spürbar wird. Dann geschieht nämlich das Gegenteil der Katastrophenvoraussagen des Club of Rome. Und das kann jeder tun.

Als Zweites wurde vom Menschen das »Behüten« gefordert. Im Hebräischen heißt es »schamir«.

In einem uralten Kommentar wird das so erklärt, daß der Mensch die wilden Tiere fernhalten müsse.

In unserer Welt gibt es aber kaum noch wilde Tiere, höchstens noch einige in irgendwelchen Reservaten und Tiergärten.

Das stimmt, aber dafür sind wir mit anderen Gefahren konfrontiert. Denn das heftige Andringen der Hölle zwingt jeden, der es gut mit dieser Erde meint, sich dem Kampf auszusetzen. Das kann einfach nicht ausbleiben. Und wenn es dazu nicht kommt, sollte sich der Betreffende fragen, ob er sich wirklich richtig einsetzt.

Ob Sie nun gegen die Atomverseuchung in Ihrer Gemeinde kämpfen, gegen Cruise Missiles in Ihrem Land, gegen die politische Indoktrination Ihrer Kinder oder gegen Ihren eigenen Haß, Ihre Schlaffheit, Ihren Egoismus, Ihre lebensgefährliche Neigung zur Konformität, da man Sie sonst nicht sympathisch findet... kämpfen muß in unserer Zeit jeder. Neutralität wird immer weniger möglich sein.

Im kommenden Jahrzehnt wird es vor allem um eine Eigenschaft gehen: Zivilcourage.

»Der Schwache sage: ich bin ein Held«. (Joel 3:10)

260

Man braucht wirklich viel Mut, um in dieser Zeit nicht mit den Wölfen zu heulen, um das Risiko auf sich zu nehmen, für verrückt gehalten zu werden, unbeliebt zu sein.

Dieser Planet ist wie eine belagerte Festung. Der Feind ist mächtig und rückt unaufhaltsam heran. Aber die Ersatztruppen sind schon unterwegs. Sie kommen aus einer völlig unerwarteten Richtung. Ein Soldat von diesen Hilfstruppen genügt, um eine ganze feindliche Division zu schlagen.

Nur: sie sind noch nicht da. Aber die, die diese Kräfte erkennen können, stellen jetzt schon den Kontakt mit ihnen her, die den Menschen das Gute bringen wollen. Solange die Dunkelheit immer schneller zunimmt, müssen wir diese Zeit durchhalten. Gerade jetzt nicht verzweifeln und mutlos werden; gerade jetzt gilt es, einen unverwüstlichen Optimismus an den Tag zu legen.

Jeder, der guten Willens ist, sollte sich mit aller Kraft darauf konzentrieren, jenes kleine Stückchen von unserem Planeten, das ihm zugemessen ist, zu bearbeiten und zu bewahren. Die Rettung steht schon vor der Tür.

Und wie wird diese Rettung aussehen?

Ich möchte ein einfaches Beispiel heranziehen. Die größte Bedrohung – in der äußeren Welt natürlich – ist die Atombombe.

Von außen her ist es schwierig, diese Höllenmaschinen zu entschärfen. Aber gehen wir etwas genauer auf diesen Gegenstand ein. Was ist ein Atom? Ein Wirbel. Aber es ist kein materieller Wirbel, sondern ein Kraftwirbel, der von der unsichtbaren Welt in die unsrige übergeht und dem Gestalt gibt, was wir Materie nennen. In jedem Augenblick wird diese Materie von den unsichtbaren Bereichen her neu geschaffen.

Wir haben darüber gesprochen, daß hinter diesem physischen Wirbel, den wir als Atom bezeichnen, ein geistiger Wirbel verborgen ist, der durch die hohe Engelhierarchie der Throne oder Ophanim verursacht wird. Stellen Sie sich einmal vor, daß ein hoher Engel aus der Hierarchie der Ophanim, auch »Räder genannt«, hier auf Erden erscheinen würde und seinen Blick auf einen unterirdischen Raketenstandort in Sibirien richten würde, wo eine Rakete mit zehn Atomsprengköpfen darauf wartet, als höllischer Feuerpfeil nach Westen zu fliegen und in einem Schlag mehrere Städte zu vernichten.

Ein Knopfdruck genügt, um dieses Geschehnis auszulösen. Wir sollten das nicht verdrängen oder behaupten, daß so etwas nicht möglich sei. Die kommunistische Lehre kennt keine moralischen Überlegungen, sondern nur pragmatische Gesichtspunkte. Wenn der Oberbefehl in einer bestimmten Situation diesen Knopfdruck verlangt, dann wird er erfolgen, und zwanzig Minuten später sind einige Städte mit all ihren Einwohnern von der Bildfläche verschwunden.

Aber da ist nun dieser Engel aus der Hierarchie der Ophanim. Und genau in dem Augenblick, wo sich dieser Silo öffnet und die Rakete sich in die Lüfte erhebt (Engel helfen immer im allerletzten Augenblick), blickt dieser Engel auf das Hölleninstrument. Und genau in diesem Augenblick verändert sich die innere Struktur all der Atome, die da auf dem Weg sind, Vernichtung zu bringen. Für so einen Engel ist das nicht schwierig, denn er ist es ja selbst, der die innere Struktur aller Atome mit Leben erfüllt. Die Männer, die die Rakete abfeuern, würden nichts davon merken, aber im Inneren einer solchen mehrfachen Wasserstoffbombe wäre ein Hohlraum entstanden, in dem nur ein wenig Heliumdampf hinge.

Ist das nun das, was man in England »wishful thinking« nennt? Wo also der Wunsch der Vater des Gedankens ist? Ist es eine weltfremde Vorstellung?

Vergessen Sie nicht, daß schon mal so ein Verrückter rumgelaufen ist. Sein Name war Noah, und er baute mitten auf dem trockenen Festland eine Arche, ein Boot. Und denken Sie auch einmal an den Englischen König im Zweiten Weltkrieg. Als das englische Expeditionsheer in Dünkirchen vom Untergang bedroht war, ließ er einen nationalen Gebetstag ausrufen. England ging massenweise auf die Knie, und es geschah das sogenannte »Wunder von Dünkirchen«. Anstatt eines Zehntels, wie man befürchtet hatte, kamen neun Zehntel des Heeres sicher wieder nach Hause.

Dürfen wir nicht ein wenig von dieser Art Naivität übernehmen, die Noah und König Georg IV. in so großem Maße besaßen? Sollten wir nicht darauf vertrauen dürfen, daß die letztendliche Explosion der Hölle unterbleibt, wenn wir unser eigenes Stückchen Land »bearbeitet« und »beschützt« haben und um Rettung gebetet haben? Dürfen wir nicht zu einer etwas »einfacheren« Denkweise zurückkehren und guten Mutes ein Wunder erwarten?

Ich glaube, daß das möglich und auch zulässig ist. Weder Sie noch ich können an dem noch immer wachsenden sowjetischen und amerikanischen Raketenarsenal auf dieser Welt etwas verändern. Dazu haben wir einfach nicht genug Macht. Lassen Sie uns deshalb etwas ganz anderes tun. Treffen wir Vorbereitungen, um die Ophanim festlich einzuladen. Lassen Sie uns versuchen, von jenen Engeln Hilfe zu bekommen, die den Atomen vorstehen.

Es ist für die Jugend absolut überflüssig, der Zukunft pessimistisch gegenüberzustehen. Gerade den jungen Menschen steht ein ungeheures Abenteuer bevor.

Dieses Abenteuer ist nicht geringer als die Suche nach dem Gral zur Zeit des Königs Artus und seiner Tischrunde.

Dabei gibt es eine Schwierigkeit: Dieses Abenteuer liegt in unserer Zeit nicht primär in der Außenwelt. Es liegt in der Innenwelt, in jenem Grenzgebiet zwischen Himmel und Erde, wo die Begegnungen mit den Engeln stattfinden.

Natürlich kämpft man auch in dieser äußeren Welt gegen die Umweltverschmutzung und das Unrecht, aber jeder, der

263

so handelt, kommt irgendwann an einen Punkt, wo er feststellt, daß er sich mit mächtigen immateriellen Kräften, mit unsichtbaren Giganten herumschlägt. Man erkennt, daß man dringend Hilfe aus ebendemselben unsichtbaren Bereich braucht, weil man es sonst nicht schafft.

Können diese unsichtbaren Kräfte, die uns angreifen, dann nicht gleich auf einmal von den Engeln erledigt werden? Wenn sie schon so mächtig sind, was sollen wir denn noch dabei?

Ja, das ist im Grunde sehr geheimnisvoll. Wir Wohlfahrtstierchen sind schon so daran gewöhnt, daß uns jeder Wunsch erfüllt wird, daß wir vergessen haben, daß der ganze Kampf ja gerade um uns geht. Dieser Auseinandersetzung ausweichen hieße, die sichere Katastrophe auslösen. Ein Beispiel: Der kleine Piet muß in der Schule eine Prüfung im Rechnen ablegen, aber er hat keine Lust und schwänzt. Können wir es dann dem Lehrer verübeln, wenn er ihm die schlechteste Note erteilt? Natürlich nicht.

So ist es auch mit der ganzen Menschheit. Wir sind hier, um etwas Grundlegendes zu lernen: Liebe und Weisheit. Das geht nur durch Kampf und Leiden. Wenn es das nicht gäbe, so wäre diese Erde eine Schule für Quallen, denn Freiwilligkeit charakterisiert den Himmel, genauso wie Zwang die Hölle charakterisiert. Man braucht viel Mut, um sich auf die Seite des Himmels zu stellen, vielleicht aus dem Grunde, weil man dafür ausgelacht wird. Die Suche nach dem Königreich Gottes bringt einem Menschen auf dieser Erde nämlich selten Ehre, oft aber Spott.

Weiße Schwäne, schwarze Schwäne, wer hat es gewagt, nach England zu fahren?

In ihrem Buch über Kinderspiele schreibt Mellie Uyldert mit Recht »Engel-land«. Das ist das Königreich Gottes. Das Engel-Land ist in unserer Zeit nicht mehr so fest verschlossen wie im letzten Jahrhundert. Vielleicht war der Schlüssel zerbrochen, aber jetzt scheint er wieder heil zu sein.

Gibt es jemanden, der diesen neugemachten Schlüssel für Sie suchen kann? Kann man ihn im Supermarkt kaufen?

Nein, schauen Sie nur mal auf das Etikett. Etwas, das mit Konservierungsmitteln, künstlichen Farbstoffen und Geschmacksstoffen übersättigt ist, kann nie und nimmer der Schlüssel zum Himmel sein. Eher der Schlüssel zu einer bösartigen Geschwulst.

Kann man ihn bei einem Guru finden? Die Chance ist sehr gering. Wer als Guru in die Öffentlichkeit tritt, ist ein Geschäftsmann; wer es nicht tut, wird nicht gefunden.

Bietet die Kirche den Schlüssel an? Sie spricht vielleicht darüber, aber sie gibt ihn nicht her. Ach, wer kann den Schlüssel denn finden? Es ist doch zu verrückt, daß man nach Amerika fliegen, sich ein Haus kaufen, sich am Herz operieren lassen kann, aber den Schlüssel nach Engel-Land, den kriegt man nicht.

Ich werde Ihnen die einzige Person nennen, die den Schlüssel finden kann. Gehen Sie ins Schlafzimmer und machen Sie die Tür zu. Schauen Sie in den Spiegel. Und da sehen Sie die einzige Person, die den Schlüssel nach Engel-Land suchen und finden kann. Niemand anders kann es für Sie tun. Viele werden Ihnen gern und freundlich helfen wollen, aber jeder Mensch muß den Weg selbst gehen, muß die Arbeit selbst tun. Es gibt keinen anderen.

Der Wohlfahrtsstaat hat geistige Faulpelze aus uns gemacht. Wir sind bereit, hart zu arbeiten, um uns einen Urlaub zu verdienen, aber wenn uns jemand sagt, daß für das Königreich Gottes hart gearbeitet werden muß, sind wir beleidigt. Hat das nicht schon Jesus alles für uns getan? Warum sollen wir uns da noch anstrengen?

Nein, so einfach geht es nicht. Zwar hat Jesus Christus die Tür, die so lange geschlossen war, wieder aufgestoßen, so daß auch jener Kinderreim wieder besser zutrifft: »Gibt's denn keinen Zimmermann, der den Schlüssel machen kann?« Jesus war ja auf Erden ein Zimmermann.

Nur Sie allein, und niemand sonst kann den Weg durch die nunmehr geöffnete Tür gehen. Und wenn jemand diesen Weg geht, dann kommen ihm die Engel entgegen.

Aber was bedeutet es, diesen Weg zu gehen? Und wie intensiv muß man sich darauf einlassen?

Es gibt eine alte Geschichte aus der Zeit, da das Volk Israel vor dem Toten Meer stand. Hinter ihnen war das Heer des Pharao, vor ihnen das Meer. Diese Geschichte erzählt nun, daß ein einziger Mann namens Nachschon den Befehl und das Versprechen Gottes hundertprozentig ernst nahm. Er sagte: »Wenn Gott will, daß wir weiterziehen, dann ziehen wir weiter!« Und er schritt regelrecht ins Wasser hinein. Alle erklärten ihn für verrückt; er aber schritt im festen Vertrauen auf Gottes Versprechen immer weiter.

Schließlich schloß sich das Wasser über seinem Haupt, und alle sagten: »Das hat er davon, man kann es auch übertreiben«.

Und genau in diesem Augenblick, da Nachschon fast ertrunken wäre, teilte sich das Meer in zwölf Gänge, verfestigte sich zum Kristall, und die zwölf Stämme Israels zogen durch diese Gänge hinüber zum anderen Ufer.

So verrückt muß man sein können. Wenn jemand es wagt, soviel Vertrauen aufzubringen, dann geschehen Wunder. Dann lenkt Gott seine Diener, und dann wird dem Menschen auf die unglaublichste Art geholfen.

In naher Zukunft werden wir solche Menschen brauchen. Wenn die Zeiten immer noch düsterer werden, müssen Nachschons aufstehen, die trotz allem den Mut haben, optimistisch zu bleiben. Vielleicht sind Sie ein solcher Mensch.

Gott segne Sie!

Verlag Hermann Bauer · Freiburg im Breisgau

Marc Kuhn

So macht Leben Spaß!
Aktionsbuch für Freizeit, Fortbildung,
Therapie und Alltag

253 Seiten mit zahlreichen Abb. und Zeichn., kart.

Das vorliegende Buch enthält eine Fülle guter und neuer
Ideen für alle, die gerne spielerisch lernen, auf lebendige Art
mit anderen kommunizieren und dabei ihrem eigenen tieferen Wesen näherkommen möchten:

Gemeinsam malen, zeichnen, gestalten, lesen, schreiben
und drucken . . . ,
Musik improvisieren, Theater spielen, den Körper entdek-
ken . . . ,
tanzen, entspannen, essen und meditieren . . . ,
bewußt spielen, schöpferisch lernen mit der Zeitung, dem
Fernseher, im Garten, am Sandstrand . . . ,
mit Spiegeln, Steinen, Glas und Ton, Stoffen, Schnüren,
Fotografien . . . ,

Die einfachen, lebendigen Texte, die vielen Zeichnungen
und Abbildungen animieren Menschen mit unterschiedlich-
sten Begabungen, Neigungen und Interessen zu praktischer
Kreativität. In dieser Welt existieren ist dann sinnvoll,
macht dann Spaß, wenn wir uns innerlich befreien und
lösen, unser wahres, tiefes Wesen ausdrücken und gestalten
und uns in anderen wiederfinden.
Ein Buch, das in einer Welt der Ängste, der Ohnmacht und
Leere aufruft zu seelischem Wachstum und beglückender
Lebensqualität.

Verlag Hermann Bauer · Freiburg im Breisgau

Verlag Hermann Bauer · Freiburg im Breisgau

K. O. Schmidt

Der geheimnisvolle Helfer in dir

Dynamik geistiger Selbsthilfe

11. Auflage, 276 Seiten, gebunden

Dieses Brevier praktischer Lebenskunst ermöglicht es, die Gesetze des Lebens und des Lebensglücks zu meistern. Der Autor zeigt in seinem Werk, wie man durch Anwendung der »Großen Entspannung« und durch Hilfe von innen aus Schwierigkeiten und Notlagen herauskommen kann, wie Furcht, Hemmungen und Depressionen überwunden werden können und wie die Standfestigkeit gegenüber den Stürmen des Lebens gestärkt werden kann. Durch zahlreiche psychologische Hilfen für die häufigsten menschlichen Schwächen wird deutlich, wie Produktivität, Leistungsenergie und Glückschancen so gesteigert werden können, daß vieles, was bisher zu mißlingen drohte, nun erfolgreich gemeistert werden kann.

Der geheimnisvolle Helfer in dir zeigt, daß die alten Sagen von »hilfreichen Heinzelmännchen«, im Licht der modernen Psychodynamik gesehen, keine Wunschträume sind, sondern daß in unserem Un- und Überbewußten Schicksalslenker wirken, »innere Helfer«, mit denen wir zu dauernder Zusammenarbeit gelangen können und mit deren Hilfe wir Probleme lösen und schwierige Situationen im Leben meistern können.

Verlag Hermann Bauer · Freiburg im Breisgau